狙われた「集団自決」

大江・岩波裁判と住民の証言

栗原佳子

社会評論社

狙われた「集団自決」

大江・岩波裁判と住民の証言●目次

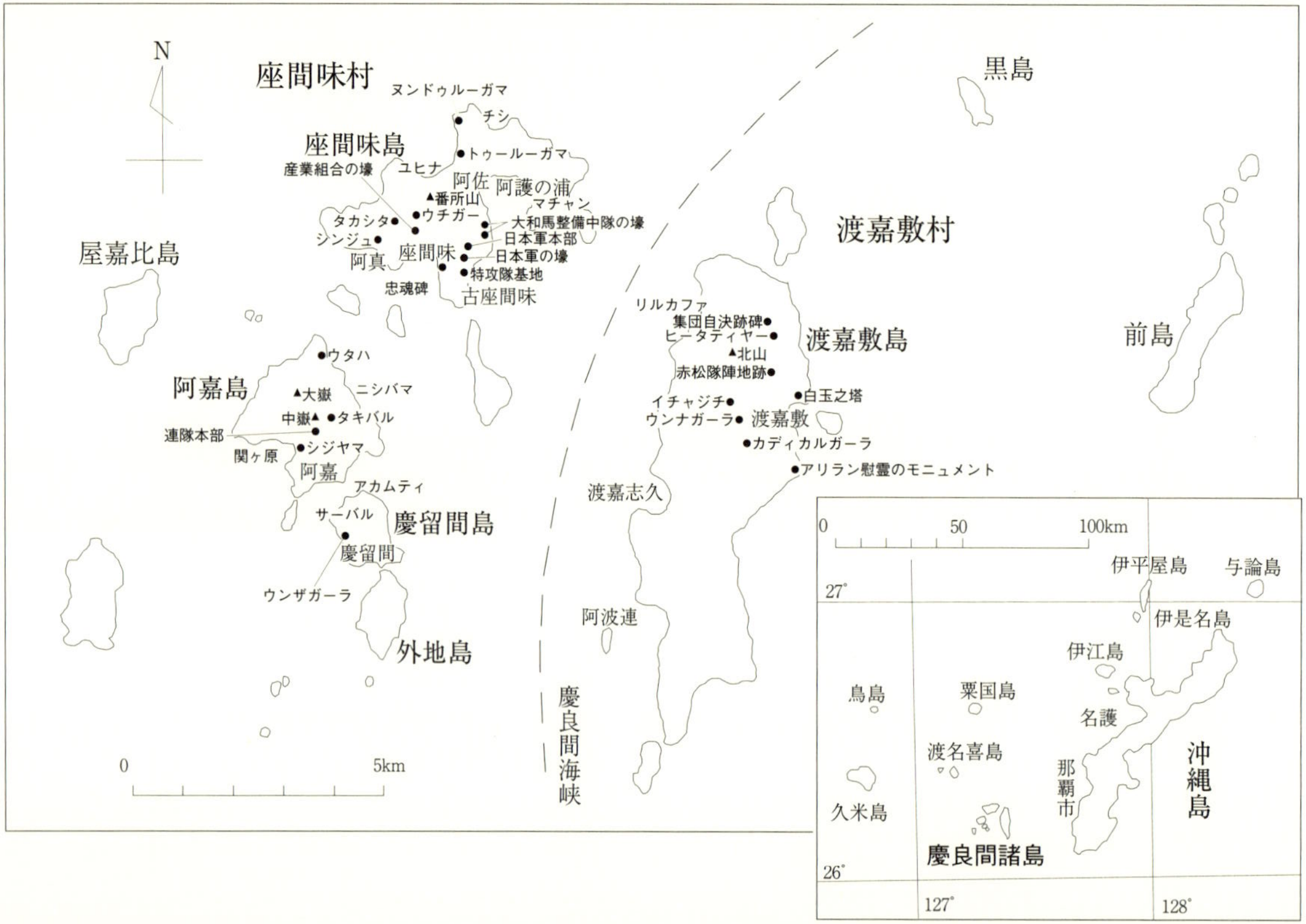

N
座間味村
ヌンドゥルーガマ
チシ
座間味島
トゥールーガマ
産業組合の壕
ユヒナ
阿佐
阿護の浦
▲番所山
マチャン
タカシタ
ウチガー
大和馬整備中隊の壕
シンジュ
日本軍本部
座間味
日本軍の壕
阿真
特攻隊基地
忠魂碑
古座間味
屋嘉比島
阿嘉島
ウタハ
▲大嶽
ニシバマ
中嶽▲
タキバル
連隊本部
シジヤマ
関ヶ原
阿嘉
アカムティ
サーバル
慶留間島
慶留間
ウンザガーラ
外地島
0
5km
慶良間海峡
渡嘉敷村
黒島
前島
リルカフア
集団自決跡碑
ヒータティヤー
渡嘉敷島
▲北山
赤松隊陣地跡
白玉之塔
イチャジチ
ウンナガーラ
渡嘉敷
カディカルガーラ
アリラン慰霊のモニュメント
渡嘉志久
阿波連
0
50
100km
伊平屋島
与論島
27°
伊是名島
伊江島
鳥島
粟国島
名護
渡名喜島
那覇市
沖縄島
久米島
慶良間諸島
26°
127°
128°

はじめに

今年二〇〇九年三月二六日を、私は沖縄・座間味《ざまみ》島で迎えた。六四年前の朝、この島に米軍が上陸し、住民の「集団自決（強制集団死）」が起きた。

澄んだ青空にブーゲンビリアの濃いピンクがよく映える。やわらかい光に包まれた集落は、ふだんより明度が増して見えた。一年で最も生命力に満ちたうりずんの季節。六四年前も、自然の営みは変わらなかっただろう。

座間味集落の裏手、高月山の中腹に「集団自決」の犠牲者をはじめ、村関係の戦没者一二二〇人をまつった平和の塔がある。ここに祭壇が設けられ、午前中から島の人たちが三々五々、参拝に訪れていた。

「日本軍がいなかったら、一人だって自決しませんよ。（日本軍がいなかった）粟国《あぐに》島とか渡名喜《となき》島では起きてないでしょう」

小嶺幸春さん（七六歳）は当時小学校六年生。六四年前のこの日は、卒業式が行われるはずだった。「前日、恩師の内間敏子先生が明日は米軍が上陸するかもしれないと。それで解散になりました。それが内間先生や何人かのクラスメートとの最後の別れになりました」という。

平和の塔への参拝は、急な階段の昇り降りを伴う。幸春さんは、「来られるまで毎年来ます」という言

▲…高月山から座間味集落をのぞむ

葉を残し、一歩一歩、手すりにつかまりながら、時間をかけて階段を降りて行った。

高月山へと向かう道路脇に、苔むした慰霊碑がある。碑文には「村長野村正次郎　助役宮里盛秀　収入役宮平正次郎　以下五九名集団自決之地」。当時の座間味村の三役以下役場関係者、その家族らが「集団自決」した産業組合壕が、この近くにあった。現在、ここでの死者は六七人だとされている。手向けの花のように、野生の慶良間ツツジがひっそりと彩りを添えている。

集落に降り、畑を抜けるとマカーの杜に出た。うっそうとした樹木に抱かれるように、手前に拝所《うがん》、奥に、オベリスクのような忠魂碑がそびえ立つ。「紀元二六〇〇年」の記念事業の一環として一九四〇年に建立され、靖国神社と直結する斎場の役割を担った。台座に「海ゆかば」の歌詞が刻まれているのは、全国的にも珍しいという。マカーの杜は、もともと島の神が鎮座する聖地である。忠魂碑の建設には強い反対があったが、在郷軍人会などが押し切ったという。

忠魂碑に集まるよう、座間味集落の人たちに伝令が回ったのが米軍上陸前夜、一九四五年三月二五日の夜だった。米艦船からの砲撃が激しさを増すなか、人々はこの場に集まりきれず、産業組合壕など大小の壕で「集団自決」した。

マカーの杜を後にすると、野菜畑の上を何十匹ものモンシロチョウが乱舞していた。死者は蝶の姿で蘇るという、沖縄の言い伝えを思い起こさずにおれなかった。

＊

米軍は一九四五年三月二七日、座間味島と慶良間海峡を隔てた対岸の渡嘉敷島《とかしき》に上陸する。この島では翌二八日、住民の「集団自決」が起き、三二九人が命を落とした。住民は軍の命令で北山《にしやま》陣地近くに集められていた。沖縄では方角の北を「ニシ」と読む。北山は南北に長い島の、名前の通り北端に位置する標高二〇八メートルの山で、頂上付近には島の人たちが崇拝する「北御嶽《にしうたき》」がある。

二〇〇九年三月二八日、前夜から降り始めた小雨は、昼前には本降りになった。島の人たちが「玉砕場」と呼ぶ北山の現場に建つ「集団自決跡地」の碑には、真新しい花束が供えてあった。米軍の砲弾はここまで容赦なく飛んできたという。背後は谷間。前方に軍の陣地があった。この場に立つと、日本軍に住民を守る意思がなかったことは、実感として理解できる。

渡嘉敷村も「集団自決」の起きたこの日を「慰霊の日」と定めており、犠牲者をまつる白玉《しらたま》之塔に祭壇を設けていた。白玉之塔は渡嘉敷港からほど近い海の見える高台にある。一九五一年、「玉砕場」に造ら

▲…白玉之塔にたむけられた花（2009 年 3 月 28 日）

れたが、その後、一九六〇年になって一帯が米軍ミサイル基地建設のため接収されたことで、ここへの移転を余儀なくされた。犠牲者の名前が刻銘された慰霊碑は、遺族らがたむけた花束に埋め尽くされていた。

小嶺正雄さん（七九歳）も雨の中、白玉之塔に参拝した。手榴弾が不発だったため生き延びたが、凄惨な光景は目に焼き付いて離れない。基地が撤去された跡地は国立沖縄青年の家になり、正雄さんは定年までここで働いた。在職中、体験を語ることはなかったという。

だが、二〇〇七年、沖縄じゅうに抗議の嵐が吹き荒れた教科書検定問題が転機となった。その二年前、正雄さんは山で偶然、かつて自分が掘った壕を発見した。家族の命を守るため、一五歳だった正雄さんが一人で何か月もかけて掘った壕だった。事実が歪められる風潮に抗い、正雄さんは自作の琉歌を看板にして、壕の傍らに建てた。

戦場《いくさば》ぬ憶い　忘る時ねえらん　子孫《くゎんまが》に語《かた》て　平和願《にが》ら（戦場の記憶は忘れることはない。子孫に語って、平和を願う）　命《ぬち》ど宝!!　恒久平和を祈念して　昭和20年3月28日を忘れるな！

正雄さんは、それまで封印していた体験を語り伝えるようになった。六四年めのこの日も、正雄さんは平和ツアーの一行を、急きょ壕へ案内することになった。上下カッパ姿で、カマを片手に、足場の悪い山の中へと先導する正雄さんに私も同行した。数日前から足が痛み、病院にまで行ったと聞いていたので案じたが、「私の義務ですから」ときっぱり。その正雄さんも、平和ガイドなどを依頼されるときは、事前に、「玉砕場」には行けない旨を伝えているという。いまもそこに行けば、眠れなくなってしまうからだ。

＊

国内で唯一、住民を巻き込んだ地上戦となり、四〇万人の県民のうち一五万人が犠牲になった。「ありったけの地獄を集めた」といわれる沖縄戦のなかでも、「集団自決」は最も悲惨な出来事のひとつだといわれている。慶良間諸島でも座間味島と渡嘉敷島、慶留間《げるま》島、屋嘉比《やかび》島で約七〇〇人が亡くなった。「集団自決」は伊江島や、沖縄本島でも読谷村や旧具志川市、旧玉城村などで発生、合計すると数千人ともいわれる。共通しているのは日本軍の存在だ。

中でも慶良間は「陸軍海上挺進戦隊」が配備された「秘密基地」という特別の事情があった。一九四四年九月から、座間味島には第一戦隊（戦隊長・梅澤裕少佐）、阿嘉《あか》島・慶留間島には第二戦隊（戦隊長・野田義彦少佐）、渡嘉敷島には第三戦隊（戦隊長・赤松嘉次大尉）が駐留するようになった。それぞれ戦隊長以下一〇四人で、三中隊編成、特攻艇一〇〇艇を有する海の特攻隊。一二〇キロの爆雷二個を装着した㋹（マルレ）と呼ぶ特攻艇で、沖縄本島に上陸する敵を背後から奇襲攻撃する作戦だった。特攻艇といっても、粗末なベニヤ製のボートである。

しかし米軍は作戦の裏をかき、沖縄本島に先駆けて慶良間に上陸した。艦船の投錨地や後方基地として確保する狙いがあったとされる。結局、戦隊は第二戦隊のごく一部を除いて出撃もできず、自ら特攻艇を破壊するしかなかった。

問題は住民が「知りすぎたこと」だった。特攻艇の秘密基地をつくるため、各島とも小学生まで秘匿壕の壕掘り作業に駆り出された。戦隊と基地大隊を含め各島日本軍は一〇〇〇人規模に膨れ上がり、その多くが民家に分宿、「鬼畜米英」の恐怖、捕虜になることは許されないという空気は、そんな中で刷り込まれていった。一方、日本軍は住民を監視の対象として、島の出入りも制限した。特に座間味島では子どもまで、外出する際には戦隊を意味する「暁」を示す日の出の線画の中に、座間味の頭文字「サ」の文字をあしらったマークをスタンプで押した布きれを胸元に付けなければならなかったという。学童らの疎開も、慶良間諸島は対象外だった。

一九四四年三月に創設された沖縄の第三二軍は、防諜を沖縄戦の方針の一つに掲げた。防諜の相手は沖縄県民にほかならない。さらに第三二軍は同年一一月、沖縄県民に「軍官民共生共死の一体化」を指示した。住民は軍とともに生き、ともに死ぬことが定められたのだった。その帰結が「集団自決」だったのである。

＊

その一方で、第一戦隊の戦隊長だった梅澤裕さんは今年九一歳になり、渡嘉敷島の第三戦隊戦隊長、赤松嘉次《よしつぐ》さん（故人）の弟とともに、作家の大江健三郎さんと出版元の岩波書店を名誉棄損で訴えている。二〇〇八年三月二八日の一審大阪地裁判決、同年一〇月三一日の二審大阪高裁判決と連続して梅澤さんらが敗訴したが、二人は上告して争っている。

この裁判が根拠となって、文部科学省は二〇〇六年度の教科書検定で、「沖縄戦の実態について誤解するおそれのある表現である」という検定意見を付し、高校歴史教科書の「集団自決」の記述から、それまであった「日本軍」という主語や強制性を示す文言を削除させた。「集団自決」の実相とはおよそかけはなれたものになり、沖縄の人たちが刻みこんできた「軍隊は住民を守らない」という教訓は踏みにじられた。背後には、住民の非業の死を「殉国」の死として美化しようとする勢力の思惑が見え隠れし、そこに、梅澤さんらの裁判も絡んでいることが暴露されていくなか、沖縄の人たちの怒りは、二〇〇七年九月二九日の「検定意見撤回を求める県民大会」を一一万人という空前の規模で実現させた。

沖縄では、大江健三郎さんらを訴えた梅澤さんらの真のターゲットは「沖縄」だという受け止め方が強い。しかし裁判は、梅澤さんらの居住地とはいえ、沖縄とは距離も意識も隔たった大阪で突如はじまった。そのなかで、私は裁判の支援にかかわることになり、この間、傍聴を重ねつつ、個人的にはフリーの記者として沖縄へ繰り返し足を運び、体験者の声を聞かせてもらってきた。

教科書検定問題に沖縄が揺れた二〇〇七年から二年。大阪に暮らす私の周りでも、関心は薄い。というより風化している。しかし、県民大会で決議された検定意見は撤回もされていない。削られた「軍の強制」という記述も復活していない。その一方で、検定の場では、さらなる締め付けや右傾化が進んでいる。沖縄の痛みに無関心な、沖縄の外に身を置く私たちが、それを許しているのだとおもう。

二〇〇九年の座間味・渡嘉敷両島の「慰霊の日」は、どちらも報道陣が少なく、鎮魂にふさわしい静かな一日だった。遺族や体験者はこの小さな島の中で、これからも、痛みと苦しみを抱きながら生きていく。当たり前のことをあらためて痛感する。

なお、「集団自決」という用語については、軍隊用語であり、乳幼児が自決することはないなどとして実態にそぐわないという指摘があり、「強制集団死」「集団死」などの表現も使われている。しかし、この点を踏まえつつも、ここでは、教科書検定問題や裁判の審理で使われている用語であること、そして何より当事者が証言する場合に多く使われていることから、集団自決という言葉を「　」付きで使わせてもらった。

1●大江・岩波裁判

▼…初弁論後の会見で。左から原告赤松さん、梅澤さん、徳永弁護士
（2005年10月28日）

本件各控訴および控訴人らの当審各拡張請求をいずれも棄却する。
当審における訴訟費用は控訴人らの負担とする。

●——控訴審判決

裁判所の職員が報道各社に法廷内撮影の終了を告げるのと、小田耕治裁判長が口を開くのとほぼ同時だった。二〇〇八年一〇月三一日午後、大阪高等裁判所二〇二号法廷。主文だけ読み上げると、裁判長はさっと腰を上げた。傍聴席の後ろではまだ、裁判前の法廷風景の撮影のみ許可されていたテレビ局のクルーが撮影機材を撤収している最中だった。

沖縄戦初期、慶良間諸島の座間味島と渡嘉敷島で起きた「集団自決」をめぐり、作家の大江健三郎さんと岩波書店が名誉棄損で訴えられた、いわゆる大江・岩波裁判。原告二人のうち梅澤裕さんは、座間味島に駐留した陸軍海上挺進第一戦隊の戦隊長だった人物である。もう一人の赤松秀一さんは、同じく渡嘉敷島に駐留した海上挺進第三戦隊の戦隊長だった赤松嘉次さんの弟にあたる。二人は「集団自決を命じたなどと虚偽の事実を著作に記され、名誉を傷つけられた」などとして、慰謝料の支払いと出版の差し止め、謝罪広告の掲載を求めていた（控訴審では「原告」は「控訴人」、「被告」は「被控訴人」だが、わかりやすいよう「原告」「被告」とさせてもらう）。

そのおよそ五か月前、三月二八日の大阪地裁判決も、原告の請求を全面的に棄却していた。原告側は判決を不服として控訴したが、二審は、二回の口頭弁論で結審するという早い展開で判決を迎えた。一審大阪地裁判決を支持し、再び原告側の訴えを退けるというものだった。

席を立ちながら、ふと原告席のほうを見ると、梅澤さんと赤松さんが、傍聴席と彼らを隔てる柵の前で、固まっていた。支援者から励ましの言葉をかけられた後だったのか。それとも、二度目の敗訴に衝撃を受けているのか。ほとんどの人が退出した傍聴席に向かい、二人は肩を並べるようにして、困惑したような表情を浮かべていた。

＊

一方、裁判所の裏門では、いち早く法廷を飛び出した「大江健三郎・岩波書店沖縄戦裁判支援連絡会（以降、支援連絡会）」のメンバーが、居並ぶカメラの放列の前に、「大江・岩波勝訴　控訴棄却」の旗を掲げ、晴れやかな笑顔を見せていた。外で待機していた支援者たちから歓声と拍手が起きる。

この日、一般傍聴人に割り当てられた傍聴券は六五枚。そこに新聞やテレビ各社が動員したバイトも含め二八一人が並んだ。ノーベル賞作家が被告とされた異例の訴訟は、「教科書検定問題」に連動して注目度も上がり、特に一審判決や、大江さんや梅澤さんらの本人尋問は一〇倍もの競争率になった。

それとともに、傍聴希望者が裁判所の裏庭に集まる時間帯には、大江さんや朝日新聞社など特定の報道機関を批判する情宣活動が展開されるようになり、騒然とするのが常だった。この日も、半時間ほど前まで裏門の出口付近で、原告側の支援者がハンドマイクを握っていた。

報道各社の撮影が終わると、勝訴の墨字が躍る旗を囲んで、沖縄をはじめ全国各地から集まった支援者が、次々と記念撮影に興じた。沖縄女性史家の宮城晴美さんの笑顔もある。座間味島出身の晴美さんは二〇〇〇年、母、初枝さん（一九九〇年に死去）が遺した沖縄戦体験の手記をもとに『母の遺したもの――沖縄・座間味島「集団自決」の新しい証言』（高文研）を出版した。後述するように、その一部の記述が、心ならずも原告側の主張に利用された。晴美さんは、一審の証人尋問で被告側の証人として出廷、原告側に反撃した。晴美さんにとっては苦しみの日々だったにちがいない。

自らの名誉を回復するために身勝手な主張を繰り返し、反論もできない死者たちを貶めて、名誉を傷つける。極限のかたちで家族を失った人たちが、六〇年以上も胸底に封印してきた記憶を無遠慮にかきまわし、悲壮な決意で当時の体験を初めて明らかにすれば、作り話だと一蹴する。同様に苦しみを負った沖縄の人たちが一斉に抗議の声をあげると、「同調圧力」と攻撃する。この四年余りを振り返って強く思うことは、原告やその背後にいる人たちが、体験者や遺族の痛みにまるで鈍感だということだった。「皇軍の名誉を回復する」ためなら、被害者などどうでもいいかのようで、沖縄に対する蔑視感情も見え隠れした。

控訴審判決のあった一〇月三一日は、田母神俊雄航空幕僚長（当時）が論文問題で更迭された日でもあった。しかし、その後、田母神さんはテレビや雑誌などで活躍の場を広げている。歴史を「読み変え」させたい人たちはこれからも増殖し続けていくということを象徴している。大江・岩波裁判は梅澤さんたちの上告で、闘いの場を最高裁に移しているが、どのような決着がつくか、まったく不透明だ。

私は生まれも育ちも群馬県で、一九九四年からは大阪に住んでいる。沖縄には姻戚関係もない。たまたま裁判が大阪で始まり、それが思いがけない事態に発展していくのを半ば呆然としながら、ともかく追い掛けてきたという感じだ。そんな私が僭越ではあるが、あくまで大阪に軸足を置くかたちで、この四年あまりの沖縄戦の「集団自決」問題をめぐる動きを報告できたらと思う。まずは大江・岩波裁判の経過からふりかえってみよう。

●──大江・岩波裁判の論点

傍聴席は八割ほど埋まっていた。中高年、特に年配の男性が多い。隣同士や前後の席で談笑したり、離れた席に知り合いを見つけ、手を挙げてあいさつしたりと、和やかな雰囲気だ。二〇〇五年一〇月二八日の第一回口頭弁論。被告側は全面的に争う内容の答弁書を提出していたが、この日は当事者、代理人とも欠席している。大江・岩波裁判は、原告側関係者がほとんどの、緊張感に乏しい空気の中ではじまった。

原告側は八月五日の提訴にあわせ「沖縄集団自決冤罪訴訟を支援する会」を発足させていた。冤罪とは穏やかではない。梅澤さんたちは無実の罪を着せられた被害者で、〝真犯人〟はほかにいるということになる。

ホームページも同時に開設されるという手回しの良さで、ネット上には訴状も公開されていた。総勢三四人もの代理人の名前が列挙されている。九月一一日に投開票された第四四回衆議院選挙、いわゆる「郵政選挙」で、小泉チルドレンの一人として当選した稲田朋美弁護士の名前もそこにある。

稲田弁護士はこの日不在だったが、原告席には主任代理人の松本藤一弁護士はじめ徳永信一弁護士ら七人が並んだ。稲田、松本、徳永の三氏は、靖国訴訟の被告靖国神社を法廷で支援してきた「靖国応援団」。稲田弁護士はじめ東京の高池勝彦弁護士ら、南京大虐殺をめぐり元日本兵の遺族らが起こした「百人斬り訴訟」原告側代理人の名前もある。

原告席の二列目には高齢の男性が二人。口髭とあご髭を生やし、厳めしい顔つきをしたほうが梅澤さんだと見当がつく。ベージュのジャケットに黒っぽいネクタイ。眉根を寄せ、にらみつけるように傍聴席を見渡している。

訴状によれば、梅澤さんは「座間味島で第一戦隊長として米軍と戦った陸軍士官学校（五二期）出身の元少佐」。沖縄戦からちょうど六〇年の歳月が過ぎ、まもなく九〇歳になるというのに、いまも職業軍人という形容がふさわしい威圧感を漂わせていた。

もう一人の原告、赤松さんは、兄に対する「敬愛追慕の情」を侵害されたと訴えている。その兄、赤松嘉次さんは沖縄戦当時、渡嘉敷島の第三戦隊長で大尉だった。陸軍士官学校の五三期で梅澤さんの一期下。一九八〇年、六一歳で死去している。

原告側が俎上に載せた書籍は『沖縄ノート』『太平洋戦争』『沖縄問題二十年』の三冊。いずれも版元は岩波書店だ。初版が刊行されたのはそれぞれ『沖縄ノート』が一九七〇年、故・家永三郎さんが書いた『太平洋戦争』が一九六八年、故・中野好夫さんと新崎盛暉さんの共著『沖縄問題二十年』が一九六五年。『沖縄ノート』は版を重ね、『太平洋戦争』も文庫化されているが、『沖縄問題二十年』は一九七四年には出庫停止になっている（そのため、二〇〇六年九月、『沖縄問題二十年』については訴えを取り下げた）。

＊

原告側が問題にしているのは例えば各書籍の次のような箇所だ。

「座間味島の梅沢隊長は、老人・こどもは村の忠魂碑の前で自決せよと命令し、生存した島民にも芋や野菜をつむことを禁じ、そむいたものは絶食か銃殺かということになり、このため三〇名が生命を失った」（『太平洋戦争』三〇〇ページ）

「だが、立ちあがることもなければ、闘うこともなく、民衆を殺しただけの軍隊もあった。ほとんどすべての沖縄戦記に収録されている、慶良間の赤松隊の話がもっとも顕著な例である」「住民約三百名に手榴弾を渡して集団自決を命じた。赤松大尉は、将校会議で、『持久戦は必至である。軍としては最後の一兵まで闘いたい。まず非戦闘員をいさぎよく自決させ、われわれ軍人は島に残ったあらゆる食糧を確保して、持久体制をととのえ、上陸軍と一戦を交えねばならぬ。事態は、この島に住むすべての人間に死を要求している』と主張した」（『沖縄問題二十年』四ページ以下）

「慶良間列島において行われた、七百人を数える老幼者の集団自決は、上地一史著『沖縄戦史』の端的にかたるところによれば、生き延びようとする本土からの日本人の軍隊の《部隊は、これから米軍を迎えうち長期戦に入る。したがって住民は、部隊の行動をさまたげないために、また食糧を部隊に提供するため、いさぎよく自決せよ》という命令に発するとされている。沖縄の民衆の死を抵当にあがなわれる本土の日本人の生、という命題はこの血なまぐさい座間味村、渡嘉敷村の酷たらしい現場においてはっきり形をとり、それが核戦略体制のもとの今日に、そのままつらなり生きつづけているのである。生き延びて本土にかえりわれわれのあいだに埋没している、この事件の責任者はいまなお、沖縄にむけてなにひとつあがなっていないが、この個人の行動の全体は、いま本土の日本人が綜合的な規模でそのまま反復しているものなのであるから、かれが本土の日本人に向かって、なぜおれひとり自分を咎めねばならないのかね?と開きなおれば、たちまちわれわれは、かれの内なるわれわれ自身に鼻つきあわせてしまうであろう」(『沖縄ノート』六九ページ以下)

原告側は、これらの記述によって、読む者が「そのような残酷な命令を出して無辜の島民の多数を強制的に死なせながら、自らは生き延びた非道で卑劣な人物」だと認識してしまうと主張している。特に『沖縄ノート』は「高名なノーベル賞作家である被告大江が著述したものであることから、今日でも広く社会に影響を及ぼして」いると問題視したという。

＊

この日の顔触れのなかで、最も若手とおぼしき弁護士が訴状を読み上げていく。各書籍の引用を終えると、「今日では、座間味島と渡嘉敷島のいずれにおいても、日本軍による集団自決命令がなかったことが明らかになっている」とようやく原告側主張の核心部分に入った。その「根拠」は、次のようなものだった。

座間味島の場合、米軍上陸直前の一九四五年三月二五日夜、「座間味村の幹部五人が原告梅澤少佐を訪ね、『集団自決させて欲しい、駄目なら手榴弾が欲しい。小銃があるから実弾を下さい』と懇願したが、原告梅澤少佐に『生き延びてくれ、弾薬は渡せない』と拒絶された。しかし、村民らは、原告梅澤少佐の説諭にもかかわらず、次々と集団自決を決行し、凄惨な最期を遂げた」という。

それを証言する人物として二人の名前を挙げた。先ほど紹介した宮城晴美さんの母、宮城初枝さんと、助役の弟の宮村幸延さんだ。

「原告梅澤少佐に弾薬供与を懇願に行った五人のうちで生き残った女子青年団長は、一時期部隊長の集団自決命令があったと証言し、その後、原告梅澤に対し、部隊長の自決命令はなかったと謝罪している。

また、自決した助役の弟は、座間味島の戦没者、自決者の補償交渉に当たる座間味村の担当者となり、原告梅澤少佐による自決命令があったと証言していたが、昭和六二年三月二八日、座間味島を訪ねた原告梅澤に『勝手に隊長命令による自決とした事はすみませんでした』と謝罪している」（注・実際の女子青年団長は別の人物だった）

続く渡嘉敷島については「作家・曽野綾子は、現地に足を運び、関係当事者に直接取材するなどの徹底した調査を行ない、昭和四八年に文藝春秋社から出版された『ある神話の背景』を著述し、赤松大尉による集団自決命令があったことを支持する証拠がないことを明らかにした。その後、今日に至るまで、赤松大尉による集団自決命令に関わる前記風聞を裏付ける何らの証拠も現れていない」という、あっさりとしたものだった。

＊

訴状の朗読に続いて原告が意見陳述した。最初に口髭の老人が立ち上がる。上背は一七〇センチ以上あるだろう。戦時中のけがの後遺症で足を少しひきずるが、背筋をしゃんと伸ばし、矍鑠とした姿は、九〇歳近いという年齢を感じさせない。

「梅澤裕です。座間味島島民の集団自決は私の命令によるものと報道されて以来、今日に至るまで、約半世紀にわたり、汚名に泣き、苦しんで参りました。それら辛酸の数々と、この裁判に賭ける思いを、裁判官様に是非ともご理解戴きたく、この場をお借りして意見を述べさせて戴きます」

梅澤さんは、自らが座間味島に駐屯した経緯と島の人々との関係などが良好だったことなどを述べた後、住民の「集団自決」にいたる経過について、以下のように縷々陳述しはじめた。訴状にあった場面だ。

「翌三月二五日のことです。夜一〇時頃、戦備に忙殺されて居た本部壕へ村の幹部が五名来訪して来ました。助役宮里盛秀《せいしゅう》、収入役宮平正次郎、校長玉城政助、吏員宮平恵達《けいたつ》、女子青年団長宮平初枝（後に宮城姓）の各氏です。

その時の彼らの言葉は今でも忘れることが出来ません。

『いよいよ最後の時が来ました。お別れの挨拶を申し上げます。老幼婦女子は、予ての決心の通り、軍の足手纏いにならぬ様、又食糧を残す為自決します。就きましては一思いに死ねる様、村民一同忠魂碑前に集合するから中で爆薬を破裂させて下さい。それが駄目なら手榴弾を下さい。役場に小銃が少しあるから実弾を下さい。以上聞き届けて下さい』

その言葉を聞き、私は愕然としました。この島の人々は戦国落城にも似た心底であったのかと。昭和一九年一一月三日に那覇の波の上宮で県知事以下各町村の幹部らが集結して県民決起大会が開かれ、男子は最後の一人まで戦い、老幼婦女子は軍に戦闘で迷惑をかけぬよう自決しようと決議したという経過があったのです。

私は五人に、毅然として答えました。

『決して自決するでない。軍は陸戦の止むなきに至った。我々は持久戦により持ちこたえる。村民も壕を掘り食糧を運んであるではないか。壕や勝手知った山林で生き延びて下さい。共に頑張りましょう。弾薬、爆薬は渡せない』

折しも艦砲射撃が再開し、忠魂碑近くに落下したので、五人は帰って行きました」

毅然として答えました。決して自決するでない——。梅澤さんの口調は熱を帯び、そして、場面は戦後に移っていく。

「昭和三三年頃、週刊誌に慶良間諸島の集団自決が写真入りで載り、座間味島の梅澤少佐が島民に自決命令を出したと報じられました。私は愕然たる思いに我を失いました。そして一体どうして、このような嘘が世間に報じられるのかと思いました。

たちまち我が家は、どん底の状態となりました。人の顔を見ることが辛い状態となりました。実際に勤めていた職場にいづらくて仕事を辞める寸前の心境にまで追い込まれましたし、妻や二人の息子にも世間の目に気兼ねした肩身の狭い思いをさせる中で生きることになりました。

以後、沖縄返還問題に絡め、集団自決の問題はマスコミの格好の標的とされました。

テレビ、ラジオ、新聞、雑誌などで、ありもしなかった『自決命令』のことが堂々と報じられるとは、一体どうしたことか。座間味島の人達と励まし合いながら、お国の為に戦って来たのに、どうして事実が捻じ曲げられて報じられるのか。どうしてそのようなことが許されるのか。余りの屈辱と、辛さと、理不尽さに、人間不信に陥りました。孤独の中で人生の終わりを感じたことすらありました。

しかし、昭和五七年六月二三日に『ざまみ会一同地蔵尊建立慰霊祭』が座間味村で行なわれた際に、私は昭和二〇年三月二五日に私を訪ねた五人のたった一人の生き残りであった宮城初枝さんから『戦傷病者戦没者遺族援護の申請の際に、梅澤隊長の自決命令があったと記載しましたが、それは事実ではなく梅澤隊長は自決命令を出しておりません。申し訳ありません』と詫びて貰いました。

さらに昭和六二年三月二八日には、自決した宮里盛秀氏の実弟で座間味村の戦傷病者戦没者遺族の援護を担当した宮村幸延氏からは援護申請のために梅沢隊長の自決命令があったと虚偽を記載して申請したことを、申し訳ありませんと詫びの念書を貰いました。

これで、世間もおさまってくれるだろうし、座間味の人の苦労を考えると補償が得られ、助かり、沖縄が復興するのであるから私一人が悪者になったことも意味があったかとも思いました。

ところが私に対する事実に反する誹謗中傷はなお、やまないままでありました。沖縄が復興し、皆が豊かになった今は私の名誉を回復したいとの思いが日々強くなりましたが、一人ではいかんとも出来ない状態でした。

しかしながら、長年の思いが実り、様々な方のご支援とご協力を得、この度ようやくこの場に立たせて頂くことが出来ました。

戦後六〇年が経ち、日本は平和を取り戻しました。しかしながら、真実に反する報道が続いている限り、私自身に終戦は訪れません。理不尽なことに沈黙したまま、名誉を汚され続けた状態で人生を終えることは、正に痛恨の極みという他ないのです。

私は沖縄の復興を衷心より願っておりますが、沖縄が復興し、豊かになった今、私の名誉回復を果たし、一刻も早く心の平穏を取り戻し、日本国民と同じ心境で、今日の平和のありがたさを心から享受したいと切に願っています。どうか私の長年の思いをご理解戴き、踏みにじられて来た私の名誉が回復出来ますよう、切にお願い申し上げます」

長い陳述が終わると、傍聴席のあちこちから拍手が起きた。

＊

陳述や訴状に出てくるやりとりは、五人のうち一人生き残った宮城初枝さんの手記がベースになっていると推測できた。宮城晴美さんの著書『母の遺したもの』には、初枝さんの手記が掲載されている。しかしそこには「自決するでない」などという場面はない。梅澤さんは「今晩は一応お帰りください」と言い、五人は「しかたなくそこを引き上げて来ました」と書かれているだけである。

さらに『母の遺したもの』によれば、梅澤さんは、初枝さんと再会し、「詫び」てもらうまで、本部壕でのやりとり自体を忘れていた可能性が高い。宮村幸延さんの「詫びの念書」のくだりも『母の遺したもの』にある内容とは全く違うものに聞こえた。

梅澤さんに続き、背広姿の赤松さんが証言台に立った。髪は真っ白。七二歳だというが、梅澤さんと同年輩に見える。

「そもそもの事の起こりは、沖縄タイムスからの昭和二五年に出版された『鉄の暴風』によって兄が『神話的大悪人』に仕立て上げられました。当時は終戦間も無いドサクサの時期で、渡嘉敷島に渡ることすら出来ない中、直接関係のない証言者からの聞き取りを元に米軍の占領下にあった沖縄の風潮にあわせてでっち上げられたものです。これが一人歩きしまして昭和三四年には時事通信社から沖縄タイムスの編集長上地一史氏が『沖縄戦史』、続いて岩波書店から中野好夫氏の『沖縄問題二十年』、家永三郎氏の『太平洋戦争』などが何れも『鉄の暴風』の孫引きで出版されましたが、当時は兄や家族に対する批判はそれほどひどいものではありませんでした。

沖縄返還を目前にした昭和四五年三月末、兄は渡嘉敷村長はじめ村民の招きを受けて『集団自決二五回忌の慰霊祭』に参加する為、戦友の方々と共に沖縄に渡りましたが、兄は独り労働組合、反戦団体などの抗議集団に取り囲まれて渡嘉敷島に渡ることが出来ず、翌日船をチャーターして花束を贈るという事件が起こりました。これを、全国の新聞、雑誌が騒ぎ立てて兄の悪評が一気に広がりました。大江健三郎氏の『沖縄ノート』は、この風潮に便乗するが如く、その年の九月に岩波書店から出版されました。その中で兄は住民に集団自決を命令した悪の権化であると決めつけられただけでなく、嘘と自己欺瞞を繰り返す恥知らずな人間として描かれました。

一方、『人の罪をこのような明確さでなじり、信念をもって断罪する神のごとき裁きの口調に恐怖を感じ』、そこに描かれた神話的大悪人の話に疑問を抱かれた曽野綾子氏は、九月に行われた慰霊祭参加報告会を皮切りに多くの関係者に積極的かつ精力的に取材され、関連文献を調査されてついに四八年五月、『ある神話の背景　沖縄渡嘉敷島の集団自決』を出版され、兄の戦隊が特攻に出撃しなかったのは兄の上官である大町船団長の命令であること、軍からは自決命令は出ていないこと、軍は島民の食糧は徴発していないことなど細部に至るまで検証されており、この本が兄や家族をはじめ戦隊の方々の大きな心の支えになったことと思います。

私自身も新聞、雑誌があまりにも書きたてるので或るいはと疑いを持ったこともありましたが、お蔭で兄への信頼感は揺るぎないものなりました。悪評を書いた著者もこの本を読んで誤りに気づきおいおい廃刊に至るであろう、これで一件落着と思っておりましたが、五五年には兄も亡くなり、『ある神話の背景』が絶版となった後も岩波書店では『沖縄ノート』などは現在に至るまで版を重ねてたいした修正もなされずに出版されていることを最近になって教えられました。また学校の歴史の教科書にまで『軍命令で集団自決』と書かれていることを知りました。

本土防衛の犠牲となった多くの沖縄の方々のためならと、汚名を忍ぶことで年金が給付されるならと、敢えて沈黙を守った兄の気高い心情が踏みにじられていると感じました。名状し難い心の痛みとともに、虚偽がまかりとおる今の世の中に対して強い怒りを覚えました。兄の無念を晴らし、後の世に正しい歴史を伝える為にもと今回の提訴を決意しました」

またパラパラと拍手。「学校の歴史の教科書にまで『軍命令で集団自決』と書かれていることを知った」というくだりに、訴訟の真の目的が透けてみえてくるようだった。二人の「主役」が登場し、法廷全体のテンションが上がっているのがわかる。最後に主任代理人の松本藤一弁護士が意見陳述した。梅澤さんが高齢であることから迅速な審理を求め、「原告が求めている中心論点は『集団自決に部隊長命令があったか否か』であります」と締めくくった。

＊

庁舎二階の司法記者クラブをのぞくと、会見は終盤に入っていた。松本弁護士と徳永弁護士に挟まれる格好で二人の原告が並んでいる。コの字型に並んだソファーには記者が十数人。目の前の業務をさばいていくという印象で、みな淡々としたものだ。レクチャーを主導していた徳永弁護士が、いきなり「沖縄タイムスさん、何か質問はありませんか」と逆質問した。沖縄の地元紙、沖縄タイムスの記者も取材に来ていたのだ。記者は挑発に乗らず、会見は終了した。

そもそも問題とされた三冊の記述は、すべて沖縄タイムスの『鉄の暴風』の孫引きだという。戦後五年目にタイムスの記者二人が著した『鉄の暴風』は、住民の側から描いた初めての沖縄戦の記録で、いまも版を重ねている。ならば、沖縄タイムスを訴え、『鉄の暴風』の内容を問うべきだろう。なのに「原典」は問わない。

原告の梅澤さん、赤松さんが大阪に住んでいることや、主力の弁護士が大阪を拠点にしていることからも、大阪地裁に係属することは理屈としてはわかる、しかし、突然、被告にされた大江さん、岩波書店ともに東京が拠点。争われる事実関係の舞台は沖縄だ。大阪はそのどちらでもない。この日、原告側支援者以外の傍聴人は私を含め、四、五人いたかという程度だった。

一方、初日から動員力を見せつけた「沖縄集団自決冤罪訴訟を支援する会」はホームページで、こう参加を呼び掛けていた。

「日本の名誉を守り、子供たちを自虐的歴史認識から解放して、事実に基づく健全な国民の常識を取り戻しましょう」「沖縄戦に関しては、『軍命令』によって集団自決が発生したという過った情報が子供たち対象の書物や、映画、教科書ですでに大量に独り歩きしており、これ以上到底放置できない状況です。今回の裁判は梅澤、赤松両氏の名誉を回復するだけでなく、日本の名誉を守り、子供たちを自虐的歴史認識から解放して、事実に基づく健全な国民の常識を取り戻す国民運動にしなければならないと私たちは考え、ここにこの裁判を『沖縄集団自決冤罪訴訟』と名づけ、これを支援する会を結成いたしました」

協力団体には「自由主義史観研究会」「昭和史研究所」「靖国応援団」など保守系の団体が名を連ねている。

さらに顧問として、昭和史研究所の中村粲《あきら》さん、埼玉県国民保護協力会会長の皆本義博さん、赤松戦隊長と陸軍士官学校の同期生だった山本明さん、自由主義史観研究会代表の藤岡信勝さんらの名前もあった。皆本さんは赤松隊の元中隊長で、第三戦隊の戦友会長。のちに原告側証人として証言台にたつことになる。山本さんは、靖国応援団の弁護士らとともに、赤松さんに強く提訴を持ちかけた人物とされる。自由主義史観研究会の藤岡信勝さんは拓殖大学教授。「新しい歴史教科書をつくる会」の副会長（当時）でもあり、かつて教科書の「従軍慰安婦」に関する記述を問題視して、削除を求める運動の急先鋒だった人物だ。

●――沖縄プロジェクト

この第一回口頭弁論からさらに五か月余り前にさかのぼる。二〇〇五年五月二一日の早朝、私は産経新聞朝刊の小さな記事に釘付けになった。私は大阪のテレビ局で早朝番組の制作の仕事をしているので、全国紙の朝刊には一通り目を通すのが日課だ。

《「集団自決」沖縄で調査　自由主義史観研究会》と、第三社会面に報じられた記事は、「自由主義史観研究会」が「集団自決」の真相をさぐるため那覇に到着、二泊三日の「沖縄戦慰霊と検証の旅」をすると報じていた。

「研究会は、米軍の沖縄本島上陸を前に昭和二十年三月、追い詰められた民間人数百人が自ら命を絶ったとされる両島の『集団自決事件』が、一部の教科書などに書かれているような日本軍の命令ではなかったことを検証する『沖縄プロジェクト』を計画。軍の命令だったと主張してきた島民が、後になって実は遺族年金をもらうために偽りの証言をしたと告白したことを踏まえ、関係者への聞き取り調査を実施している。（中略）

藤岡教授は『集団自決で〝定説〟とされてきたことを覆す証言が出ている。真相を究明して広く社会に訴えたい』と沖縄訪問の趣旨を説明している」

産経はさらに二日後、《沖縄の「集団自決」「軍命ではない」現地調査で証言》という続報を載せた。

「第二次大戦時の『集団自決』を調査するため沖縄入りしていた『自由主義史観研究会』（代表・藤岡信

勝拓殖大教授）一行が現地で生き残りの関係者らから聞き取りを行うなどの調査を終え二十二日夕方、帰京した。同研究会は、六月四日に東京都内で研究集会を開き、今後、集団自決に関連する教科書の記述の訂正などを求めていく。

（中略）藤岡教授は『自決命令を出したとされてきた隊長に近い複数の人物から、軍の命令ではなかったとの証言を得ることができた』と強調した」

自由主義史観研究会といえば、「自国の歴史を貶める、いわゆる『自虐史観』からの脱却」をめざし、中学歴史教科書の「従軍慰安婦」の記述の削除を求め、ネガティブキャンペーンを展開してきた団体だ。

戦後五〇年の一九九五年を機に、戦後補償問題がかつてなく広がりを見せ、日本軍の「慰安婦」にされた女性たちへの補償と謝罪の問題もクローズアップされた。私も当時、何度も韓国に取材に行った。

しかしだんだん雲行きが怪しくなった。いつしか台頭してきたのが偏狭なナショナリズムを叫ぶ勢力。その中心が、自由主義史観研究会だった。

彼らが「従軍慰安婦」記述の削除の運動をはじめて一〇年、この年、検定に合格した全ての中学歴史教科書から、「従軍慰安婦」の文字は消え去っていた。目的を果たし、戦後六〇年を機に、こんどは沖縄をターゲットに定めたということなのか。「従軍慰安婦」問題のときも、自由主義史観研究会の広報機関のような役割を果たしたのが産経新聞だった。荒唐無稽な主張ばかり、というのはたやすいが、その荒唐無稽が通ってしまうのが恐ろしいのだ。

＊

私が確認した限り、この間の動きを、ほかの全国紙が報じた形跡はなかった。ただ、ネットで見ると沖縄の沖縄タイムス、琉球新報はきっちり伝えていた。「検証の旅」を前にして、沖縄戦研究者らが記者会見をして、県民に警鐘を鳴らしていたこともわかった。

たとえば沖縄タイムスは五月一八日付朝刊で次のように詳報した。

《「集団自決」で沖縄調査　自由主義史観研　20日から戦跡訪問　「沖縄戦の実相ゆがめる意図」　県研究者》。

「太平洋戦争時の従軍慰安婦問題はなかったなどとして中高校の歴史教科書の記述変更を求めてきた自由主義史観研究会（代表・藤岡信勝拓殖大教授）の会員ら約十人が二十日から三日間、沖縄戦の『集団自決』の調査で陸上自衛隊那覇駐屯地や座間味島、渡嘉敷島を訪れることが十七日、分かった。

同会が軍命による『集団自決』を否定していることから県内の沖縄戦研究者らは『ある一面だけをとらえて軍命による「集団自決」はすべてなかったとする同会の主張は沖縄戦の実相を大きくゆがめていくものだ』として警戒を強めている。

同会は、戦後六十年を機に、『沖縄プロジェクト』と題し沖縄戦での『集団自決』などを独自に検証。歴史教科書の記述変更を求める動きをみせている。同会や機関誌『歴史と教育』三月号などによると、同会のメンバーらは二十日から二十二日まで県内に滞在する予定。陸上自衛隊那覇駐屯地で沖縄戦の概要について説明を受け、座間味、渡嘉敷の両島を訪問し、戦跡や『集団自決』の現場を視察するとしている。

県庁記者クラブで十七日、会見した高嶋伸欣琉大教授や琉大非常勤講師の山内榮さんら四人の教育関係者らは、同会が教科書への記述変更やパンフレットの発行、六月に東京都内で研究集会を計画していると批判。

山内さんは『沖縄戦が起こるまでに軍命がすべてに優先されていった中で住民は戦闘に巻き込まれ「集団自決」は起こった。同会は軍が一切関与せずに住民は勝手に死んだ、としている。同会の考えは研究者や教育者だけの問題ではない』と語った。高嶋教授は『歴史の事実を改ざんする同会の主張に対抗し、慰霊の日を前にさまざまな角度から論点を整理して反論していきたい』と語った。沖縄平和ネットワーク学習部会長の鈴木龍治さん（68）は『（同会は）軍隊は住民を守らないという沖縄戦の大きな教訓を消し去り、戦争を知らない若者の国防意識を高めようとしているような悪意を感じる』と憤った」

さらに、六月四日に開かれた自由主義史観研究会の「検証報告集会」について、沖縄タイムスは翌五日付の朝刊でこう報じている。

《「集団自決」削除を決議　沖縄戦　教科書の軍命記述　自由主義史観研》

「自由主義史観研究会（藤岡信勝代表）が主催する緊急集会『沖縄戦集団自決事件の真相を知ろう』が四日、東京都内で開かれた。座間味、渡嘉敷両島の『集団自決』を例に、『軍命による集団自決はなかった』とする見解を強調。教科書などに記述された沖縄戦の『集団自決強要』の記述を削除するよう国や教科書会社などに要求していくことを決議した。

決議文では『沖縄戦で民間人が軍命で集団自決させられた事実はなく、過去の日本を糾弾するため一面的な史実を誇張するものだ』として、『集団自決強要』の記述を教科書から削除するよう文部科学省に指導を求めることや、教科書会社や出版社に記述の削除を要求する、としている。

集会には約八十人が参加。同研究会のメンバーらが五月に慶良間諸島を訪れて得た島民の証言をビデオで紹介。同諸島の『集団自決』に軍命はなかったとする授業をすでに行っている神奈川県の中学校教諭の模擬授業もあった。

同研究会はこれまで教科書から『従軍慰安婦』の削除を求める運動を展開し、今回の検定で実際に記述が削除された経緯を踏まえ、戦後六十年の今年は『沖縄プロジェクト』と銘打ち、沖縄戦の『真相の解明』に取り組むとの意向を示している。

藤岡代表は『「軍命による集団自決」が虚構である証拠をつかめたが、現実の教科書に軍命説がいまだに書かれている現状を改めなければいけない』と話した」

続いて琉球新報。《「集団自決強要は虚構」　自由主義史観研　3人の証言で結論》

「新しい歴史教科書をつくる会副会長の藤岡信勝拓殖大学教授が代表を務める自由主義史観研究会は四日、都内で緊急集会『沖縄戦集団自決事件の真相を知ろう』を開催。五月下旬に座間味村、渡嘉敷村で実施した聞き取り調査などを基に『旧日本軍による集団自決の強要は虚構』として、教科書・教材から削除を求める決議を採択した。

決議は（1）文科省に教科書検定方針を改め、『集団自決強要』の記述を削除する指導を求める（2）教科書会社やその他の出版社に、教科書や教師用指導書、副読本などから記述削除を求める——といった内容。

藤岡代表は座間味村で海上挺進隊第一戦隊の梅澤裕隊長（当時）の伝令の役目をした男性、渡嘉敷村の集団自決で生き残った男性ら三人の証言をビデオにまとめて紹介し、『今回の調査で自決が強要されていないことが明らかになった』とまとめた。さらに『戦争の悲劇は忘れてはいけない。肉親の中で最も弱い者から殺された事件の重さに比べて、軍命は一割の比重かもしれない。しかし、自決を軍命とするのは、旧軍のみならず日本人、日本国に対する侮辱だ』と語り、聴衆に賛同を呼び掛けた」

つまり、こういうことだ。二泊三日の「検証の旅」で、「集団自決」は「軍命」によるものではなかったことを結論付けた。ゆえに教科書の記述をあらためさせるよう運動していく——。琉球新報が見出しにたてたのも当然で、わずか三人の「証言」しかとっていない。後にわかったことだが、この三人のうち渡嘉敷島で生き残った男性は当時まだ少年であり、座間味島の伝令だった男性は、問題の米軍上陸前夜には、梅澤隊長と行動をともにしていなかった。もう一人にいたっては埼玉県に住む赤松隊元中隊長の皆本義博さんだった。集会では、のちに原告になる座間味島の元戦隊長、梅澤さんのインタビューもビデオで紹介されたという。

●——被告は「沖縄戦の真実」

激しく降り続いた雨がちょうど上がり、晴れ間が広がりはじめていた。二〇〇五年六月一九日午後、那覇市松尾の「八汐荘」。余裕をもって到着したつもりが、大ホールの椅子席はもう満席だった。沖縄平和ネットワークや1フィート運動など沖縄県内の八つの平和団体が主催する集会「『軍隊の支配する世界』沖縄戦の『真実』にせまる」。それは自由主義史観研究会の動きを懸念して緊急に開かれたものだった。

私は、ちょうど二日前から所用で沖縄にいて、現地の新聞で偶然集会を知った。主催者が受付に用意したレジュメや資料はすでに尽き、沖縄の人たちの強い危機感を実感した。沖縄は、戦後六〇回目の慰霊の日を四日後に控えている。いつもにも増して、沖縄が鎮魂と平和への願いに包まれる時期である。そこに土足で踏み込むように、事態は起きていた。

集会では二人の研究者が報告した。

一人目は沖縄国際大学名誉教授の安仁屋《あにや》政昭さん。一九八八年二月の第三次家永教科書訴訟の那覇出張法廷で、原告家永三郎さん側の証人として法廷に立った沖縄戦の研究者だ。安仁屋さんは、当時の南西諸島全域が、米軍によって制海権、制空権を抑えられ包囲されていたとして「合囲地境《ごういちきょう》」という用語を示した。

「第三二軍は県や市町村の所管事項に対しても、指示・命令を出し『軍官民共生共死の一体化』を強制した。県民の行動は、すべて軍命によるもので、ここには民政はなかった」

このような戦場を、軍事用語では「合囲地境」と呼ぶ。「駐屯部隊の上級者が全権を握って、憲法を停止し、立法・司法・行政の全部または一部を軍の統制下に置くことになっていた。沖縄戦のときは『戒厳令』は宣告されなかったが、事実上の『合囲地境』だった」という。

安仁屋さんは、「沖縄県知事や市町村長の行政権限が無視され、現地部隊の意のままに処理されたのは、このような事情によるものだった。地域住民への指示・命令は、たとえ市町村役場の職員や地域の指導者が伝えたとしても、すべて『軍命』と受け取られた。個々の命令の有無でなく、大局的にみる必要がある」と強調した。

もう一人の研究者は琉球大学講師（現准教授）の山口剛史さん。自由主義史観研究会会員で横浜市内の市立中学校の教師が行っている「沖縄戦　集団自決の真実」の授業を再現してみせた。

この授業については、先日の自由主義史観研究会の「検証報告集会」でも、その中学教師自らが模擬授業をしてみせていた。サブタイトルは「事実を事実として明らかにし、皇軍の名誉を回復する授業」「自決」は（座間味の場合）助役が命じた、遺族が国から補償金をもらうため（生き残った女子青年団長の）宮城初枝さんがウソの証言をしたなどと誘導して「確認」させたうえで、「軍の命令による集団自決はなかった」という結論を導きださせる。これが実際に学校現場で行われた授業内容だというのは衝撃だった。

＊

大阪地裁に、梅澤さん、赤松さんを原告とする訴訟が提起されるのはこの集会から約二か月後、二〇〇五年八月五日のことだ。

訴えられた側にすれば寝耳に水だったようだ。岩波書店で訴訟担当者になる雑誌『世界』編集長の岡本厚さんは、提訴を前打ちした産経新聞の七月二四日付の記事で初めて知ったという。

書籍の記述が問題になる場合、書かれた側からクレームがあり、当事者間の話し合いがあり、それでも駄目なら弁護士が入り、さらに決裂すれば訴訟、というのが通常だが、これまで、相手方から岩波書店や大江健三郎さんにクレームがあったことは一度もなかった。「裁判自体が政治的なキャンペーンなのだとうけとった」と岡本さん。しかも訴状が届いたのは提訴から一か月以上も経った九月一二日。仕方なく、原告側の「支援の会」のホームページに掲載されている訴状で内容を確認したという。

大江さんは、朝日新聞の連載コラム「伝える言葉」（二〇〇五年八月一六日付）で、訴訟について書いている。「求められれば、私自身、証言にも立ちたいと思います。その際、私は中学生にもよりよく理解してもらえる語り方を工夫するつもりです」と記し、「それというのは、この訴訟が、中学校の教科書の沖縄戦についての文章を書き換えようと積極的に推し進められている自由主義史観研究会のメンバーたちのキャンペーンと、狙いの定め方も攻撃ぶりもまったく同じであるからです。私としては、なによりも慶良間諸島から沖縄列島をおおって、どのように非人間的なことが『日本軍』によって行われたか、そしてそれがいかに読み変えられようとしているのかの実態を示したいのです」としている。

早くから自由主義史観研究会の動きを警戒していた沖縄の人たちでも、大江さん、岩波書店が訴えられたことは予期せぬことだったという。那覇の緊急抗議集会の主催団体でもある沖縄平和ネットワークの代表世話人で、元教科書会社編集者として家永教科書訴訟にもかかわった鈴木龍治さんは、「沖縄戦の真実に対する挑戦だと受け止めている」と危機感をあらわにした。

●――「集団自決」は「殺意なき虐殺」

山道の途中でマイクロバスを降りると眼下に青のグラデーションが広がった。絶景に息をのむ。慶良間海峡だ。しかし、「ここはあのとき、アメリカの軍艦でいっぱいでした。島から島まで軍艦を渡って歩いていけるんじゃないかというほど」という、金城重明さんの言葉で、観光気分から引き戻された。

二〇〇五年八月二六日、盛夏の渡嘉敷島。沖縄平和ネットワークが主催した「沖縄戦『集団自決・集団死』の真実を訪ねる旅」は、三泊四日の日程で、渡嘉敷島をはじめ、座間味島、読谷村のチビチリガマや本島南部の「集団自決」跡地を訪ねる濃い内容だった。

渡嘉敷島を案内してくれた金城重明さんは「集団自決」の生き残りで、戦後、聖書と出会い、牧師になった。沖縄キリスト教短期大学を創設、学長を経て、この当時は名誉教授をつとめていた。

灼熱の太陽が照りつけるなか、金城さんは島の人たちが犠牲になった北山《にしやま》の「集団自決之跡地」の碑の前で証言した。

米軍は本島上陸に先立ち慶良間諸島に上陸、一九四五年三月、二六日の座間味島に次いで二七日には渡嘉敷島に上陸した。

急きょ、軍の陣地近くに移動せよという命令が村の駐在を介して伝えられた。金城さん一家も、豪雨と艦砲射撃が降り注ぐ、七キロの夜道を急いだ。たどりついた谷間には、八〇〇人余りの住民が身を寄せあっていた。

「一週間前、軍の兵器係から村職員ら青年十数人に二発の手榴弾が渡されていました。一発は敵に。残り一発で自決しろと。武器は天皇から授かったものだから、非戦闘員に渡してはならないものです。それを手渡したのは、『軍と共に死を』ということです。私たちも、軍と運命を共にするという意識を植え込まれていました」

その場で朝を迎えた。「自決命令がでたらしい」という情報が流れ、天皇陛下万歳の唱和が聞こえた。しかし手榴弾はほとんどが不発。人々はパニックに陥った。

そのとき、金城さんの目に飛び込んできたのは、すさまじい形相で小枝を折ろうとする中年男性の姿だった。男性は枝をへし折るやいなや、妻子を滅多打ちにした。それが引き金になった。金城さんは二つ上の兄とともに、母、まもなく国民学校四年生と一年生になる妹弟に手をかけた。

「私は悲痛のあまり号泣しました。母も泣いていました。私は一六歳一か月になったばかり。この世の地獄でした」

感情を抑えるように静かに言葉をつなぐ。その表情に深い苦悩がにじんだ。

「生き残れば鬼畜米英に惨殺されてしまうだろうと。だから、相手に対する愛情が深いほど、手加減はしなかったです。殺意なき虐殺、軍が直接手を下さなかった虐殺。それが『集団自決』『集団死』の実態です」

敵の艦船に囲まれた離島。住民たちは安全な場所へ避難させてもらうどころか、軍の近くに集められた。「集団自決」で生き残り、いったんは米軍に保護され、座間味島で治療を受けた少年二人は、渡嘉敷島に戻ったところをスパイ容疑で日本軍に処刑された。

住民三二九人が「集団自決」した。日本兵の戦死者は六〇人に満たない。渡嘉敷島の軍隊は、最後まで組織的に生き残った。

「集団自決跡地」の碑の背後にはうっそうと雑木林が茂っていた。その奥に住民が命を落とした深い谷が切り立つ。当時の渡嘉敷村の人口は約一四〇〇人。金城さんが生まれた阿波連《あはれん》集落は三分の二が犠牲になった。

ひんやりとした樹林帯に分け入った。けもの道は徐々に傾斜を増し、灌木につかまらなければ足元もお

▲…「北山」慰霊碑前で体験を語る金城重明さん（2005年8月26日）

ぼつかない。急斜面を降りると、谷底に小川が流れていた。六〇年前、この川面は何日も赤く染まったのだという。

この日、那覇から日帰りで参加した一人がそっと川面に花束を手向けた。県立南風原高校の教諭、宮城千恵さんだ。母方の祖父母がこの場所で「集団自決」したという。

自らも途中まで斜面を降りた金城さんは、ふたたび真夏の太陽の下に立ち、苦渋に満ちた表情でこう語った。

「軍の命令があったかないかは二義的な問題。軍隊によってそこまで追い詰められていたことが重要です。軍の考え方は『軍官民共生共死』というもので、住民も食糧も一木一葉にいたるまで軍の支配下でした。命令なしで『集団死』に追い込めます。それに戦争は美化されるものじゃない。間違った解釈で戦争の真実を曲げることはできない。住民の自発的な死とする考え方は、教科書裁判での文部省の発想です。間違った解釈で、戦争の真実を曲げることはできません」

金城さんも一九八八年二月の第三次家永教科書訴訟の那覇出張法廷で、原告家永さん側の証人として法廷に立った。当時国は「集団自決」について「犠牲的精神により自らの生命を断った」という趣旨で記述するよう強要した。「集団自決」は軍隊による強制どころか、軍隊の手を煩わせないよう住民が自発的に死を選んだという殉国美談とする考え方だった。

その家永訴訟の一九九七年最高裁判決は、「集団自決」の原因として、「日本軍の存在と誘導、守備隊の隊長命令」などがあり、「犠牲的精神によるものと美化するのは当たらないとするのが一般的」だと認定した。

にもかかわらず、それからわずか八年で、またも、かつての家永訴訟のときの国と同じ主張が蒸し返されている。

しかも、「集団自決」は座間味島と渡嘉敷島だけで起きたわけではなく、沖縄各地で発生しており、犠牲者は数千人ともいわれる。それを自由主義史観研究会は、座間味島、渡嘉敷島で「部隊長の直接命令はなかった」という証言を三人から得たということだけで、軍の強要自体なかったと、すべて否定しようとしている。裁判にまで訴えて。

＊

金城さんの証言を聞いた翌日には、那覇で宮城晴美さんの講演があった。座間味島出身の晴美さんが二〇〇〇年に高文研から出した『母の遺したもの』は、沖縄戦体験者の母・初枝さんから生前に託された手記と、自ら聞き書きした体験者の証言、歴史的背景なども加えた「母娘合作」である。

座間味島では一九四五（昭和二〇）年三月二六日、米軍上陸にともない、住民一七八人が「集団自決」した。二五日の晩、役場職員が「住民は忠魂碑前に集まるように」と伝令したが、激しい艦砲射撃の中、たどり着けたものは少なく、「産業組合壕」など八か所の壕が主に「集団自決」の現場となった。

集合場所とされた忠魂碑は一九四一年七月、神武天皇による「建国二六〇〇年」の奉祝行事に伴い建立。真珠湾攻撃を記念して、開戦以来、毎月八日の「大詔奉戴日」には、住民たちがここで君が代を歌い、皇居を遥拝した。日本軍が駐留すると、ともに「戦陣訓」を暗誦した。

▲…座間味の忠魂碑

「『集団自決』の背景には死を誘発する軍の教えや皇民化教育がある。亡くなったのは『伝令』を聞いた人、米兵の上陸を見た人たちです。忠魂碑は靖国神社に直結するものと考えられていました。犠牲者のうち、八三パーセントが、戦地に行った父親に代わって『銃後』を守る、女性と子どもでした。いわゆる『無学文盲』の御年寄りは、ほとんどいません」

晴美さんは、犠牲の背景に皇民化教育、そして良妻賢母の思想があったと指摘した。

一九四九年生まれの晴美さんは「集団自決」の

傷跡を抱える島で育った。祖父母は息子を死なせ、自分たちは大けがを負いながらも生き残った。祖母は家族に手をかけた祖父をなじり、祖父はじっと耐え続けていたという。

『母の遺したもの』は梅澤さんらが原告になった訴訟でも利用されたことがわかった。晴美さんは「都合のいい部分だけのつまみ食いだ」と憤った。

母の初枝さんは当時、役場職員。米軍上陸前夜、道ですれ違った助役らに、「これから部隊長のところへ小銃弾をもらいに行くから一緒に行ってくれ」と頼まれた。以下は『母の遺したもの』におさめられた初枝さんの手記にある、助役ら五人で本部壕を訪ねるシーンだ。

助役は隊長に、「もはや最期の時が来ました。私たちも精魂をつくして軍に協力いたします。それで若者たちは軍に協力させ、老人と子供たちは軍の足手まといにならぬよう、忠魂碑の前で玉砕させようと思いますので弾薬をください」と申し出ました。

私はこれを聞いた時、ほんとに息もつまらんばかりに驚きました。重苦しい沈黙がしばらく続きました。隊長もまた片ひざをたて、垂直に立てた軍刀で体を支えるかのように、つかの部分に手を組んでアゴをのせたまま、じーっと目を閉じたっきりでした。

私の心が、千々に乱れるのがわかります。明朝、敵が上陸すると、やはり女性は弄ばれたうえで殺されるのかと、私は、最悪の事態を考え、動揺する心を鎮めることができません。やがて沈黙は破れました。

隊長は沈痛な面持ちで「今晩は一応お帰りください。お帰りください」と、私たちの申し出を断ったのです。私たちもしかたなくそこを引き上げて来ました。
ところが途中、助役は宮平恵達さんに、「各壕を廻って皆に忠魂碑の前に集合するように……」
後は聞き取れませんが、伝令を命じたのです。
そして、私には「役場の壕から重要書類を、同じく忠魂碑の前に運ぶように」と命じてきました。

一方、原告側はこの場面を「座間味村の幹部五人が原告梅澤少佐を訪ね、『集団自決させて欲しい、駄目なら手榴弾が欲しい。小銃があるから実弾を下さい』と懇願したが、原告梅澤少佐に『生き延びてくれ、弾薬は渡せない』と拒絶された。しかし、村民らは、原告梅澤少佐の説諭にもかかわらず、次々と集団自決を決行し、凄惨な最期を遂げた」（訴状）としている。

だが、初枝さんは、「一応お帰り下さい」と断られ仕方なく引き上げたと記していても、「生き延びてくれ」と説諭されたという内容のことは一切書いていない。

*

戦後、座間味島では、隊長命令があったというのが体験者の共通理解だった。戦時中、隊長（軍）命令は、役場を介して伝えられていたことが大きい。

初枝さん自身も六〇年代に書いた体験記には、村の公式文書を引くかたちで隊長命令があったと書いていた。しかし初枝さんが目の前で見た限り、本部壕のやり取りに「自決命令」はなかった。最後の夜、梅澤さんを訪ねた五人のうち四人は「集団自決」し、残ったのは自分一人。元日本兵からは梅澤さんが、「集団自決」は隊長命令によるものと報道されて大変な思いをしていることも聞かされていた。悩みに悩んだ末、初枝さんは一九八〇年、梅澤さんに面会し、「あなたは自決命令を出していない」と告げた。訴状で「原告梅澤少佐に弾薬供与を懇願に行った五人のうちで生き残った女子青年団長は、一時期部隊長の集団自決命令があったと証言し、その後、原告梅澤に対し、部隊長の自決命令はなかったと謝罪している」という部分だ。

また原告側は、隊長命令がなかったという裏付けの「証人」としてもう一人、助役宮里盛秀さんの弟、宮村幸延さんを挙げている。「助役の弟は、座間味島の戦没者、自決者の補償交渉に当たる座間味村の担当者となり、原告梅澤少佐による自決命令があったと証言していたが、昭和六二年三月二八日、座間味島を訪ねた原告梅澤に『勝手に隊長命令による自決とした事はすみませんでした』と謝罪している」(訴状)。

しかし、これも、晴美さんによるとかなり事実とは違うようだ。『母の遺したもの』ではこう記されている(本文中は仮名が使われている)。

さらに梅澤氏は、決定的な手段に出た。住民に「忠魂碑前に集まれ」と伝令を出した助役の宮里盛秀の実弟M・Y氏(戦後、宮里から改姓)から「集団自決は梅澤部隊長ではなく、助役宮〇盛秀の命令であった」という念書をとったのである。

一九八七(昭和六二)年三月二六日、座間味島の慰霊祭に訪れた梅澤氏は、M・Y氏を訪ねた。梅澤氏は「自分は命令していないという書面を準備しているので、証明の印鑑を押してくれないか」と、M・Y氏に頼んだ。しかし、M・Y氏は、「自分自身、当時は島にいなかったし、知らないことなので押印できない」と断った。その翌日も再び訪ねてきたが、やはり断ったという。

ところがその夜、M・Y氏の元戦友という福岡県出身の二人の男性が、慰霊祭の写真を撮りにきたついでにと、泡盛を持参してM・Y氏を訪ねてきた。戦友とはいっても所属が異なるため、それほど親しい関係ではないし、またなぜ、この二人が座間味の慰霊祭を撮影するのか疑問に思いながらも、はるばる遠いところから来てくれたと、M・Y氏は招き入れた。

何時間飲み続けたか、M・Y氏が泥酔しているところに梅澤氏が紙を一枚持ってやってきた。家人の話では朝七時ごろになっていたという。「決して迷惑はかけないから」と三たび押印を頼んだ。上機嫌でもあったM・Y氏は、実印を取り出し、今度は押印したのである。

それから二〇日ほど経った四月一八日の『神戸新聞』に、「座間味島の集団自決の命令者は助役だった」「遺族補償得るため〝隊長命〟に」という大見出しで報道され、さらに四月二三日の『東京新聞』夕刊にも同じ内容の記事が掲載された。

晴美さんはこの講演の一か月前、あらためて宮村幸延さんを取材していた。『母の遺したもの』の出版と同時期の二〇〇〇年一二月、昭和史研究所が、軍命令がなかった根拠として押印された「念書」を会報で紹介した。晴美さんがその「念書」のコピーを示したところ、幸延さんは、「あのときは、前夜の酒が残った状態で朝から飲まされ、なにも覚えていない。自分がこんなことを書く理由はないし、書けるわけもない」と怒りに震えていたという。

この「念書」と梅澤さんが示したとされる下書きはその後、書証として提出されている。

2●「集団自決」と教科書検定

▼…文科省交渉を終えて会見する高嶋琉大教授（左２）や、
教科書執筆者の石山久男さん（右２）ら（2007 年６月 15 日）

●——三・三〇ショック

二〇〇七年三月三〇日午後、大阪地裁での第八回口頭弁論は、被告大江さんと岩波書店側の秋山幹男弁護士による準備書面朗読からはじまった。

被告側の弁護団は三人。主任弁護士の秋山幹男弁護士は、「百人斬り訴訟」の被告代理人も務めた名誉棄損訴訟の第一人者だという。近藤弁護士もその方面に明るいベテランだ。そして若手の秋山敦弁護士。三人という少人数で三四人の原告側に渡りあう格好だった。

第一回口頭弁論から一年五か月余り。この間、原告梅澤さん、赤松さん側が繰り返し主張してきたのは、座間味島と渡嘉敷島の「集団自決」が、隊長命令によるものではなく、住民たちは自発的に死んだということだった。これに対し被告側は、座間味島、渡嘉敷島において、軍は「軍官民共生共死の一体化」の方針のもと、いざというときは「玉砕」するようあらかじめ住民に命じていた、島の最高指揮官は隊長であり、軍の命令すなわち隊長命令だった、などと反論してきた。この日もそうだった。

前回一月一九日の第七回口頭弁論で原告側は、渡嘉敷村の教育委員会が編んだ小学校高学年向けの副読本『わたしたちの渡嘉敷島』に引用された「戦跡碑」の碑文を根拠に、「渡嘉敷島を訪れたものは、集団自決が命令によって強制されたものではなく、愛によって行われた真相を悟るであろう」などと主張していた。戦跡碑は渡嘉敷島の渡嘉志久と阿波連を結ぶ山道に建立されている。碑には、「敵の手に掛かるよりは自らの手で自決する道を選んだ。一家は或いは、車座になって手榴弾を抜き或いは力ある父や兄が弱い母や妹の生命を断った。そこにあるのは愛であった」などと記されている。

これに対し、秋山弁護士は、戦跡碑が海上挺進第三戦隊、第三基地大隊の戦友会によって建立された部隊犠牲者のためのものであること、部隊関係者が『ある神話の背景』の著書、曽野綾子さんに碑文を依頼したものであることを挙げ、「そのような碑文の内容が、集団自決が命令によるものでないことの根拠にならないことはあまりに明らかだ」と反論した。

この副読本『わたしたちの渡嘉敷島』には、「三月二八日、かねて指示されていたとおりに、集団を組んで自決しました」という、事前に、軍による自決の指示・命令があったとする内容の記載もあるという。「軍命」「隊長命令」に触れた部分は避け、自分たちの都合のいい部分だけをつまみ食いして全体を粉飾するのが、原告側のこれまでのパターンだった。

＊

このころまでに双方の主張はほぼ出そろったが、回を重ねるごとに原告側の論理が破たんしていくありさまが、素人目にもわかるようだった。

例えば、争点のひとつである「戦傷病者戦没者等援護法（援護法）」について、当初、原告側は、座間味島、渡嘉敷島の住民が一九五二年に公布された法律を目当てに「隊長命令」をでっちあげ、その「隊長命令説」が「風説」「神話」になったなどの主張をしていた。

それに対し、被告側が、一九五二年より前の一九五〇年に出版された『鉄の暴風』などで、すでに住民が「隊長（軍）命令があった」ことを証言していることを挙げて反論すると、原告側は次に、「住民たちは、『あった』と思いこんでいただけだ」という理屈を持ちだした。

そして、住民たちが「隊長命令」と思いこんでいたものは、座間味島の場合は「村助役の命令」であり、渡嘉敷島の場合では、自分だけ生き残った村幹部が、保身のため赤松隊長に罪を着せたものだと主張した。

大所帯にも関わらず、原告側は準備書面の提出期限を守らないこともたびたびで、ついにこの日は当日の提出になり、被告側は手元に書面がないまま、法廷に臨んでいた。提出期限を守らないことでペナルティーがつくわけではないというが、フェアな態度とは程遠い。そのようなドタバタぶりもまた、原告側が、追いこまれつつあることを示しているようだった。

傍聴席は、原告側、被告側の支援者がほぼ拮抗していた。原告側の「冤罪訴訟を支援する会」に遅れること約一〇か月、二〇〇六年六月九日、第四回口頭弁論に合わせて大阪に拠点を置く「大江健三郎・岩波書店沖縄戦裁判支援連絡会（支援連絡会）」が結成された。最も当事者性から遠い大阪の地。口コミで裁判を知り、個別に傍聴をはじめた出版関係者や教育関係者、靖国問題や沖縄の基地問題などにかかわってきた人たちが何度か勉強会を重ね、発足した。裁判支援とともに、原告側が真のターゲットにしている沖縄戦の歴史の歪曲を許さず、沖縄戦の真実を広く伝えることを目的としている。

さらに二〇〇六年一二月には沖縄で、沖縄平和ネットワークなど平和団体が母体となって「沖縄戦の歴史歪曲を許さず、沖縄から平和教育をすすめる会（すすめる会）」が発足していた。この日も沖縄から駆け付けた五、六人が傍聴席にいた。

被告側は、前回、関東学院大学の林博史《ひろふみ》教授が発見し、沖縄タイムスが二〇〇六年一〇月に特報した当時の米歩兵第七七師団砲兵隊による「慶良間列島作戦報告書」に基づき、「集団自決の直後に米軍に保護された島民は、捕虜になることなく自決するよう軍に命じられたと証言していた」として「軍命があったのは明らか」だと主張していた。座間味島と同じく一九四五年三月二六日に「集団自決」が起きた慶留間島で住民を尋問した記録で、報告書の日付は一九四五年四月三日付となっている。

これに対し、原告側の徳永信一弁護士は、「報告書には『命令』を意味する英語『Command』や『order』はなく、『tell』が使われているから、『命令』と訳すのは誤りである」などと反論する。また被告側秋山弁護士が、座間味島の「集団自決」に際し、村民が防衛隊員その他の兵士から手榴弾が渡されたことを強調し、「手榴弾は貴重な武器であり、軍（＝隊長）の承認なしに村民に渡されることはないと考えられる」と主張すると、こう反論した。

「多くの手榴弾が不発だった。それは軍から操作方法を教わっていなかったからだ。命じていたなら、きちんと操作方法を教えていたはずだ、教えていなかったということは、命令していなかったことだ」

このくだりに差し掛かると、傍聴席からは失笑すらもれた。

ところが、次の徳永弁護士の言葉は、傍聴席の空気を一変させた。

「今回、集団自決についての教科書記述が、文部科学省の検定で、軍命ではないと修正されたことは、部隊長らの主張が取り入れられた結果で、大変喜ばしいことです」

●——書き換えられた教科書

「毎日、新聞を読んで、はらわたが煮えくり返るような思いをしています。軍の命令だから（軍の）本部に集まれと確かに言われたんです。自分たちから望んで死んだのではありません」

二〇〇七年四月六日、沖縄県那覇市古島の教育福祉会館で開かれた「沖縄戦の歴史歪曲を許さず、沖縄から平和教育をすすめる会（すすめる会）」主催の緊急抗議集会。三〇〇人が入れる大ホールは満席だった。

杖を頼りに立ち上がり、マイクを握ったのは、渡嘉敷島の「集団自決」を体験した生き証人、このとき八四歳の池原利江子さんだった。

「前もって手榴弾は配られていました。手榴弾で死ねなかった人たちは、カミソリなどを使って自分たちで殺し合いをしたんです」

那覇市内に住む池原さんは、この日、知人の車に乗せてもらって会場まで来たという。これまで人前で体験を語ることはほとんどなかったが、「この問題を許してはいけない」という思いが、マイクを握らせていた。

先に述べたように渡嘉敷島には一九四五年三月二七日に米軍が上陸した。住民たちは艦砲と激しい雨が降り注ぐ夜道を何時間もかけ、軍の陣地に近い北山《にしやま》の谷間にたどり着いた。集まった住民は約八〇〇人。一夜明けた二八日、「集団自決」が起き、結果、三二九人が亡くなった。池原さんも家族親せき三〇人余りを失った。

▲…検定結果を報じる、2007年3月31日付の沖縄2紙

「さまよい、ようやく口にした水は、異様な味がしました。明るくなって見たら、水は濁っていました。水源をたどって登っていくと、もとの北山の『玉砕場』に出ました。米軍は生存者を救出し、遺体にはその場で土をかけ、埋めたそうです。私を呼ぶ声がしました。半分だけ身体が埋まった人間でした。瀕死の重傷を負った、同級生のハツ子さんでした」

池原さんをわざわざこの会場に足を運ばせたもの。それはちょうど一週間前、三月三〇日に文部科学省が公表した教科書検定の結果だった。「集団自決」をめぐり、史実をねじまげるという暴挙がおこなわれた。二〇〇八年度から使われる高校の歴史教科書の検定で、文部科学省は「集団自決」について日本軍の強制性に言及した五社・七冊すべてに、「沖縄戦の実態について誤解するおそれのある表現である」として修正を求める検定意見をつけたのだった。

このため、例えば「日本軍に集団自決を強制された人もいた」（清水書院「日本史B」）は、「集団自決に追い込まれた人々もいた」に、「日本軍に『集団自決』を強いられたり、戦闘の邪魔になるとか、スパイ容疑をかけられて殺害された人も多く」（三省堂　日本史A、日本史B）は、「追い詰められて『集団自決』した人や、戦闘の邪魔になるとかスパイ容疑を理由に殺害された人も多く」に変更を余儀なくされた。「強制」や「強いる」は「追い込まれ」や「追い詰められ」にトーンダウンさせられた。日本軍という主語も消えうせた。

しかも、前年の検定をパスした同じ表現まで、書き換えの対象になっていた。

その書き換えの根拠とされたのが、まさに大江・岩波裁判だった。とりわけ重視されたのが、梅澤さんが第一回口頭弁論で意見陳述した「陳述書」だったのである。琉球新報三月三一日付朝刊には、文科省が参考にした主な著作物などが一覧になっていた。そのなかに、原告側が軍命がなかった根拠とする『ある神話の背景』や「沖縄集団自決えん罪訴訟における原告（座間味島の守備隊長だった元少佐）の意見陳述」が入っていた。文科省は、原告側の支援グループの呼称で、それを臆面もなく、メディアに発表していたことになる。

三月三〇日の第八回口頭弁論の席で「大変喜ばしい」と、徳永弁護士が被歴したのが、この教科書検定の結果だった。実は報道の解禁時間はこの日の午後六時。その時間までだいぶあったにもかかわらず、法廷でフライングしてしまったのである。

閉廷後に梅澤さん、赤松さんは記者会見に臨んだ。翌三月三一日付毎日新聞によると「梅沢さんは『とんでもないことを教科書で書かれ、私も家族も情けない思いで生きてきただけに、とってもうれしい』と喜び、『教科書の誤った記述を頭に入れた子供が大きくなって、どんな害を日本に及ぼすか心配だった』と語った。また、渡嘉敷島で同第三戦隊長だった故赤松嘉次さんの弟秀一さん（74）も『兄は無実なのに教科書に（集団自決を命じたように）書かれたことが今回の裁判を起こしたきっかけだった。もう私の役目は終わったと言ってもいいほどうれしい』と顔をほころばせた」という。裁判を起こした目的を公然と口にしての、実質的な「勝利宣言」だった。

＊

那覇で開かれた緊急抗議集会では参加者から憤りの声が続々と上がった。被告大江さん・岩波書店の支援をする「すすめる会」共同代表で、自らも「高嶋教科書裁判」を闘ってきた高嶋伸欣《のぶよし》琉球大学教授（現名誉教授）はこう批判した。

「裁判はまだ進行中で、証人尋問もこれからです。被告大江・岩波側ももちろん反論しています。にもかかわらず、片一方だけの、しかも陳述書という、自分の言い分を好き放題に文字化したものを、文部科学省は『行政処分』の根拠にしたのです。

これは、裁判などで係争中の事象を確定的に扱うことを禁じるという、文部科学省が決めた検定基準からも逸脱しています。年によって自分が決めたルールを、適用したりしなかったり、そういう気ままな検定をやってはいけないことは、家永教科書裁判の中で、あれだけ国寄りの判決を出している裁判官でさえ、言っているんです」

そもそも「集団自決」は座間味島や渡嘉敷島など慶良間諸島だけでなく県内各地で起きている。共通するのは軍隊と住民が混在していた場所だということ。当時の日本軍（第三二軍）の方針は「軍官民共生共死」。住民に鬼畜米英の恐怖を植え付け、投降を許さず、いざというときは「自決」するよう貴重な手榴弾を配った。

高嶋さんは今回の事態について「文部科学省が単独で突っ走っていると思えない」と分析したうえで、二年前からはじまった、沖縄戦をターゲットにした動きについて説明した。

二年前の六月、「自由主義史観研究会」が「沖縄プロジェクト」を立ち上げ、「旧日本軍による集団自決強要は虚構」だとして教科書の「集団自決強要」の記述を削除するよう文科省や教科書会社に要求することを決議したこと。その二か月後、大阪の訴訟が提訴されたこと。タカ派で知られる自民党の稲田朋美議員ら三四人の大弁護団を擁し、支援団体の顧問には藤岡代表も名を連ねていること――。

「文部科学省は『外部団体からの削除要求はない』としていますが、疑問です。

藤岡さんは政治家を動かしています。自民党の教科書議連（日本の前途と歴史教育を考える議員の会）と癒着する姿も見えています。

議連の中心メンバーで官房副長官の下村博文さんは就任前後の内輪の講演会で、『今後は自虐史観の歴史教科書は官邸でチェックする。安倍内閣はそういう方針でいく』と具体的な発言もしています。また『日本会議』と密接な関係にある日本会議国会議員懇談会から圧力がかかった可能性は十分考えられます」

教科書検定は、教科書会社が提出した通称白表紙本といわれる申請本を、文科省の教科書調査官がチェック、それをもとに文科大臣の諮問機関「教科用図書検定調査審議会」が審査し、検定意見を出すという流れでおこなわれる。今回の修正意見について、審議会のなかで異論はでなかったという。

白表紙本を一冊つくるには二千万円から三千万円かかる。表紙以外は本物そっくりに作らなければならないうえ、ビジュアル化しているからだ。高嶋さんはこうも指摘した。

「一つでも検定意見を無視したり従わなかったために不合格になったら、そのお金をドブに捨てるのと同じです。執筆者が納得いかない意見だと思っても、編集者に『会社をつぶさないで』と頼まれれば折れざるをえない。それを見透かして文部科学省がゴリ押しするという検定が幅をきかせているのです」

高嶋教授の話を聞きながら、「やられた」という思いが増すばかりだった。法廷で追い込まれていたかに見えた原告側に、まさかこのような露骨な「援護射撃」があるとは予想もしていなかった。

＊

沖縄の地元紙二紙は、検定結果が公表された翌日から抗議の紙面づくりを全面的に展開していた。連日、体験者らの怒りの声が紹介された。仲井真弘多知事も検定結果に疑義を表明、抗議の動きは一気に広がっていた。大江健三郎さんと岩波書店、弁護団もただちに伊吹文明文部科学大臣（当時）に宛て、三者で次のような抗議の声明を出している。

文部科学省が三月三〇日に公表した〇六年度の教科書検定で、沖縄戦において発生した「集団自決」について、「日本軍に強制された」という内容を修正させたことが明らかになった。その理由のひとつとして、〇五年に、沖縄戦時座間味島守備隊長であった梅沢裕および渡嘉敷島守備隊長であった故赤松嘉次の遺族によって、岩波書店及び大江健三郎が名誉毀損で訴えられていること、その中で原告が隊長命令はなかったと主張していることが挙げられている。また、「文科省が参考にした集団自決に関する主な著作等」の中には「沖縄集団自決冤罪訴訟」という項目がある（この「冤罪訴訟」という言葉は原告側の支援者の呼び方であり、中立・公正であるべき行政の姿勢を著しく逸脱するものである）。

しかし、

（1）訴訟は現在大阪地裁において継続中であり、証人の尋問さえ行なわれておらず、

（2）岩波書店及び大江健三郎は、座間味島及び渡嘉敷島における「集団自決」において、①「軍（隊長）の命令」があったことは多数の文献によって示されている、②当時の第三二軍は「軍官民共生共死」方針をとり、住民の多くを戦争に動員し、捕虜になることを許さず、あらかじめ手榴弾を渡し、「いざとなれば自決せよ」などと指示していた、つまり慶良間諸島における「集団自決」は日本軍の指示や強制によってなされた、として全面的に争っており、さらに

（3）「集団自決」をした住民たちが「軍（隊長）の命令があった」と認識していたことは、原告側も認めている。

文部科学省が「集団自決」裁判を参照するのであれば、被告の主張・立証をも検討するのが当然であるところ、原告側の主張のみを取り上げて教科書の記述を修正させる理由としたことは、誠に遺憾であり、強く抗議するものである。

教科書の書き換えを余儀なくされた一人、石山久男さん（歴史教育者協議会委員長）は実教出版「日本史B」の執筆者である。いったい何が起きたのか。石山さんは「文科省がこれまで検定の際言ってきたのは『通説に従って書け』ということ。あるいは、南京大虐殺で利用されたのですが『違う説もあることを書け』、そのどちらかでした。今回はどちらでもない。検定のあり方からしても異常です」と話した。

執筆者に検定意見が通知されたのは二〇〇六年一二月。石山さんの場合、仕事納めの近づく二一日だったという。通知の場所は文科省の一室。執筆者の石山さんと編集者の二人で、対応するのは文科省の職員である教科書調査官二人だった。

検定意見は全部で二七か所。限られた時間でそれら一つひとつについて何が問題だったのかなどを、執筆者側が尋ね、回答をもらうという方式だ。特に、年代順に確認作業をしていくので、沖縄戦のように年代の新しいものは残り時間を睨みながらの勝負になる。石山さんはこれまでついたことのなかった検定意見に驚いた。「日本軍のくばった手榴弾で集団自害と殺し合いをさせ」という部分に「沖縄戦の実態について誤解するおそれのある表現である」とあった。昨年、全く同じ原稿を出して検定を通っていた個所だった。教科書調査官は「『集団自決』について日本軍の命令はなかったという研究も出ているようで、これまでは意見をつけなかった箇所だが、学説状況の進展に従って、今回は正確な叙述をお願いしたい」と説明した。

＊

このとき教科書調査官は、関東学院大学教授の林博史教授の『沖縄戦と民衆』（大月書店）に言及し、

「この本でも、軍から何らかのオフィシャルな命令が出てそうさせられたのではないということであり、そういう見方が定着しつつあるので、軍からの強制力が働いたという受け取られ方をされるような記述は避けてほしい」とも話した。

確かに、林教授の著書には、渡嘉敷島の「集団自決」について「赤松隊長から自決せよという形の自決命令は出されていないと考えられる」、座間味島についても「軍からの明示の自決命令はなかった」という箇所がある。しかし著書全体としては軍からの強制で「集団自決」が起きたと結論付けている。研究者としての軸足も、「歴史修正主義」とは対極にある。しかも著書が出版されたのは二〇〇一年、教科書執筆者に検定意見が示された時点から数えても五年も前のことだ。

しかし、検定意見には従わざるを得ず、結局は、「日本軍のくばった手りゅう弾で集団自害と殺しあいがおこった」と修正し、合格した。

なぜこのような検定意見がついたのか。石山さんは「皇軍にとって不名誉なことを抹消したいのでしょう。沖縄戦の教訓は『軍隊は住民を守らない』というものですが、この考えが広がったら『戦争のできる国』はできませんから」と指摘した。

東京書籍「日本史A」の執筆にあたった都立駒場高校教員（当時）の坂本昇さんは、「『軍の命令・命令書』の有無が問題なのではないはずなのに、沖縄戦という特殊性と、そのなかにおける天皇制軍隊の犯罪性が隠蔽されようとしているのが問題」だと話した。

教科書問題ふたたび

今回の検定結果は、沖縄では「また」「ふたたび」「二度も」などの言葉とあわせて語られていた。過去にも沖縄戦にかかわる「教科書問題」が起きていたからだ。それがよけいに怒りのボルテージをあげていた。

沖縄でそれまで「教科書問題」といえば、一九八二年の事件のことだった。

一般的には高校の歴史教科書の「侵略」という記述が、文部省（当時）の検定で「進出」などと書き変えさせられたことが明るみに出て外交問題にまで発展したことが知られているが、沖縄ではこの年、高校歴史教科書にあった日本軍による「住民虐殺」の記述が削除されたことで、島ぐるみの抗議行動に発展した経緯がある。

当時、この「住民虐殺」に関して最初に報じたのは八二年六月二六日付の毎日新聞朝刊、《教科書検定の暗いイメージ》と題する社説だった。

書き出しはこうだ。

「来年度から使われる高校教科書の検定が終わった。約四百点の申請に対し不合格は三点だけ。数字でみると、文部省の教科書検定も穏やかな印象を受けるが、実態は全く違う。合格のほとんど全部が条件付きである〔中略〕全体としてみると、文部省には戦前の日本への回帰願望があるようだ。戦争や軍隊についても否定的なイメージを植え付けたくないらしい。『歴史』などにおける教科書調査官の指示には国定教科書への郷愁がにじみでている」

そのうえで問題の沖縄戦「住民虐殺」に関してこう続けた。

「どう考えても納得できないことは大戦末期の沖縄における日本軍の住民虐殺事件の削除だ。『出典の沖縄県史は第一級史料ではない』という理由だというが、それが事実とすればこれこそ教科書検定が教科書調査官の恣（し）意によることの証明である。沖縄県史は、沖縄県が編集した公式の資料だ。この戦史は生存者多数の証言を含む詳細な戦争の記録であり、その資料価値は極めて高い。それが『第一級』でないなら、いったいどんな資料が『第一級』といえるのか」

問題とされた教科書は実教出版「日本史」。愛知大学教授の故・江口圭一さんが執筆した沖縄戦についての記述がやり玉にあがった。

この社説が火つけ役となり、沖縄のメディアもこの問題を積極的に取り上げるようになる。同年七月四日付の沖縄タイムスは《日本軍による住民殺害　高校教科書から全面削除　執筆者の修正案も認めず》という記事で、検定の経過を詳報した。

それによると、最初の記述は「四十五年四月に米軍は沖縄本島に上陸した。六月まで続いた戦闘で、戦闘員約十万人、民間人約二十万人が死んだ。鉄血勤皇隊・ひめゆり部隊などに編成された少年少女も犠牲になった。また戦闘のじゃまになるとの理由で約八百人の沖縄県民が、日本軍の手で殺害された」というものだったという。

これに対し文部省はA条件（書き直し命令）で厳しくチェック、理由として「十万とか二十万、八百人などの数字は根拠が不確実」というものだった。書き直しによって「六月まで続いた戦闘に巻き込まれ、約九万四千人の一般住民が死んだ。また混乱を極めた戦場では、友軍による犠牲者も少なくなかった」とした。それでも認められず「沖縄県史には友軍によって殺害された県民の記述がある」とした。これに対し、文部省は「県史は体験を集めたもので、研究書ではない」という理由で拒否した。

「関係者の話によると『何とか住民殺害という沖縄戦の重大な事実を入れたい』と手をかえ品をかえてかけ合ったがダメだった。これ以上争うと、教科書全体が不合格になる恐れもあったので、引き下がった——という」

結局、最終的な記述は「六月まで続いた戦闘で軍人・軍属約九万四千人（うち沖縄出身者二万八千人）・戦闘協力の住民（鉄血勤皇隊・ひめゆり部隊などに編成された少年少女を含む）約五万五千人が死亡したほか、戦闘に巻き込まれた一般住民約三万九千人が犠牲となった。県民の死亡総数は県人口の約二〇％に達する」となった。日本軍による住民殺害に関する記述は消え去った。

沖縄県史は全二四巻。一九六五年から一九七七年にかけて琉球政府および沖縄県教育委員会が刊行した歴史書で沖縄戦の住民体験は七一年の九巻と七四年の一〇巻に収録されている。この沖縄タイムスの記事には、県史で証言を採録・執筆した作家の宮城聡さんによる反論が載っている。宮城さんは「主に座談会形式で録音テープに収め、それを文章化した」といい、「なんどもなんども足を運んで確認したものであり、すぐれた一級資料だと思っている」と反論している。

沖縄県民の視点に立ち、声なき声を拾い上げた戦争体験の聞き書きの集大成を軽んじる文部省の姿勢は県民の怒りをかきたて、沖縄タイムス、琉球新報とも抗議のキャンペーンを続けた。住民虐殺の目撃者や遺族らが次々と掘り起こされていった。また高教組、沖教組、県校長教頭組合などでつくる「民主教育をすすめる沖縄県民会議」が中心になって、記述削除の白紙撤回をもとめる署名運動をスタートさせた。同年九月四日には沖縄県議会が臨時議会を招集、「沖縄戦での県民殺害は否定することはできない厳然たる事実であり、この記述が削除されることはとうてい容認しがたいことである」という内容の「教科書検定に関する意見書」を全会一致で採択し、削除された記述の復活を求めた。

九月一六日の参議院決算委員会で、この教科書検定について問われた当時の小川平次文部大臣は「次の検定の機会に（沖縄）県民の方々のお気持ちを十分に配慮して検定を行うつもりでございます」と答弁した。そして翌八三年の検定で、住民虐殺の記述が復活した。

「集団自決は殉国の死」

しかし、復活は「条件付き」だった。文部省は、「住民虐殺」について触れた教科書に対し、「集団自決についても触れよ」「比重からして集団自決を先に書け」などの修正意見を付けた。それは「住民虐殺」と「集団自決」を、日本軍の加害行為として併記させようという意図ではもちろんなかった。逆に、日本軍の加害性を薄めるため、まず先に、殉国美談としての「集団自決」を書き加えるように強いたのだった。

三省堂の「新日本史」の執筆者、元東京教育大学教授の故家永三郎さんもこの八三年の検定ではじめて住民虐殺について記述した。「沖縄は地上戦の戦場となり、約十六万人もの多数の県民老若男女が戦火のなかで非業の死をとげたが、そのなかには日本軍のために殺された人も少なくなかった」と。しかし、文部省は「犠牲者の最も多かった『集団自決』を加えなければ、沖縄戦の全貌はわからない」という修正意見をつけた。

結局、家永さんの「新日本史」は「沖縄県は地上戦の戦場となり、約十六万もの多数の県民老若男女が砲爆撃に倒れたり、集団自決に追いやられたりするなど、非業の死を遂げたが、なかには日本軍のために殺された人びとも少なくなかった」と書き換えさせられた。

一九八四年、家永さんは、国（文部省）を相手取り、第三次教科書訴訟を提訴した。南京大虐殺や「七三一部隊」などとともに、沖縄戦をめぐる記述の問題が大きな争点だった。

防衛庁（当時）の防衛研究所戦史室の記録は「集団自決」をこう規定している。「この集団自決は、当時の国民が一億総特攻の気持ちにあふれ、非戦闘員といえども敵に降伏することを潔しとしない風潮が、きわめて強かったことがその根本的理由であろう。……小学生、婦女子までも戦闘に協力し、軍と一体となって父祖の地を守ろうとし、戦闘に寄与できない者は小離島のため避難する場所もなく、戦闘員の煩累を絶つため崇高な犠牲的精神により自らの生命を絶つ者も生じた」

国・文部省側はこれを踏襲し、「集団自決」は「皇民化教育の発露としての文字通りの自発死だった」と主張した。

一方の原告・家永さん側は「語句本来の意味の自発死はなかった。軍の強制、誘導などにより発生した集団死だった。加筆は軍の残虐性を薄める狙いがある」。双方の「集団自決」のとらえ方は真っ向から対立した。

一九八八年二月、二日間にわたる沖縄出張法廷で訴訟は山場を迎えた。渡嘉敷島の体験者で牧師の金城重明さん、後に沖縄県知事になる大田昌秀琉球大教授（当時）、沖縄戦研究者で沖縄国際大学教授（当時）の安仁屋政昭さん、県立普天間高校教員（当時）の山川宗秀さんの四人が相次いで証言、それぞれ「集団自決は日本軍の強制と誘導によって起きた肉親同士の殺し合いで、国が主張する自発的という意味での集団自決はなかった」などと反論した。なお、沖縄出張法廷に続いて、東京地裁で開かれた証人調べで、国側の証人として立ったのが『ある神話の背景』の著者で作家の曽野綾子さんだった。

一九九七年八月二九日の最高裁判決。「七三一部隊」の検定について一部違法性を認めたが、沖縄戦「集団自決」に関しては「地上戦に巻き込まれた沖縄県民の悲惨な実態を教えるためには軍による住民殺害とともに集団自決を記載することが必要であり、違法とはいえない」として家永さん側の訴えを退けた。

ただ、記述するときには殉国の清らかな死として描かないようにと釘を刺し、「集団自決」について、こう認定した。

「集団自決の原因については、集団的狂気、極端な皇民化教育、日本軍の存在とその誘導、守備隊の隊長命令、鬼畜米英への恐怖心、軍の住民に対する防備対策、沖縄の共同体のありかたなど様々な要因が指摘され、戦闘員の煩累を絶つための崇高な犠牲的精神によるものと美化するのは当たらないとするのが一般的であった」

家永さんの提訴から一三年。この間の沖縄戦研究のさまざまな成果が訴訟に反映され、最高裁ですら、軍の深い関与なしに「集団自決」はありえなかったと認めた。にもかかわらず、最高裁判決からちょうど一〇年目に明らかになった教科書検定は、その中身すらないがしろにした。

ただ、「集団自決」記述にかかわる変化の兆しはすでに前年からはじまっていた。二〇〇六年三月に公表された高校歴史教科書の検定結果では、全国で採択率六割という圧倒的なシェアを持つ山川出版の「日本史B」が、それまであった「日本軍の島民に対する残虐行為・集団自決の強要などが生じた」という記述を自主的に削除していたことが明らかになった。戦死者数も、それまでの教科書には「約六十万人の沖縄県民の五分の一に当たる十二万人が犠牲」と記述されていたのが、「一般県民も十万人以上が戦没した」とトーンダウンした。すでに自由主義史観研究会の沖縄プロジェクトははじまっており、大江・岩波裁判も係争中だった。最大手の教科書会社の「自主規制」に、沖縄ではプロジェクトの影響を指摘する研究者や教育関係者もいたという。

●──国会論戦のテーマに

二〇〇七年四月二七日、ゴールデンウィークを目前にした東京は、初夏を思わせる陽気だった。高校日本史教科書の検定で、文科省が「集団自決」における日本軍の強制性を示す記述を削除・修正させたことが明らかになってまもなく一か月。「沖縄戦の歴史歪曲を許さず、沖縄から平和教育をすすめる会」代表の高嶋伸欣琉球大教授が、応対した文科省の布村幸彦大臣官房審議官に向かい、要望書を読み上げていた。「沖縄戦研究者の地道な研究・調査活動によって、集団死・『集団自決』が日本軍の強制・強要・命令・

誘導等によって起こり、それは日本軍による住民虐殺と表裏一体であったこと、また慶良間諸島だけでなく沖縄本島・周辺離島でも発生していることを明らかにされてきました。

そのことは第三次家永教科書裁判の最高裁判決（一九八七年八月二九日第三小廷）の中でも、沖縄戦の実相として明確に判示されています。その後、沖縄戦当時の様々な史料・公文書の発見等により更に実証的研究が進み、そのことを裏付けています。そうした成果がこれまでの教科書記述には反映されていました」

国会内にある、こじんまりした議員控室。高嶋さんら「すすめる会」のメンバーのほか、沖縄選出・出身の野党国会議員らもずらりと顔をそろえている。

「しかし、マスコミ報道等によれば、貴省は今回の修正意見の理由として、『軍命の有無をめぐる論争が起きていること』、『沖縄集団自決冤罪訴訟の原告意見陳述を参考資料としたこと』を挙げています。しかし、『冤罪訴訟』という呼称は原告支援者の呼び方であり、貴省がこれを使用したことは一方当事者の立場に立ったものとして極めて不公正であります。

また現在係争中の裁判を根拠に変更することは、これまで貴省が示していた『裁判などで係争中の事象を確定的に扱うことを禁止する』という検定基準を大幅に逸脱し、また沖縄戦研究の成果を無視したものとして、極めて中立性・客観性に欠けたものといわざるを得ません」

文科省は検定意見の根拠として、大阪地裁で係争中の大江・岩波裁判で、梅澤さんが「自分は自決を命じていない」と主張していることを挙げた。

しかし、係争中の裁判の一方の主張だけを根拠にするのも異常なら、この一件をもって、全県で発生した「集団自決」における日本軍の関与そのものまでなかったかのように変更させるのは飛躍しすぎている。そもそも検定を受ける前の申請段階で、「隊長が（自決を）命じた」などと記した社はないのだ。

高嶋さんは重ねて修正意見の白紙撤回を求めるとともに、修正意見作成にあたって、どのような資料をもとに、何が議論され、どうして今回の修正意見に至ったのか、具体的な審議経過等について説明するよう求めた。

要望書はすでに一〇日ほど前に文科省に送付していたものだった。宛先は伊吹文科大臣。大臣か副大臣の対応を求めていたが、結局対応したのは初等中等教育局担当の布村審議官。局長と課長の間の役職だという。

「教科用図書の検定の意見は、文部科学省の諮問機関である教科用図書検定調査審議会で専門的、学術的なご判断をいただいて決定していくものでございます。私どもは、専門的な内容にかかる議論をできる立場にありません」「集団自決に関する当時の隊長の方々の命令というものが通説として位置づけられていたと。それが最近の研究状況によって変わっているのではないか。そういった面で、検定意見の趣旨は、軍の命令が、『集団自決』に関する軍の命令があったと断定され、あったと誤解されるように、あるいはなかったと誤解されるように、断定的に記述することはいまの時点ではもう少し留意してかかる必要があろうと、そういうことで検定意見が付されたと聞いているところであります」

大柄な体を丸めるようにして、慎重に言葉を選ぶ布村審議官。即座に高嶋さんが反論する。

「それでしたら、今年、不適当といわれたところで、断定的な記述はないのです。執筆者たちは大変慎重に書いています。（隊長ではなく）日本軍という全体表現をしています。

ところが検定審議会の委員や調査官たちは、最近の学説状況をまるでわきまえないまま今回の申請された本を歪めて解釈して、非常に狭く解釈して書き換え指示をした。検定というものは原則として、これまでの研究成果を踏まえているということだとしたら、それはまるで実態は違うと、あらためて沖縄から声をあげざるをえない。

特に、執筆者に対する検定基準というものを自分たちも守らねばならないということについて、文部科学省ではどれほど徹底しているのか疑問を持たざるをえません」

「先ほどと同じ答えしかできないので繰り返しませんが……」

布村審議官が言葉を濁すと、業を煮やしたかのように「すすめる会」の松田寛沖縄県高教組委員長が割って入った。柔和な表情が消え、色白の顔が赤く染まっている。

「先ほどと同じ答えといいますと、通説では隊長が命令をしていた、そのことが学説で変わってきた、こういうふうなニュアンスの言い方をされましたね。本当に変わったんですか」

これに対し布村審議官は「私どもは学説について認定できる立場ではありません」と、自分はあくまで事務方であることを繰り返した。松田さんはさらに「私たち、住民が殺害された沖縄の人間からすると、事実はどうなのかというのが大きな問題なのです」と畳みかけた。

「個々の教科書にあるのは『日本軍が』ということでしょう。どこに『隊長が』とあるんですか。しかし、教科書から『日本軍』がなくなることによって、どういう文章になるかというと『強いられて、集団自決に追いやられた』と。でも、戦争の中で追い詰められる、強いられるというのは、誰にですか。敵と味方がいたら、敵というのが当たり前です。日本軍ではなくて、米軍に追い詰められて、強いられて、集団自決にいったようなニュアンスに全く書き換えられてしまっている。主語がなくなるというのはそういうことですよ。

そのことを、沖縄戦の実相を否定するような教科書検定の在り方について問題だと、県内では怒りが沸き起こっているんですよ」

今回の「教科書問題」で沖縄の市民団体が国会に乗り込んだのは、これが初めてだった。議員控室の張り詰めた空気を破るように、「一点だけいいですか」と照屋寛徳議員（社民党）が挙手をした。そして、「布村審議官は、家永教科書裁判の最高裁判決はお読みになりましたか」と静かに問いかけた。「はい。当時家永裁判を担当していました」と布村審議官。弁護士の照屋議員は自らも代理人として沖縄出張法廷に参加したことを説明。そのうえで「家永教科書裁判の最高裁判決では『集団死』『集団自決』に日本軍の強制、強要、あるいは命令、誘導があって起こったということは明確に判示されたと思う。恐らく大臣は忙しくて読んでいないだろうが、私はこの最高裁判決をぜひ根気よく読んでほしい。私は沖縄に住む一人の人間として今度の検定意見は非常に残念。白紙撤回すべきである。あとの世代にこんなんじゃあ申し訳がたたん」と訥々と訴えた。

＊

この時期、「教科書問題」は、国会論戦の主要なテーマになりつつあった。沖縄選出の議員が中心となり、政府・文科省を追及した。検定結果が公表されてまもない四月三日、まず照屋議員が衆院安全保障委員会で取り上げたのを皮切りに、四月一一日には衆院文部科学委員会で赤嶺政賢議員（共産党）が質問に立った。

照屋議員は質問の冒頭、サイパンの捕虜収容所で生まれた自らの幼児体験に触れた。赤嶺議員も自分の体験にまず触れた。畑仕事を手伝うようになった少年時代、「石ころに混じり粉々になって散らばっている人間の骨を拾い集めて畑の隅に積み上げるのが自分の仕事だった」と述懐したうえで質問に及んだ。

まず「沖縄戦の実態について誤解する恐れのある表現である」という検定意見について。

「日本軍によって集団自決に追い込まれたものもあった、そういう記述が、沖縄戦の実態について、何で誤解するおそれのある表現になるんですか」と赤嶺議員。

対応したのは銭谷眞美初等中等教育局長（当時）だった。

「教科書の検定につきましては、専門家による教科用図書検定調査審議会の答申に基づいて行っているところでございます。教科用図書検定調査審議会の専門的な調査審議におきまして、先ほど申し上げました記述につきましては、教科書の記述としては、軍の命令の有無について断定的な記述を避けることが適当である、こう判断をして、意見を付したものと理解をいたしております」

「何で断定的な記述を避ける必要があるんですか」

「先ほど来申し上げておりますように、教科書検定におきましては、教科書の記述につきまして、専門的な観点から調査審議を行って検定意見を付しているところでございます。

事務官である私が申し上げるのもいかがかと思いますけれども、従来、この集団自決が、日本軍の隊長が住民に対して集団自決命令を出したとされて、これが通説として取り扱われてきたわけでございますけれども、この通説について、当時の関係者からいろいろな証言、意見が出ているという状況を踏まえまして、今回の教科用図書検定調査審議会の意見は、現時点では軍の命令の有無についてはいずれとも断定できないという趣旨で付されたものと受けとめておりまして、日本軍の関与等を否定するものではないというふうに考えております」

「当時の関係者から意見や証言が出ているというのはどういうことですか」

「沖縄戦につきまして、最近の著書等におきまして、軍の命令の有無が明確ではないというような記述でございますとか、あるいは、当時の関係者が訴訟を提起しているといったような状況がございまして、現時点では軍の命令の有無についてはいずれとも断定できないということから、教科用図書検定調査審議会ではそのような意見を付したものでございます」

「従来の諸説があったけれども、新しい著書も出ている。それは何ですか。それから、訴訟が起きていると言いましたけれども、それはどういう訴訟ですか」

「沖縄戦につきましてはいろいろな研究や著書があるわけでございますけれども、その中に、軍の命令の有無は明確ではないというふうな著書もあるわけでございます。

それから、訴訟につきましては、平成一七年の八月に、当時の日本軍の隊長等から、軍の隊長の命令があったということは事実ではないとして訴訟が提起をされていると承知をいたしております」

銭谷局長は、大江・岩波裁判が検定意見の大きな理由であることをはっきり述べた。隊長が集団自決命令を出したというのが「通説」だったと断定もした。その「通説」が訴訟が起こされたことで覆され、さらには「軍の命令の有無について断定できない」ことまでわかり、検定意見を付したというわけだ。議員控室での布村審議官の説明も、上司によるこの内容を踏襲したものと思われた。いずれにしても、これまで「通説」だったなら、『沖縄ノート』や『太平洋戦争』が「通説」に従って記述していても何ら不思議ではない。訴訟へも影響は必至と見えた。

●——幻の「沖縄条項」

赤嶺議員の質問は三月三〇日の検定結果公表を受け、翌日付の琉球新報が掲載した「教科書各社の申請本を調査する上で参考にした主な書籍などの一覧」に原告側の立場に立った「沖縄集団自決冤罪訴訟」の名称が含まれていたことについても質問が及んだ。

銭谷局長は、「こういう名称で資料を提供したということについては、やはり慎重であるべきであったというふうに思っております」と釈明した。

また一覧そのものは「記者クラブの方からの要請を受け、集団自決にかかわる記述のある主な著作物として審議会等で参考等に供された著作物を提供してほしい、名称を提供してほしいというお話がございましたので、教科用図書検定調査審議会の事務局を務めております教科書課において、その主な著作物の例を作成いたしまして、提供をしたもの」だと説明した。

赤嶺議員は「この訴訟は事実認定も証人尋問もこれからという段階。それを、一方の側の立場の訴訟の名称を使ったというのは、いわば原告の側の意見が今度の教科書検定に影響したということになるんじゃないか。公平やバランスという、教科書検定の基準から見ても重大な問題を含んでいる」として今度は伊吹文科大臣に答弁をもとめた。

伊吹大臣もまた「クラブへの公表の仕方としては、これだけの、この項目だけで資料を出すのは極めて不適切」だと認めた。その上で、「文部科学省の役人も、私も、ましてや官邸にいる安倍総理も、このことについては一言の容喙《ようかい》もできない仕組みで日本の教科書の検定というのは行われているんです。ですから、学者が、事実関係が正しいか正しくないか、一方に偏った表現になっているかなっていないかということの検定をして、私は言葉を挟まずにそれを受け入れているという立場だけなんです」と釈明した。

文部科学省の役人も、私も、ましてや官邸にいる安倍総理も一言の容喙、つまり口出しできない——。しかしその後に徐々に明らかになる事実は、それが「詭弁」だったことを証明することになる。

教科書検定は、文科大臣の諮問機関である教科用図書検定調査審議会の答申に基づいておこなわれている。審議会の委員は、大学教授や小中高等学校の教員等有識者が選ばれているが氏名は非公表。審議の日程や内容も非公開で、非常に密室性が高い。

審議会の審査に先立ち、検定申請のあった教科書を文科省の常勤職員である教科書調査官が調査、「調査意見書」を作り、審議会へ送る。この教科書調査官の名前も非公表だ。

なお、教科書執筆者に直接検定意見を伝達するのは教科書調査官である。このとき、「責任者」である審議会の委員たちは決して表に出てこない。そして、教科書調査官は審議会の決定を伝えるだけ。内容そのものの議論には一切応じないというシステムだ。

＊

議員控室で行われた要請行動で、「すすめる会」代表の高嶋さんは伊吹大臣の答弁をひきあいにだし、「『審議会が決めたことなので口出しできない』、いつも、『審議会がやったことだから』という言い方で済まされてしまう。従来から言われる『審議会が隠れ蓑になる』ことの典型ではないでしょうか」と批判した。そのうえで、「当時の大臣はここまで明言している」と過去の国会議事録のコピーを、布村審議官や参加した国会議員らに示した。

一九八四年六月の内閣委員会で、当時の森喜朗文部大臣が、沖縄出身の上原康助議員（社会党）の質問に対し答弁したものだ。八二年に「住民虐殺」が削除され、翌年、（「集団自決」との抱き合わせというかたちではあったが）復活した。このような方針は「一時的なものなのではないか」と警戒感をにじませた上原議員に対し、森大臣は「検定に際しましては、一昨年の事件がございまして、特にそういう意味では、沖縄での旧日本軍に対します住民虐殺等に関する記述については、十分に沖縄県民の感情に配慮しつつ、客観的な記述となるように検定において必要な十分な配慮を求めるよう指導している」などと答弁した。

その二年前、八二年九月の参議院決算委員会では、小川平二文部大臣（当時）は「次の検定の機会に県民の方々のお気持ちを十分に配慮して検定を行うつもりでございます」と答弁していた。この年の沖縄戦「住民虐殺」についての対応を問われて答えたものだ。

同年、「侵略」が「進出」に書き換えられた問題に端を発し、教科書検定基準に「近隣のアジア諸国との間の近現代の歴史的事象の扱いに国際理解と国際協調の見地から必要な配慮がされていること」という「近隣諸国条項」が付け加えられた。明文化はされてはいないものの、これに準じるかたちでの沖縄への配慮を、小川大臣が明言した。森大臣の答弁も、これを引き継ぐ意思表示だった。

高嶋さんは、こうした経過を説明したあと、「この機会に、小川大臣や森大臣が発言したことを『近隣諸国条項』のように、『沖縄条項』として、検定基準に明記してほしい。伊吹さんの答弁は説得力はない。大臣によってこんなに方針が変わっては困ります」と釘を刺した。

＊

要請行動の帰り道、高嶋さんから、過去に記述が復活した例があることを聞かされた。

例えば一九八一年の現代社会教科書の検定で水俣病の加害企業「チッソ」の社名が削除させられたケースだ。当時の鯨岡兵輔環境庁長官を筆頭に、批判の世論が巻き起こり、翌春、生徒たちの手元に届いた教科書（供給本）には「チッソ」の名が復活したのだという。

沖縄戦に絡んであらたな「教科書問題」が浮上して一か月余り。このままでは、日本軍という主語が消され、「集団自決」とは「住民が勝手に自ら死んだ」とも読める教科書が、翌年の春には全国の子どもたちの手に渡ってしまう。どうやったら阻止できるのか。できることは何なのか。限られた時間の中で、攻防がはじまっていた。

3 ●高まる抗議

▼…6・9県民大会で証言する瑞慶覧長方さん

●――六・九県民大会

沖縄県那覇市、国際通りの南端に位置する県庁前の県民広場。梅雨の中休みか、朝からギラギラした太陽が、敷き詰めたコンクリートを照りつけていた。二〇〇七年六月九日、「すすめる会」など市民団体六三団体が実行委員会を作って開いた「沖縄戦の歴史歪曲を許さない沖縄県民大会」。ふだんは閑散とした広場は、集会がスタートするころには、びっしりと人で埋め尽くされていた。教職員関係者らによる色鮮やかな旗が林立する。家族連れ、大学生や高校生のグループ。三五〇〇人の参加があったという。

周辺の木陰には高齢の方々の姿が目立つ。渡嘉敷島「集団自決」の体験者で四月の緊急集会で発言した池原利江子さんや、慶留間島で「集団自決」を体験した與儀《よぎ》九英《きゅうえい》さんもいる。與儀さんは中部の沖縄市からの参加だ。私は、会場で大学時代の後輩にばったり再会した。沖縄の大学院に進み、結婚して那覇に住んでいる。長女と二人、全くの個人参加だという。入口の長テーブルには署名用紙が何か所にも置かれ、そこに長い列ができていた。「検定意見の白紙撤回を求める」署名だ。

検定結果が公表されて以来、沖縄の新聞、テレビは「教科書問題」を連日報じ続け、新聞の投書欄などにも、県民の怒りの声が毎日のように載った。同年四月三〇日付の沖縄タイムスは、市町村長へのアンケート調査の結果を紹介していた。検定結果に反対と答えた首長が九割、賛成はゼロだった。五月二七日付の琉球新報でも同様のアンケート調査を実施、九七パーセントの市町村長が検定結果を批判した。それに先立って行われた県会議員のアンケートでも、九割が検定意見は「妥当でない」と答えている（五月二四日付琉球新報）。また仲井真知事も、この集会前日六月八日の記者会見でこの問題について「当時の社会状況から考えると、広い意味での軍命というか、そういうものはあったのではないかというのが個人の率直な気持ち」と述べた（六月八日付琉球新報夕刊）。これまで知事は、検定内容について「遺憾」の意を示してはいたが、「軍命」の有無に具体的に言及するのはこれが初めてだったという。

さらに、市町村議会による検定意見白紙撤回に向けた意見書の採択が広がりを見せつつあった。豊見城市、那覇市、そして「集団自決」が起きた座間味村など、大会の前日までに四一市町村のうち二〇市町村が意見書を採択していた。

そのような状況のなかで初めて開かれる大きな抗議の集会だった。

＊

実行委員会共同代表の「すすめる会」高嶋さんが集会の口火を切った。

「今回の検定は明らかに歴史の事実を歪曲した改悪です。一九八二年に『住民虐殺』の記述が削除されたときも、県民の怒りの声で検定意見を撤回させた前例があります。まだ時間はあります」

右翼の街宣車が周回してくるたび、マイクの音声はかき消されがちになるが、そんななか、二〇人以上が次々に思いを訴える。渡嘉敷島の「集団自決」で祖父母を亡くした県立南風原高校教諭の宮城千恵さんも思いを語った。二年前、二〇〇五年の夏、渡嘉敷島北山の「集団自決」跡の谷間に、花束をたむけたその人だった。「祖父母が進んで死んだとは思えない。二人とも生きたかったはず。渡嘉敷島の人はみんな生きたかったはずです」

沖縄戦の体験者も訴えた。元沖縄社会大衆党委員長の瑞慶覧長方《ずけらんちょうほう》さんは当時一三歳だった。沖縄本島南部の壕で、日本軍から手榴弾を渡されたという。

「そのとき日本兵から直接渡されたのは、一緒にいた知り合いの防衛隊のおじさんでした。私は国民学校六年を終えたばかりでしたが、身体が大きかったので、一個は君持ちなさいと。捕虜になるな、米軍が来たら一緒に自決しようということです。これが日本軍の命令だったのです」

若者の代表もアピールした。三年前から元ひめゆり学徒との対話を通じ、戦争体験のない若い世代なりに学び、伝える活動を続けているという「虹の会」の大学生三人だった。彼らは、「今回の検定意見を出した文科省の担当者は一体どれくらいの証言を聞いたでしょうか。どれくらいの資料や文献を参考にしたのでしょうか」などと訴えかけた。

大会は、文科省に対し検定意見撤回を求め、次のような決議を採択して締めくくられた。

今回、文科省は記述修正・削除の主な理由として、大阪での「集団自決」訴訟を挙げています。しかし、裁判は一個人の名誉毀損の訴訟であり、その主張が沖縄戦の全体像を表しているはずがありません。しかも裁判は現在係争中であり、そのことをもって教科書を書き換えさせることは裁判へ政治的な影響を与えるものです。さらに、今なお証言し続けている体験者の叫びを無視し、裁判の原告の主張のみを一方的に取り上げることは、体験者を愚弄するばかりか、これまでの研究の成果である「県史」や今なお進められている各市町村による沖縄戦の調査を否定しようとするものです。

沖縄戦における集団死・「集団自決」が、「軍による強制・強要・命令・誘導等」によって引き起こされたことは、否定できない事実なのです。その事実がゆがめられることは、悲惨な地上戦を体験し、筆舌に尽くしがたい犠牲を強いられてきた沖縄県民にとって到底容認できるものではありません。

＊

それから六日後の六月一五日、沖縄タイムス朝刊一面トップに《文科省が削除要求　軍関与の記述部分》という特ダネが躍った。

「来年度から使用される高校の歴史教科書から沖縄戦の『集団自決（強制集団死）』に関し日本軍の関与を示す記述が検定で削除された問題で、文部科学省が、出版社から申請された教科書を審査する『教科用図書検定調査審議会』に、『沖縄戦の実態について誤解するおそれのある表現である』と、日本軍の関与を示す記述の削除を求めた意見を出していたことが分かった。この意見はそのまま審議会による検定意見となり、記述削除につながった」

問題の検定意見は、実は、文科省がつくったものだった。それを審議会はそのまま追認していただけだったという、衝撃的な内容だった。

民主党の川内博史衆院議員（比例・九州ブロック）が昨年の審議会に提出された調査意見書の内容を示すよう国政調査権で求め、文科省が開示したという。その結果、「5社7冊の日本史の教科書に対する指摘事項で『日本軍に「集団自決」を強いられたり』などとの記述について『沖縄戦の実態について誤解するおそれのある表現である』と、教科書会社に示された検定意見書とそっくりそのままの記述が見つかった。同省側から審議会に、沖縄戦の『集団自決』に対する日本軍関与の記述について問題にするよう発議していたことが明らかになった」

教科書検定では審議会の審査に先立ち、検定申請のあった教科書を文科省の常勤職員である教科書調査官が調査、「調査意見書」を作り、審議会へ送っている。文科省側はこれまで、問題の検定意見は審議会の判断によるものだとして、自分たちは無関係であるかのように主張してきた。伊吹大臣も国会で、「文部科学省の役人も、私も、ましてや官邸にいる安倍総理も、このことについては一言の容喙もできない仕組みで日本の教科書の検定というのは行われている」と答弁している。それらは「ウソ」だったことになる。

文科省が仕組んだ

この日は、ちょうど「沖縄戦の歴史歪曲を許さない沖縄県民大会」実行委員会による文科省要請行動の日だった。衆議院第一議員会館の会議室に、沖縄からの代表四五人をはじめ八五人が集まり、中に入りきれない人たちが廊下にあふれた。沖縄からファックスで届いた沖縄タイムスの記事のコピーが、参加者の手から手にわたっていく。

交渉の相手として伊吹大臣を要請していたが、やはりこんども姿を現したのは布村審議官だった。その傍らには、沖縄で集めた七万筆を超す署名用紙が山のように積み上げられている。

要請団はまず、報道の事実関係をただしたが、布村審議官は「正確には報道されていない」などと明言を避けながら、あくまで、審議会の判断だと述べるばかりだった。そのたびに「答えになっていない」「逃げるな」などの怒号が飛ぶ。

二日前の六月一三日には、自民党の県議数人が布村審議官に面談、その際、審議官が「審議会は今回、座間味・渡嘉敷だけの事例のみを議論し、沖縄本島で起きた『集団自決』は対象にしなかった」と発言したと報じられていた。しかし、そこを突っこまれると、それも布村審議官は「私にはよくわからない」

騒然としたフロアを制するように、九日の大会でも壇上に上った瑞慶覧長方さんが、静かに自分の戦争体験を話しはじめた。

「私は徹底した皇民化教育を受け、軍人にあこがれる少年だった。軍の陣地構築に汗を流した」

しかし沖縄戦がはじまり、防空壕生活に入った瑞慶覧さん家族は、日本軍に壕を追い出される。母親が涙を流して懇願すると、抜刀し「軍の命令を聞かない奴は売国奴だ」と。一九四五年五月二三日だった。それから一か月間、家族は激戦地の南部を逃げまどう。

「私も日本軍から手榴弾をもらい、米軍が来たら死のうと、信管を抜く準備までしていたんです。幸い、米軍が来なくて命拾いしましたが、こういうことはたくさんあるんです。きょうここにくる前の日も、私の家まで来て『自分もこんな体験をしたんだ』という人がいました。アルゼンチンからも電話がありました。自分もそうだったと。手榴弾が渡されて自決寸前のところをやっと逃れた。こうやって生き延びている人もいますが、大多数は犠牲になっているんです。

出発前にもうちの家内が『こんな歌まで私たちは教えられたんですよ』と。『生きて帰ると思うなよ。白木の箱が届いたら、でかした我が子をあっぱれと、お前の母は誉めてやる』。家内は当時国民学校の四

▲…6・9県民大会後の文科省要請。積み上げられた署名を前に、瑞慶覧さんの証言を聞く布村審議官（左）（2007年6月15日）

年生でした。これは軍命以上の国家命令ですよ。歌にまでしてわけのわからない子どもたちにまでこういうふうにした。この背景がいまの集団自決においやっているんですよ。

だから、隊長が命令したか、しなかったなんてこんな裁判の一例でもって全体を推し量って教科書から事実を歪曲するなんて断じて許されません」

これに対して布村審議官は「当時の日本軍が大きな責任を持っているということは否定する検定意見では全くございません。『集団自決』にかかる隊長命令のところについて、最近の議論の状況を踏まえた検定意見ということでありますが、そこが沖縄の方々の気持ちに十分、むしろ気持ちを逆なでする結果となりましたことは残念なことではありますが、そこは審議会の学問的な判断ということでご理解いただきたい」

ここにきても、「審議会の学問的な判断」という言葉を持ちだす。「けさの新聞は嘘を言っているのか？どうして事務方で指示して、事務方で撤回できないのか。逃げているよ」と怒気をはらんだ声が飛ぶ。

「事務方の指示云々というのは誤解があろうかと思いますが、沖縄戦におかれて県民の方々が極めて悲惨な体験をされたことは、十分踏まえなければならない課題で、そこはしっかり子どもたちに伝えていかねばならないという認識は変わっていません。沖縄戦につきましても教科書から記述をすべて削除したり、日本軍の責任を削除しようという意図はまったくございません。多くの沖縄の方々の証言を踏まえて歴史の学問的な研究がなされ、それを踏まえた検定でありますので……」

＊

議論がかみ合わないまま終わった要請行動から四日後、六月一九日付の沖縄タイムスには《意見書決裁は局長「集団自決」削除　文科省が要求　調査官、「つくる会」と研究》という続報が載った。

要点は二つ。文科省の教科書調査官による「調査意見書」を決裁したのが、先に国会でも答弁した銭谷初等中等教育局長だった、ということが一つ。もう一つは問題の調査意見書をまとめた日本史・沖縄戦担当の教科書調査官が、「新しい歴史教科書をつくる会」関係の学者と共同で研究していた、という事実だ。

「調査官は、二〇〇一年に『つくる会』が主導した扶桑社版中学歴史教科書を監修・執筆した、伊藤隆東京大名誉教授と一九九九年ごろ共同研究した。文科省の内部資料によると、日本学術振興会に提出された『日本近代史料情報機関設立の具体化に関する研究』（代表者・伊藤教授）の九九年度収支決算報告書に、調査官が『研究分担者』として記載されていた。この研究には文科省の科学研究費補助金が拠出され、調査官は二〇〇〇年四月から現職にある」

「新しい歴史教科書をつくる会」は自由主義史観研究会と表裏一体といっていい団体だ。しかも、その後、もう一人の教科書調査官も、「つくる会」人脈に連なっていることが明らかになっていく。

まもなく六二回目の慰霊の日を迎えようという時期だった。三月下旬に発覚した「教科書問題」は、沖縄戦が泥沼化していく時期に重なるように推移していた。体験者が最も当時の記憶を思い起こし、記憶にさいなまれる季節でもある。国や文科省の対応は、その「傷」を逆撫でし続けた。

●──門前払い

二〇〇七年六月二二日、ついに沖縄県議会が本会議で教科書検定の撤回、記述の回復を求める意見書案を全会一致で可決した。沖縄慰霊の日の前日だった。

意見書は「沖縄戦における『集団自決』が日本軍による関与なしには起こりえなかったことは紛れもない事実」としたうえで、「今回の削除・修正は体験者による数多くの証言を否定しようとするもの」であり、「一般県民を含む多くの尊い生命を失い、筆舌に尽くしがたい犠牲を強いられた県民にとって、到底容認できない」として、検定意見の撤回、記述の回復を求めた。

意見書採択の第一のステップは、六月定例会初日の一九日、まず文教厚生委員会が意見書を全会一致で可決したことだった。はじめ、意見書案をめぐっては、与野党の意見がなかなかまとまらなかった。この時点で、すでに四一市区町村のうち三七市区町村の議会で意見書があがっていたが、肝心の県議会はなかなか意思を示すことができずにいた。

そのとき、文教厚生委員の一人で県議会議長（当時）の仲里利信さんが「参考になれば」と発言を求めた。自民党会派に所属する仲里さんが語り始めたのは自らの沖縄戦体験だった。

「三歳の妹といとこが壕の中で泣きやまなかった。ある日、着剣した友軍が三人やってきて、毒入りのおむすびを渡された。家族は殺せないと、泣く泣く壕を出た。弟は、栄養失調で満一歳で亡くなった」

これまで口にすることも忌まわしく、明かしたことのない戦争体験だった。沖縄戦では父も死亡した。胸の奥底に刻まれた記憶を忘れもしなかったが、この日、委員会で説明をするために、当時一緒に行動したいとこらに、詳細を聞き、確認作業もした。涙ぐみながら聞いている委員もいた。議長の「証言」は全会一致の最大の求心力になった。

＊

その仲里利信県議会議長をはじめ、安里カツ子副知事、大浜長照県市長会副会長（石垣市長）、県市議会議長会の島袋俊夫うるま市議会議長、宮城篤実県町村会会長（嘉手納町長）、神谷信吉県町村議会議長会会長（八重瀬町議会議長）の六人が東京へ出発したのは七月四日のことだった。県議会と四一市町村議会の決議がすべてあがったのを受け、県民の総意である検定意見撤回と記述の回復を文科省など関係省庁に要請するためだった。県、県議会、県市長会、県市議会議長会、県町村会、県町村議長会、異例の布陣の代表団だ。

しかし、それは代表団にとって失望と屈辱の要請行動になった。またも伊吹大臣は面談に応じなかったのである。「日程上の理由」だという。窓もない小部屋で待たされ、その場で布村審議官から説明を受けた。布村審議官は「教科用図書検定調査審議会が決めたことには口出しできない」という従来の姿勢を崩さなかった。

仲里さんら県議会の文教厚生委員会のメンバーはその二日後には渡嘉敷島、座間味島の現地調査に飛んだ。「集団自決」の現場をまわり、あわせて八人の体験者から生々しい証言を聞いた。県議会は七月一一日の定例会最終日、ふたたび、検定意見撤回と記述回復を求める意見書を全会一致で可決する。同じ定例会で同じ意見書を可決するのは沖縄県議会始まって以来のこと。政府・文科省への強い抗議の意思表示だった。

しかし二度目の意見書が可決されたその日、塩崎恭久官房長官（当時）は会見で、要求に応じる考えはないことを言明する。誠意のかけらすら示さない国に対する憤りが異例の意見書の再可決になったにもかかわらず、それを歯牙にもかけない冷淡な対応だった。

●――訴訟は山場へ

沖縄で教科書問題への抗議の世論が高まるのと軌を一にするように、大阪地裁での大江・岩波裁判も佳境を迎えていた。七月二七日の第一〇回口頭弁論には、朝早くから、傍聴券を求めて二〇〇人以上が列を作った。いよいよ証拠調べ。はじめての証人尋問だ。原告側は、渡嘉敷島に駐留した海上挺進第三戦隊（赤松隊）の中隊長だった皆本義博さん、副官だった知念朝睦《ちねんちょうぼく》さん、被告大江・岩波側は、『母の遺したもの』の著者で沖縄女性史家の宮城晴美さんが証言に立ち、一日がかりの法廷になった。

教科書検定の結果が報じられて以降、関西でも裁判の認知度はぐんと上がった。「支援連絡会」の事務局を置いた私の所属事務所にも、「裁判があったことを知らなかった」「力になりたい」という電話やＦＡＸが相次いで入ってきた。前回五月二五日の第九回口頭弁論の際も、傍聴を希望する新しい顔ぶれが増えたが、この日の証人尋問には、記者席・関係者席を差し引いて六五席しかないところへ、在阪メディアもアルバイトを動員して傍聴券争奪戦に参入してきている。長蛇の列には、「沖縄集団自決冤罪訴訟を支援する会」顧問で、自由主義史観研究会代表の藤岡信勝さんの姿もあった。

原告側証人の皆本さんは第三戦隊の戦友会長で、赤松隊長と親しかったとされる人物。戦後は自衛官の道を歩み、藤岡さんと同じく「支援する会」の顧問でもある。知念さんは、赤松戦隊長の副官として、常に戦隊長と行動をともにしていたとされる。ともに元赤松隊の将校という生き証人だが、やはり、この日の核心は、宮城晴美さんが何を語るかだった。

二〇〇〇年に出版された晴美さんの著書『母の遺したもの』は、梅澤さんら原告側の主張の根拠にもされ、その梅澤さんの主張がもとになり、「教科書問題」にも発展した。教科書検定結果を公表した際、文部科学省が挙げた参考文献にも入っている。

その渦中の人物が、原告側ではなく、被告大江さん、岩波書店側の証人として立つ。晴美さんは、原告側の徳永信一弁護士が雑誌『諸君！』（二〇〇六年九月号）に書いた記事に対し、沖縄戦研究者の安仁屋政昭さん、大城将保さんと抗議の声明を出したのを除けば、ほとんどこの日まで沈黙を守っていた。

＊

『母の遺したもの』は四部構成で、第一部「母・宮城初枝の手記」、第二部『集団自決』――惨劇の光景」、第三部「海上特攻の秘密基地となって」、第四部「母・初枝の遺言――生き残ったものの苦悩」からなる。原告側が主張のベースにしているのは、前述したように第一部の母・初枝さんの手記のなかにある、座間味島へ米軍が上陸する前日の一九四五年三月二五日夕刻の場面だ。当時の村助役、宮里盛秀さん、村収入役、宮平正次郎さん、国民学校校長の玉城盛助さん、役場吏員の宮平恵達さん、初枝さんの五人が、梅澤戦隊長を訪ねた本部壕でのやりとりである。

『母の遺したもの』によると、初枝さんは亡くなる半年前、自らの戦争体験記を綴った一冊のノートを晴美さんに託したという。「いずれ機会を見て発表してほしい」「これはあくまでも個人の体験なので、歴史的な背景や当時の住民の動きを書き加えてから発表してね」という言葉とともに。

初枝さんは一九六二年にも体験記を書いていた。雑誌『家の光』の懸賞に応募して入選、翌一九六三年の四月号に掲載された手記だ。それは、座間味島で戦死した日本兵の遺族が一九六八年に製作した「沖縄敗戦秘録――悲劇の座間味島」にも収録された。体験記には、梅澤戦隊長が命じた言葉として「住民は男女を問わず軍の戦闘に協力し、老人子供は村の忠魂碑前に集合、玉砕すべし」と書かれていた。この部分は、初枝さんが実際に見聞きしたものではなく、村の公式文書から引きうつしたものだった。しかし、その後、渡嘉敷島の赤松元戦隊長が一九七〇年の慰霊祭に来島しようとして阻止された事件に端を発し、その後も「集団自決」をめぐり、『鉄の暴風』を出した沖縄タイムス側と『ある神話の背景』の著者、曽野綾子さんとの間で論争が起きるなか、初枝さんの文章は隊長命令の存在を裏付けるものとして雑誌などにも引用されていく。と同時に、初枝さんの耳には、梅澤さんが家族に非難され、職場にも居づらくなって辞めたらしいなどということが、元日本兵らを通して入るようになった。初枝さんは、梅澤さんを社会的に葬ってしまったのではないかと深く苦悩した。そして一九八〇年、梅澤さんとの再会を果たす。

このあたりのいきさつは、晴美さんが証人尋問にのぞんで大阪地裁に提出した陳述書に詳しい。

原告の梅澤氏は、三月二五日夜の助役とのやりとりについて、「決して自決するでない。生き延びて下さい」と述べたと主張しているとのことですが、母は、一九七七年（昭和五二年）三月二六日の三三回忌の日に私に経緯を告白して以来、本書に書いてあるとおり「今晩は一応お帰りください。お帰りください」と述べたと言っています。母は梅澤部隊長に申し訳ないという気持ちにかられて告白し、手記を書き改めたのですから、「決して自決するでない」と聞いたのなら、当然そのように私に話し、書いたはずです。

母は一九八〇年（昭和五五年）一二月中旬に那覇市のホテルのロビーで原告の梅澤氏に面会し、一九四五年（昭和二〇年）三月二五日の夜の助役と梅澤氏とのやり取りについて詳しく話しましたが、梅澤氏は当夜の助役らとの面会そのものについて覚えていませんでした。「決して自決するでない」との梅澤氏の言い分は、記憶にないことを、自分の都合がいいように、あたかも鮮明に記憶しているかのように記述したものと思われます。

母は、少なくとも自分の目の前での部隊長の自決命令はなかったということでそのことを梅澤氏に告白し、手記を書き改めたのですが、確かに三月二五日の助役とのやりとりの際に、梅澤部隊長は自決用の弾薬は渡していませんが、「今晩は一応お帰りください。お帰りください」といっただけで、自決をやめさせようとはしていません。住民が自決せざるをえないことを承知のうえで、ただ軍の貴重な武器である弾薬を梅澤氏自ら渡すことはしなかったというに過ぎなかったのではないかと思います。後で述べるとおり、座間味島の日本軍は住民に対し、捕虜となることを禁止し、捕虜になった場合にいかに恐ろしいことになるかを教え込み、そして米軍上陸の暁には玉砕するよう訓示してきました。米軍の上陸が目前にせまったとき、自決用の手榴弾を渡すなどして、住民を自決するしかない状況に追いやったのは日本軍です。その最高指揮官が梅澤部隊長だったことを考えますと、これだけ大勢の住民が「集団自決」に追い込まれた事実は否定しようがなく、梅澤氏が自分には何ら責任がないのだと今日の行動に至ったことが、私にはむしろ疑問でなりません。

梅澤さんとの再会は、初枝さんにとってさらなる苦悩のはじまりとなった。梅澤さんは、『沖縄敗戦秘録――悲劇の座間味島』に収録された手記の存在などを知り豹変し、県立沖縄史料編集所に働きかけたり、沖縄タイムスに抗議に行くなど、さまざまな名誉回復手段に訴える。宮村幸延さんに「自決を命じたのは隊長ではなく助役だった」などという「念書」を書かせたとされる事件も起きた。梅澤さんの主張に沿った記事が神戸新聞や東京新聞に複数回載った。なお、このうち一九八六年六月六日付神戸新聞の記事でコメントしている沖縄戦研究者の大城将保さんは、記者から取材を受けた記憶は一切ないと否定している。

＊

初枝さんは晴美さんにノートを託す際、かつての『家の光』『沖縄敗戦秘録――悲劇の座間味島』の記述と具体的にどこがどう違うのか説明した。晴美さんは母の「遺言」通り、沖縄女性史家としての視点から、歴史的な背景や当時の住民の動きを取材して一冊にまとめた。全体を貫いているのは国家の戦争責任、軍の責任を追及する姿勢だ。原告側の主張とは百八十度違う。しかし、結果的に梅澤さんら原告側は、この本の一部分を切りとって、訴えの大きな根拠としたのだった。

晴美さんの陳述書には、このようなくだりもある。

母がとくに気にしていたのは、「集団自決」が美化されていることでした。「お国」のために立派に死んだと表現されることに強く反発していたのです。

母の意向にしたがって、私は「母・宮城初枝の手記」を第一部とし、第二部（「集団自決」――惨劇の光景）、第三部（海上特攻の秘密基地となって）を加えて本書を刊行しましたが、本書を執筆するにあたって、私はそれまで聞き取りを済ませた住民に再度戦時体験を確認し、また戦後生活の苦悩を含めた調査を改めて行いました。本書に記載した体験者の証言は、すべて私が直接聞き取ったものです。

また、あえて第四部（母・初枝の遺言――生き残ったものの苦悩）を書いたのは、戦後の梅澤氏の行動が許せなかったからです。当時の守備隊長として、大勢の住民を死に追いやったという自らの責任を反故にし、謝罪どころか身の〝潔白〟を証明するため狡猾な手段で住民を混乱に陥れた梅澤氏の行動は、裏切り以外の何ものでもありませんでした。

●――助役の妹の新証言

宮城晴美さんは、原告側証人である皆本さん、知念さんに続く三人目の証人として出廷した。廊下の小窓からのぞくと、晴美さんは黒いパンツスーツに身を包み、落ち着いたようすで尋問に応じている。傍聴席には空席もいくつかあった。皆本さん、知念さんの尋問が終わったため、退出した原告側関係者がいたのだろう。一方では限られた傍聴券を融通しあい、それでも入りきれない大勢の人が外で待機している状況がある。私も待機組の一人だった。

前回の口頭弁論の際、被告側支援団体の大阪の「支援連絡会」、沖縄の「すすめる会」が裁判所に対し、補欠傍聴券を発行するなどして空席を埋めるよう要請していたが、改善されなかったようだ。これまでも原告側に動員された人たちが、当たった傍聴券を別の人に譲り渡して帰ってしまうケースがよくあり、結局は空席が出るという悪循環が生じていた。

証人尋問は被告側の主尋問、原告側の反対尋問で計二時間あまりの長丁場だった。焦点は『母の遺したもの』の記述が、原告側の主張の根拠とされていることに対し、どう反論するかだ。傍聴した「支援連絡会」会員らの記録をもとに法廷でのやりとりを再現する。

主尋問を担当する秋山幹男弁護士は、「決して自決するでない」と初枝さんらを帰したとする梅澤さんの主張について尋ねた。

晴美さんは「母たちは、今晩はお帰り下さいと言われただけ。もし梅澤さんがそう言ったなら、母は手記に書いているし、もし当時の島のトップだった梅澤さんが、死なずに投降しなさいと言っていれば、みな従っていると思います」などと答えた。

また晴美さんは、新しい事実を明かした。母初枝さんから託されたノートには、「あの晩の後のことは私には皆目分かりません」とも書かれていたが、その記述を含むノートの六行ほどが、誤植で抜け落ちてしまったという。

『母の遺したもの』に収録された初枝さんの手記では夕刻、本部壕を訪ねた帰り道、盛秀さんが吏員の宮平恵達さんに伝令を指示したことが書かれている。初枝さんはそれ以降、四人とは別行動をとり、誰とも会っていない。吏員の恵達さんが伝令に回るのは住民の多くの証言では午後一〇時過ぎなどの遅い時間帯だ。その間の数時間、村幹部の間で何があったか、あるいは梅澤戦隊長と村幹部の間で再度、何かやりとりがあったかは定かでないが、いずれにしても、初枝さんには与り知らないことだった。

＊

『母の遺したもの』の晴美さんの筆によるパートには「追い詰められた住民がとるべき最後の手段として、盛秀は『玉砕』を選択したものと思われる」（二一六ページ）、「結局、住民を敵の『魔の手』から守るために、盛秀は自分や妻子の命をもかけて『玉砕』を命令し、決行した」(二一九ページ)などの記述がある。原告側の「助役命令説」の根拠にもされた。

しかし晴美さんは「助役命令説」について明確に否定したうえで、当時の島の行政が梅澤戦隊長が指揮する日本軍の完全な支配下にあったこと、軍の命令は盛秀さんを通して伝わっていたことなどを説明した。

「助役ら村の幹部は、あらかじめ座間味島の日本軍から、米軍上陸時には玉砕するよう指示命令されていた。だからこそ、助役らは梅澤戦隊長に自決用の弾薬をもらいに行き、梅澤戦隊長も、自決をやめさせようとはしなかったのです。伝令が忠魂碑前に集まるよう住民に伝えて回った時も、住民は軍命だと受け止めました」

そして晴美さんは、「私の軽率な文章の書き方が、日本軍の被害者でもある盛秀氏をいかにも加害者のような誤解を与えたことに、深く反省している」としたうえで、出版時といまとでは、この部分の認識は変わっているということを強調し、訂正も視野にいれていることを明らかにした。

その変化をもたらした決定的なものが、助役、宮里盛秀さんの実妹、宮平春子さん(座間味村阿佐)の証言だ。盛秀さんが独断で「玉砕」命令を出したのではなく、以前から軍に住民の処遇について指示命令されていたことを示す内容で、晴美さんは六月半ば、春子さんとあらためて直接会い、この証言を聞いたという。

これに先立ち前回第九回口頭弁論で、被告側は、春子さんの陳述書を書証として提出していた。弁護団は実際沖縄に赴き、座間味島や渡嘉敷島にも渡って体験者に会い重要な証言を集めた。特に春子さんの証言は、原告側主張の根本を揺るがすインパクトがあった。前回提出された被告準備書面（10）にはこう記されている。

原告らは、座間味島の集団自決は村の助役が住民に命令したかのように主張するが、座間味村の助役兼兵事主任兼防衛隊長であった宮里盛秀氏は、昭和二〇年三月二五日の夜、父宮里盛永《せいえい》（戦後宮村に改姓）氏らに対し、「軍からの命令で、敵が上陸してきたら玉砕するように言われている。まちがいなく上陸になる。国の命令だから、いさぎよく一緒に自決しましょう。敵の手にとられるより自決したほうがいい。今夜一一時半に忠魂碑の前に集合することになっている」と告げている（乙51陳述書、同旨乙28宮村盛永自叙伝）。

すなわち、宮里盛秀氏は、あらかじめ座間味島の日本軍（梅澤部隊長）から、米軍上陸時には住民は自決するよう命令されていたもので、伝令を通じて自決のため忠魂碑前に集合するよう住民に対し軍（梅澤隊長）の命令を伝えたものである。

▲…大江岩波裁判で決定的な証言をした宮平春子さん（2007年6月）

「乙51陳述書」は春子さんの陳述書を指す。「乙28号証」の「宮村盛永自叙伝」は盛永さんが戦後記したものである。

春子さんの新証言については、沖縄タイムスが七月六日付朝刊で《「軍命受けた」助役明言　妹2人が初めて証言》と一面トップで特報した。春子さんだけでなく、もう一人の妹、トキ子さん（沖縄市在住）もまた、「軍命」であることを兄の盛秀さんから聞いたことを、はっきり証言している。

これまで証言が表に出なかったのは座間味村史や沖縄県史の聞き取り調査が行われた当時、二人とも島にいなかったからだった。春子さんは那覇で働いており、トキ子さんも戦後、代用教員をしたのち、結婚のため島を離れている。

＊

「助役命令説」の〝よりどころ〟が揺らいだ原告側は、反対尋問で執拗に晴美さんを責め立てた。あくまで「軍命令」と「隊長命令」を切り離し、「隊長命令があったかなかったか」ということにこだわった。

初枝さんら五人と梅澤さんが面会した三月二五日夕刻の場面に限定し、「隊長命令はなかったんですよね」と何度も尋ねた。晴美さんは「あったたか、なかったかわかりません」と譲らなかった。「集団自決」は「皇民化教育がもたらしたもの」ではないかとただされても、晴美さんは「軍の存在なしにありえなかった」と明快だった。

『母の遺したもの』と論調が変わった点も突っ込まれた。原告側徳永信一弁護士は、助役盛秀さんの妹、宮平春子さんの新しい証言についても、「うそをいう可能性がある」と揺さぶった。それに対し晴美さんは「体験者が、どのような気持ちで証言をされるかわからないんですか」と逆に徳永弁護士に問いかけた。そして、「悲惨な目に遭った方々はなかなか簡単には体験談を話してくれない。身内に有利なように都合のいい言葉を選んで発言をするようなゆとりは、証言者にはない」と反論した。

証人尋問終了後の報告集会。晴美さんは、この場面を振り返り、「原告側代理人の発言にとても憤慨し、証人尋問ということも忘れて噛みついてしまった」と話した。

集会は大阪の「支援連絡会」、沖縄の「すすめる会」、そして六月に発足したばかりの「大江・岩波沖縄戦裁判を支援し沖縄戦の真実を伝える首都圏の会」の支援三団体が共催した。主尋問はあらかじめ打ち合わせができても、反対尋問は何が飛び出すかわからない。複雑で苦しい立場に置かれながら、真摯に、最後まで毅然と対処した晴美さんを、二〇〇人を超える参加者が拍手でねぎらった。

晴美さんは表情を引き締めて、「『母の遺したもの』が、私や母の意図しないところで悪用されてしまい裁判にまでなってしまい、とても残念です」と話し、こう続けた。「きょう、原告側の質問を聞いて痛切に感じたのは、沖縄戦の実相だとか『集団自決』の悲惨な体験について梅澤氏をはじめ、原告弁護団にはまったく関心がないということでした。特に梅澤氏が、当時の隊長としての自らの責任について何ら反省することなく、それどころか名誉を勝ち取るために『決して自決するではないと住民に言った』という嘘をついてまで〝無罪〟を主張し、『自決』を部下や助役のせいにするという姑息なやり方を野放しにしていていいのでしょうか。決して許されるものではありません」

一方で晴美さんは、体験者の証言に大きく勇気づけられたとして、「これまで歴史学者は、公文書とか文献で実証してきました。しかし今後、体験者の記憶というところにも力を入れていく必要があるということをあらためて、教えてもらいました」と、あいさつを締めくくった。

●――証人の前提欠く二人

晴美さんの証言に先立ち、この日の午前中は、渡嘉敷島に駐留した海上挺進第三戦隊の第三中隊長だった皆本義博さん、午後には元副官の知念朝睦さんの証人尋問が行われた。赤松嘉次戦隊長による自決命令の有無がポイントだった。

皆本さんは一九二二年五月生まれの八五歳。陸軍士官学校第五七期生。赤松戦隊長の四期下で沖縄戦当時の階級は少尉だった。知念さんは一九二二年九月生まれの八四歳。沖縄県出身。鹿児島第一八部隊に入隊後、船舶幹部候補生に合格する。沖縄戦当時の階級は皆本さんと同じく少尉だった。

皆本さんの証人尋問も「支援連絡会」の記録からの再現になる。

皆本さんはまず主尋問で、赤松戦隊長の自決命令を「全く聞いていない」と答えた。住民が「集団自決」した理由を聞かれると「沖縄県出身者が多いサイパン島であった『集団自決』の影響を受けたもので、軍命ではない」などと述べた。

ただ、赤松戦隊長の動向については、米軍上陸前日の一九四五年三月二六日から「集団自決」が起きた二八日まで、「その間は一緒にいなかった。守備地域が違うので知らない」などと証言した。渡嘉敷島では住民に手榴弾が渡っているが、皆本さんは被告側の反対尋問に対し、「赤松隊長の命令なくして住民や防衛隊員に渡ることはありえない」とも語った。

また赤松戦隊長の人柄については「温厚で住民との関係も良好」と証言した。

昼休みを挟んで始まった午後の知念さんの証人尋問は傍聴席で聞くことができた。角刈りにした白髪。肉づきのいい身体を背広に包み、背筋ものびて年齢より若く見える。知念さんも「慈悲深く、気品があり尊敬していた」などと赤松戦隊長の印象を語った。

沖縄タイムス社の『鉄の暴風』には次のような記述があり、知念さんも登場する。

「日本軍が降伏してから解ったことだが、彼らが西山A高地に陣地を移した翌二十七日、地下壕内において将校会議を開いたがそのとき、赤松大尉は『持久戦は必至である、軍としては最後の一兵まで戦いい、まず非戦闘員をいさぎよく自決させ、われわれ軍人は島に残った凡ゆる食糧を確保して、持久態勢をととのえ、上陸軍と一戦を交えねばならぬ。事態はこの島に住むすべての人間に死を要求している』ということを主張した。これを聞いた副官の知念少尉（沖縄出身）は悲憤のあまり、慟哭し、軍籍にある身を痛嘆した」

原告側主尋問で知念さんは、ここに記述されている赤松大尉による住民に対する自決の指示の有無について聞かれた。すると「あります」と証言するではないか。慌てたようすで原告側代理人が「村民に対して死になさいといったんですか」と聞き方を変えて質問をすると「言ってません」と言い換えた。周到な打ち合わせがあったはずだが、それでもときおり、質問と答えが合致しない。この自決をめぐる箇所を反対尋問で確認されると、こんどは「忘れました」――。短期記憶もおぼつかない受け答えで、見ていて痛々しいほどだった。

赤松戦隊長が住民を北山に移動させたことについては「知らない」と証言し、手榴弾配布も「知らない」と押し通した。

一方で知念さんは「住民虐殺」について生々しく証言した。投降勧告に来た伊江島の女性（注・当時、伊江島は米軍に接収され、住民たちは慶良間の島々に分散して収容されていた）や防衛隊員の国民学校訓導（教員）、朝鮮人軍夫三人を、自ら銃殺したことも認めた。これらの「処刑」も「集団自決」から生き残り米軍の捕虜になった少年二人が住民のもとに戻り「スパイ扱い」で殺された事件についても、赤松戦隊長の口頭の指示だったことを認めた。知念さんは沖縄県史などでも「住民虐殺」を実行したことを証言しているが、語られる内容とは対照的に、受け答えは淡々としたもので、傍聴席は重苦しい空気に包まれた。

＊

なお、大江・岩波裁判で、梅澤さんは「名誉棄損」、赤松戦隊長の弟、秀一さんは「敬愛追慕の情の侵害」を主張している。この二つは、裁判において立証責任を誰が負うのかということで根本的に異なっている。

名誉棄損の場合、立証責任を負うのは訴えられた側（大江さん、岩波書店）だ。しかし逆に、敬愛追慕の情の侵害の場合は、訴えた側になる。要は、被害を受けたとされる赤松さんの側が、敬愛追慕の情を受忍しがたいほど害されたことや、摘示――かいつまんで示された事実が真実か、真実と信ずるのに相当な理由があることを立証しなければならない。原告側にとって「渡嘉敷ルート」は、「座間味ルート」よりハードルの高い戦いなのだ。

しかし、赤松戦隊長による「自決命令」がなかったことを裏付けるための証人だったはずの二人とも、この日の証人尋問で、戦隊長の、住民に対する指示や命令を十分に知りうる立場になかったことを露呈した。それ以前に、二人とも高齢のせいか、記憶があいまいな部分が目立ち、証人としてかなり厳しいというのが率直な感想だった。

●沖縄出張法廷

沖縄の目をそらすかのように始まった訴訟が、ついに沖縄県民の前にさらされるときがきた。二〇〇七年九月一〇日、那覇市の福岡高裁那覇支部で大江・岩波裁判の出張法廷（所在尋問）が開かれ、渡嘉敷島で「集団自決」を体験した金城重明さんが、被告大江さん岩波書店側の証人として出廷したのである。二か月前の宮城晴美さんらの証人尋問があった前回に次ぐ注目の法廷だ。

訴訟と不可分の関係にある教科書検定問題では、超党派の検定意見撤回を求める県民大会まで三週間を切っていた。沖縄タイムスも琉球新報も競うように連日、教科書問題や体験者の声を報じ続けている。島ぐるみの抗議の声が最も高まり、県民の関心も注がれているというタイミング。大阪地裁の裁判官が足を運ぶ意味は大きかった。

証人尋問は非公開で行われた。ときおり小雨がぱらつくなか、金城さんは、七〇人あまりの支援者の激励を受けながら、「沖縄戦の真実を判決に！」という横断幕とともに裁判所に向かっていった。か細く、小柄な身体。悲壮な、しかし覚悟を固めたような表情だった。家永教科書訴訟でも証人として立ち、今回もまた「集団自決」を「殉国の死」と美化しようとする勢力を相手に立ち向かわねばならない。

＊

主尋問、反対尋問で二時間。法廷をあとにした金城さんはほとんど休まずにそのまま那覇市松尾の八汐荘大ホールに姿を見せ、大きな拍手に包まれた。沖縄・大阪・首都圏の支援三団体が開いた報告集会。さすがに疲れた表情だったが、あいさつに立つと思いがあふれだしてとまらなくなったのだろう、短時間で、という予定は、半時間を優に超した。

「当時の軍は天皇の軍隊。絶対的な権限を持っていました。一木一葉まで軍が支配していました。住民の生命を支配しないはずがないのです」

金城さんは、「集団自決」が日本軍の存在なしに起きるはずがなかったことを、何度も強調した。皇民化教育の影響を受けた住民が、自らが死を選んだと主張する原告側。これに対し金城さんは法廷で、体験を通し、明らかな軍命であったとはっきり語ったという。

金城さんはあらためて、自らの体験を交えて報告した。

米軍が上陸した夜、金城さんら住民は軍命により、大雨の中、艦砲射撃が敵艦から赤い線を引く山道を島の最北端部、軍の陣地近くの北山《にしやま》まで移動させられた。不安の中、ただ先頭の人を追った。

翌朝、軍から自決命令がでたようだという話が伝わり、村長が「天皇陛下万歳」を三唱した。

村長が音頭を取ったことに関連して、被告大江・岩波側は前回第一〇回口頭弁論で、重要な書証を提出

▲…那覇の出張法廷。入廷する金城さんを囲んで（2007年9月10日）

していた。当時一五歳で、渡嘉敷村役場の職員だった吉川勇助さん（愛知県在住）の陳述書である。北山に近い赤松隊の本部陣地から伝令として来た防衛隊員が、村長の耳元で何か伝えた後、村長が『天皇陛下万歳』を三唱、『発火用意』と号令をかけたというものだった。

金城さんは「この陳述書に衝撃を受けました。私は、村長に何らかのかたちで自決命令が伝えられて、『自決』が起きたと考えていましたが、それが実証されました。私自身、同級生の吉川君が村長のそばにいたのを覚えています」と語った。

米軍上陸一週間前に、村の青年たちに手榴弾が渡されていた。一つは敵に。一つは自決用にと。手榴弾は敵を五、六人死傷させることもできる貴重な武器であり、地上戦が起きることも予想される中、住民に配布したということは、日本軍が住民に関して重大な決断をしていたことを意味した。しかし手榴弾は不発が多く、死に切れなかった人々は、生き残る恐怖から混乱に陥っていく。剃刀、カマ、石、ひも……。あらゆるものが凶器になった。当時一六歳だった金城さんも兄と二人で母と妹、弟に手をかけた。

＊

金城さんは教科書検定についても触れた。文部科学省が最大の根拠にしたのが、大江・岩波裁判における座間味島の梅澤元戦隊長の陳述書だとされている。金城さんは「私は六二年間苦しんできました。（命令を否定する）戦隊長は苦しんできたのか。『命令を出していない』といっていますが、本人が言うことは誰もウソだとは言えない。文科省は加害者側、歴史を改変しようとするグループの意見だけを聞いて、『命令があったかなかったか両論ある』からと教科書から抹殺してしまった。軍隊のやった嫌なことを消そう、過去を消そうということにしか思えない」と、拳を握り締めながら語気を強めた。

金城さんは、原告側の反対尋問で「私のやったいやなところ、醜いところもつかれ」「痛いところに針を刺されるような気持だった」とも振り返った。

死にきれず、「殺してくれ」と懇願する人たちもいた。「その時は、手を貸さないほうが不人情でした」と金城さん。しかし、後に聞くところによると、原告側はこのことを執拗にただし、最終的には深見敏正裁判長が、尋問を遮ったほどだったという。訴訟がおきなければ、金城さんがこのような苦しみを負うことはなかった。一方、訴えた側の梅澤さん、赤松さんは、この出張法廷という重要な局面に際し、二人揃って欠席したという。当事者の思いを胸に刻み、熱く燃える沖縄を我が目で確かめる絶好の機会を放棄したのだ。

4 ●国動かした島ぐるみの怒り

▼…9・29県民大会。ステージを見つめる人たち

●——超党派の県民大会

グラウンドの芝生を、真夏を思わせる太陽が照りつけていた。激しいスコールが、だいぶ暑さを和らげてくれたものの、それもつかの間、体感気温は一気に三〇度を超えた。二〇〇七年九月二九日、宜野湾市の海浜公園で開かれた超党派による教科書検定意見撤回を求める県民大会。私は午後三時のスタートよりも二時間前に到着したが、すでにグラウンドのあちこちには、カラフルな旗や横断幕が躍っていた。

「歴史を歪曲するな」「事実は消せない」など、林立するプラカードの写真を撮りながら、グラウンドやその周辺を歩き回る。グラウンド外の木陰に、早々とポジションを決めた家族連れらも目立った。途中、見知った顔にいくつも出会った。「六・九県民大会実行委員会」共同代表で「すすめる会」の高嶋伸欣さん、山口剛史さんもいる。「とうとうここまで来たよー」。がっちり握手を交わす。六月九日の下地があってこそのきょうの大会だった。

ステージと向かい合わせの最前列に、「座間味村」「くじらの里」などの旗が翻っていた。村あげての参加である。午前中のフェリーで町のバスごとやってきたという。ステージでは、読谷高校のダンス部員による平和をテーマにした踊りなど大会前のアトラクションが続いている。かりゆしウエアにクバ笠のお年寄りが、身じろぎもせずにステージを見つめている。大会がスタートするころには一度定めた位置を移動するのは難しい状態になってきた。ステージ前方の、林立するテレビカメラの端っこでビデオカメラを設置したものの、後から詰めてくる人たちでほとんど身動きができなくなる。振り返ると人、人、人。

＊

大会は、実行委員で県ＰＴＡ連合会会長の諸見里宏美さんの「県民へのアピール」でスタートした。それは、普通の集会のオープニングとは明らかに異なる憤怒に満ちた詩だった。

砲弾の豪雨の中へ放り出され
自決せよと強いられ
死んでいったウチナンチューの魂は
怒りをもって再びこの島の上を
さまよっている
いまだ砲弾が埋まる沖縄の野山に
拾われない死者の骨が散らばる

泥にまみれて死んだ魂を
正義の戦争のために殉じたと
偽りをいうなかれ

歴史の真実をそのまま
次の世代へ伝えることが
日本を正しく歩ましめる

歪められた教科書は
再び戦争と破壊へと向かう
沖縄戦の死者の怒りの声が
聞こえないか
ヤマトの政治家・文科省には届かないか

届かなければ
聞こえなければ
生きている私たちが声を一つにして
押し上げ　訴えよう

ステージには仲井真弘多知事、市町村長、県議、沖縄選出・出身の国会議員らが保革を超えて並んだ。そして、玉寄哲永《たまよせてつえい》沖縄県子ども会育成連絡協議会会長、小渡《おど》ハル子県婦人連合会長（当時）ら大会実行委員の面々。大会は糸満市摩文仁の沖縄平和記念堂の管理事務所長、比嘉正詔さんの司会で進められた。大

▲…9.29県民大会であいさつする仲里利信さん

会実行委員会を代表して、実行委員長の仲里利信県議会議長（当時）があいさつに立った。

「はいさい、ぐすーよ。くたんでーねーみそーらに。ぐぇーさちうんぬきやびら（みなさんこんにちは、お疲れではありませんか。一言ごあいさつさせていただきます）」

柔らかなウチナーグチではじまったが、その中身は、教科書検定の問題点をとことん追及する厳しさに満ちていた。

「国は戦後六二年間、『集団自決』が日本軍による命令や強制、誘導にあったと認めながら、なぜ今、否定するのでしょうか。

教科用図書検定調査審議会は、沖縄戦体験者の聞き取り調査や平和祈念資料館などで戦争の悲惨さを確認する必要があるが、その形跡すらありません。

大阪裁判において、一部の専門家による、軍の関与がなかったとする新しい見解を一方的に用い、日本軍の関与に関する記述の削除修正がなされている。

この検定は、文部科学省がシナリオを書き、審議会は公平・中立を装いつつ、シナリオ通りに修正を求めたもので、審議会を隠れみのにした文部科学省の自作自演であったとしか思えません」

仲里さんは「自作自演」という強い表現を用いて文科省への怒りをほとばしらせた。「そうだっ！」という合いの手。怒涛のような拍手が起きる。国への激しい異議申し立て。しかしはじめに用意したあいさつの原稿はさらに過激で、周りの進言によりこれでも柔らかい表現にしたほうだった。一呼吸置いて、仲里さんはこう続けた。

「私は八歳で戦争を経験し、親兄弟を亡くした一人。六二年間ずっと心の奥底に封印していたあの忌まわしい記憶を解くことはないと思っていましたが、検定意見の結果が私の気持ちを揺るがす結果となりました。

思い起こすのも辛い当時の証言を軽々しく扱い、歴史的事実を捻じ曲げることは絶対に許せない。史実は史実として正しく伝え、悲惨な戦争を再び起こさせないことが、私たちの最大の責務です。

本日の大会は、住民を巻き込んだ悲惨な地上戦の惨禍に見舞われた沖縄が全国に発信する警鐘です。『軍隊による軍命による集団自決』だったか、文部科学省のいう『自ら進んで死を選択した』とする殉国美談を認めるかが問われている。全県民が立ち上がり、軍隊による強制集団死の削除に断固ノーと叫ぼうではありませんか」

二度の意見書を全会一致で決議した県議会だが、最初の意見書をあげるときには曲折もあった。仲里さんが所属する自民党内でもまとまらなかった。文教厚生委員会でも、文言をめぐってなかなか着地点が見えなかった。そのとき、同じ自民党の議員から、「体験者が語りたがらない。みんなグソー（後生＝あの世）に持っていくと言っている」と言われ、自分がまず話さなければいけないと決断した。そして、「五分か一〇分時間をほしい」と言って、その日、委員会で初めて体験を語った。それから約三か月。仲里さんはこのあいさつに「ウチナービケン（沖縄だけなぜ）」という思いを投げ掛けたつもりだった。

＊

続いて演壇に立った仲井真知事も「『集団自決』の日本軍の関与は、当時の教育を含む時代状況の総合的な背景や手榴弾が配られるなどの証言から、覆い隠すことができない事実」と訴えた。中山勲県教育長、翁長雄志県市長会長（那覇市長）らのあいさつに続いて、高校生を代表して、読谷高校三年生の津嘉山拡《つかやまこう》大《だい》さん、照屋奈津美さんが制服姿で並んで壇上に立った。

まずは津嘉山さんが口を開いた。

「『沖縄戦での集団自決に日本軍の強制があったという記述は、沖縄戦の実態について誤解する恐れがある表現である』。ある日の朝、私の目に飛び込んできたこの新聞記事。私は『誤解』という検定意見書の言葉に目を奪われました。

この記述をなくそうとしている人たちは、私たちのおじいおばあがウソをついていると言いたいのでしょうか。それとも思い違いだったと言いたいのでしょうか。私たちは戦争を知りません。ですが、一緒に住む、おじいおばあたちから戦争の話を聞いたり、戦跡を巡ったりして沖縄戦について学んできました。

私たちが住んでいる読谷村には集団自決が起こった『チビチリガマ』があります。ガマの中は、窒息死をするために火を付けた布団の煙が充満し、死を求める住民が毒の入った注射器の前に列をなしました。母が我が子に手をかけたり、互いを刃物で刺し合い、八〇人以上もの尊い命が奪われました。その中にはお年寄りから、まだ五歳にもならない子供までもが含まれていたのです」

照屋さんが続ける。照屋さんの親族には、そのチビチリガマで生き残った人がいるという。

「私たちは集団自決に軍の関与があったということは、明らかな事実だと考えています。なぜ、戦後六〇年以上を過ぎた今になって、記述内容を変える必要があるのでしょうか。実際にガマの中にいた人たちや、肉親を失った人たちの証言を、否定できるのでしょうか。

私は将来、高校で日本史を教える教師になりたいと思い、勉強をしています。このまま検定意見が通れば、私が歴史を教える立場になったとき、教科書の記述通り事実ではないことを教えなければいけません。分厚い教科書の中のたった一文、たった一言かもしれません。しかし、その中には失われた多くの尊い命があるのです。二度と戦争は繰り返してはいけないという沖縄県民の強い思いがあるのです」

二人は最後にこう声をそろえた。

「うそを真実といわないでください。私たちは真実を学びたい。そして、次の世代の子供たちに真実を伝えたいのです。教科書から軍の関与を消さないでください。あの醜い戦争を美化しないでほしい。たとえ醜くても真実を知りたい。学びたい、そして伝えたい」

この文章を二人は自分たちで考えたという。私のすぐ近くには二人と同じ高校生たちがユニフォーム姿で拍手を送っていた。県立豊見城高校の野球部員たちだ。この日、糸満市の平和祈念公園にある平和の灯を大勢の人たちがリレーしてきた。彼らもその走者だったらしい。

＊

「六二年前、この沖縄は、血の海でした。私も戦火をかいくぐってきた一人です」

あいさつに立った玉寄哲永さんは、そう話し始めた。この超党派の県民大会を、そもそも最初に呼びかけたのが、県子ども会育成連絡協議会会長の玉寄さんだった。

沖縄戦当時は一一歳。教科書検定の結果が報じられて以来、悔しくて眠れない日々が続いた。決定的だったのは七月はじめのできごと。テレビのニュースで、東京で記者会見する無念そうな安里副知事や仲里県議会議長らの姿を見た。県議会と四一全市町村が検定意見撤回を求める意見書を採択し、県の重鎮が代表団を組んで東京に飛んだにもかかわらず、大臣は面会にすら応じず、実質的な門前払いを食らわせていた。「沖縄県民を愚弄している」。怒りに震えたという。

玉寄さんは、同じ子ども会関連の県ＰＴＡ連合会会長の諸見里宏美さん、旧知の県婦人連合会会長の小渡ハル子さんにすぐ「県民大会をやろう」と電話をかけた。七月一八日には準備委員会も発足、県老人クラブ連合会（花城清善会長）や沖縄戦に従軍した元女子学徒看護隊員らでつくる「青春を語る会」（中山きく会長）らも加わった。

盛夏の沖縄。玉寄さんは、着替えのシャツをカバンに入れ、各団体に協力を求めて奔走した。「検定意見撤回の一点でまとまろう」と。八月八日には県議会が超党派でまとまることで一致。実行委員長への就任要請を、県議会議長の仲里さんが快諾した。超党派の県民総ぐるみの大会が動きだす。この間に玉寄さんが受け取った名刺は、広辞苑二冊分くらいの厚みになった。大会前の一週間あまりは、那覇市内の繁華街に立ち、大会のポスターでつくった看板をサンドイッチマンのように前後にぶらさげ、道行く人に参加を呼び掛け続けた。

そこまで玉寄さんをかりたてた原動力もまた、沖縄戦の体験にある。

父親らが一晩かけて掘った塹壕を、日本兵がやってきて銃剣を突きつけ、奪った。家族は南部戦線を逃げ惑い、最南端の喜屋武岬に追い詰められる。砲弾を受け、三歳の弟、祐祺《ゆうき》ちゃんが右太ももを負傷した。家族が隠れていた岩陰に日本兵がやってきた。祐祺ちゃんのため残しておいたわずかなおじやに目をつけ、軍刀を振り上げて奪った。さらに「貴様これを使え」と父親に手榴弾を置いていった。

白旗を持った玉寄さんを先頭に、家族は米軍に投降した。「もう逃げることないね」と母と頷きあった、あの安堵感が、いまも、玉寄さんの「平和への思いの原点」になっている。

しかし、祐祺ちゃんは衰弱する一方だった。米軍捕虜収容所。玉寄さんは、食糧になりそうなものやお菓子を、片道一時間近くかかる米軍のゴミ捨て場まで行って拾ってきては、弟に食べさせた。その日も、弟にお菓子を持って帰る途中だった。帰ると、弟は収容所のテントの中、白い布の下で冷たくなっていた。母の背で、息絶えたという。「にーにー（お兄ちゃん）がお菓子を持ってくる」という言葉を残して。

この日の朝、玉寄さんは、弟の名前が刻まれている「平和の礎」へ行って報告してきたという。

「ゆうちゃん、六月二三日以来、また兄が来たぞ、と言ってお菓子を供えました。涙が止まりませんでした」

玉寄さんは最後にこう訴えた。

「軍命による『集団自決』から軍命が削除された。これを許すと、六二年前の沖縄戦の実相は、政権が変わるたびにあちらに揺れ、こちらに揺れてしまう。今こそしっかり沖縄戦の実態を強く打ちつけよう。子ども時代に、うそを植え付けると、大きくなった将来に、うその影響が表れる。今こそ、文部科学省のうその証言を一〇万人の力で、県民一三〇万人の力で一蹴しよう。私も真実を皆さんと一緒に伝えていきたい」

●──歴史歪められた「現場」から

渡嘉敷村教育委員長の吉川嘉勝さんは教科書検定問題に強い危機感を抱き、体験を公に語りはじめた一人だ。そしてこの日、県民の総意として開かれた県民大会に渡嘉敷島の「集団自決」体験者を代表してステージに立った。

透かし彫りのユリの花をあしらった白のかりゆしウエア。白い髪。六二年前は六歳だった。国民学校に入学する直前で、北山《にしやま》へは、真新しいランドセルを背負って行った。

「私は渡嘉敷島北山の『集団自決』の生き残りです」

吉川さんは静かに話しはじめた。

「米軍艦からの艦砲射撃、迫撃砲。『鉄の暴風』飛び交う中、大雨の中、三月二八日たどり着いた渡嘉敷島の北山の雑木林。そこが我々の自決場でした。村長の天皇陛下万歳の後、あちらこちらで手榴弾が爆発し、瀕死の叫びがあちこちで聞こえました。地獄絵巻ともいうべき状況がはじまりました。我々家族八人も親族二〇人と円陣を組み、防衛隊員の義兄と実兄、勇助の手榴弾の爆発をまちました。しかし、爆発しません。

そのとき、尊敬するいとこの兄さんが、息子をおんぶするのが見えました。それを見て母が叫びました。『勇助、うぬ手榴弾やしてぃれー。やさ、にんじんや生ちかりーるうぇーかー、生ちちゅしやさ。勇助、その手榴弾を捨てなさい。そうだ、人間は生きられるあいだは生きるものだ。みんな立て。ここから逃げなさい』」

呼応するように拍手が起きた。家族を救った母の言葉を、吉川さんはいまもはっきり覚えているという。

一家はその言葉に導かれるように「玉砕場」を後にする。しかし、父親はその直後、米軍の砲弾に倒れてしまった。

吉川さんは元校長。常に指針となったのがあの日の母の教えだった。九五年の少女暴行事件に抗議する県民大会当時は那覇市内の市立中学の校長を務めていた。沖縄でも、学校ぐるみで参加したのはおそらく吉川さんの中学校だけだったという。

ただ教科書検定の結果には強い怒りを覚えながらも、当初は、村の教育委員長という立場もあって大っぴらな批判は控えた。しかし、文科省の対応や内幕が次々と明らかになるたびに黙っていられなくなった。なお兄、勇助さんは、大江・岩波裁判で、赤松隊の陣地から伝令にきた防衛隊員が、村長の耳元で何かをささやいたあと、村長が天皇陛下万歳を三唱したという重要な新証言をした吉川勇助さんだ。

「慶良間諸島でなぜ忌まわしい『集団自決』が起きたのか。海上挺進隊が特攻艇による戦術を敢行するため駐留したからです。渡嘉敷島、座間味島に日本兵がいなければ『集団自決』は決行されていません。そこに配備された日本軍の命令、誘導、強制、指示などの関与がなければ絶対起こっていません。渡嘉敷島で赤松隊長の命令で北山に人々が集められなければ、一夜にして二〇〇人の人が死んでいくはずがない。渡嘉敷島では『集団自決』で三二九人が命をなくしました。事実は厳然としてある。解釈により事実を歪曲されてはなりません。

私はこれまで『集団自決』のことを自ら進んで発言するようなことはしてきませんでした。子供たちとともに平和教育として勉強してきた程度でした。しかし、今回の教科書検定の結果には我慢がなりません。今の状況では日本に我々の体験したあの時代が来ないとも限りません。沖縄はまた、国の踏み台、捨て石になる。子供や孫の代が危ない。こう考えるのは私だけでしょうか？　為政者は我々の思いをきちっと、きちっと受け止めるべきです」

一週間かけて、何度も書き直したという原稿。会場はしんと静まり返り、そして吉川さんが訴えを終えると地鳴りのような拍手が起き、しばらくなりやまなかった。

＊

続いて座間味島の体験者が紹介された。宮平春子さんだ。沖縄戦当時、座間味村助役だった宮里盛秀さんの妹である。前述のように大江・岩波裁判で原告側は、盛秀さんが「自決を命じた」と主張しているが、春子さんはそれを一蹴する証言をした。春子さんは高齢のため、代わって親族の宮里芳和さんが証言を読んだ。芳和さんは座間味村元職員。体験者の聞き取りを長く続けており、父親と盛秀さんがいとこ同士という関係にある。

「戦前は、鬼畜米英の捕虜になって辱めを受けるより玉砕すべしと教育を受けていた私達にとって、米軍の上陸は死を意味するものでした。

夜になって私達が避難している壕に兄がやって来て『米軍が上陸するのは間違いない。玉砕するよう軍から命令があったので潔く死のう』と父に話していました。

驚いた父に兄は、『親孝行出来なかったけど、あの世に行って孝行します』と言いながら、そばに居た三人の我が子を抱きしめ、『ごめんね、こんなに大きく育てたのに。軍の命令で亡くすというのはほんとうに悲しい。生まれない方が良かったのか、お父さんが一緒いるからね』と、涙を流しながら語りかけていました。それから、兄は父と最後の水杯を交わしました。

住民の集合時間となった午後一一時半に合わせ、私達は集合場所の忠魂碑に向かって行きましたが、照明弾が上がり集合場所であった忠魂碑が艦砲を受けてしまったため、座間味区民全員での集団自決は失敗に終わり、区民は各壕での自決に入っていきました。

私達は兄、夫婦と子ども達が入っていた産業組合壕に入るつもりで移動したのですが、その壕は、すでに多くの区民でいっぱいとなっていたため、私達は壕へ入ることができませんでした。

たまたま、母になついていた兄の子どもは、壕に入ることができませんでした。そのことが、私たちの運命を分けることになろうとは、思いもよりませんでした。

兄の家族は、産業組合壕で自決して全員が亡くなり、私たちは生き延びることができました。

戦後六二年が経てしまいましたが、今でもあの事を思い出すと涙がとまらず、無念の思いがこみ上げてきます。今回の歴史教科書の検定結果は、沖縄戦の本質を覆い隠すものであり、絶対許す訳にはいきません。将来を担う子ども達には、集団自決で多数の犠牲を出したという事実は事実として正しく伝え、悲惨な戦争を再び起こさないようにすることが、私たちに課せられた最大の責務と考えています」

芳和さんは時おり、言葉を詰まらせながら、春子さんの証言を読み上げた。

晴子さんの証言に「たまたま、母になついていた兄の子どもは（産業組合）壕に入ることができませんでした」とあった通り、盛秀さんには遺児がいる。当時三歳だった山城美枝子さんである。おばの春子さんにおんぶされて別の家族壕に入り、家族で一人、生き残った。美枝子さんもこの日、会場で春子さんの証言を聞いていた。胸ポケットには、盛秀さんと、兄の英樹さんの写真が入っていた。残された数少ない家族の写真だという。

「亡くなった人たちが、みんなあの場所にいるような、不思議な気もちでした」

大会の後、宜野湾市にある自宅を訪ねると、美枝子さんは、汗にぬれないようビニールに丁寧に包んだ写真をそっとポケットから取り出して見せてくれた。八歳で亡くなった英樹さんの写真は、まだ歩き始めたばかりのころのもので、歩行器の中にいる。くりくりした目元があどけない。享年三三、若くして村の重責を担っていた盛秀さんは、やはり大きな瞳が印象的だった。きりりと引き締まった表情で、じっと前を見据えていた。

●──空前の参加者

この日の参加者は、同時刻に宮古、八重山で行われた大会とあわせ一一万六千人（主催者発表）。当初、実行委員会が目標とした五万人を空前の規模で上回った。玉寄さんたちが動き始めて二か月半、大会実行委員会が正式に発足してわずか一か月半の準備期間しかなかった。九五年一〇月に米兵暴行事件に抗議して同じ海浜公園で開かれた基地整理縮小と地位協定見直しを求める県民大会の八万五千人をも超えていた。テレビもラジオも全局が生中継で伝えていた。

大阪からも「支援連絡会」の小牧薫事務局長らが当日の飛行機で参加したが、ふだん空港からバスで四五分ほどで来られるところを二時間半もかかって、やっと集会の終盤滑り込むことができたという。国道五八号線は大渋滞していた。那覇と宜野湾の中間に位置する浦添あたりからバスを降りて歩く人たちもいたらしい。会場までたどり着けなかった人はもちろん、那覇のバスターミナルでも、あきらめて帰らざるを得ない人たちがいたという。

それも頷ける。私自身は正午過ぎにはバスターミナルに着いたが、その時にはもう目当てのバスに長い列ができていた。年配の夫婦、祖父母から孫までの家族連れ。学生のグループ、中高年の女性グループなどなど、もちろん私のように個人参加とおぼしき人もいた。なおこの日、地元の琉球バスと沖縄バスの粋な計らいでバスは無料だった。ターミナルを出る時点で吊革につかまっている人まで含めて満席。だから途中のバス停でも乗せるに乗せられない。大会が始まってから急きょ臨時便を出すという話も持ち上がったらしいが、たどりつけないということでたち消えたという。参加者が輸送能力をはるかに超えたのだ。

大会は、検定意見撤回と記述回復を求める大会決議を採択した。県民の約一割が参加するという復帰以来最大の島ぐるみの抗議集会に、沖縄の訴えを無視しつづけてきた国も重い腰を上げざるをえなくなっていく。九月一二日に安倍首相が突然の辞任。発足まもない福田新内閣の渡海文部科学大臣は県民大会の直後、「教科書会社から記述の訂正があれば真摯に対応する」と発言した。国の態度に初めて表れた変化の兆しだった。

●――勇気もらった執筆者

帰宅ラッシュが始まろうかという東京・JR有楽町駅前のマリオン前広場。一〇月も半ばにもなると、夕方はだいぶ肌寒くなる。えんじの色のベスト姿の男性が、宣伝カーの上に立ち、マイクを握りしめた。

「先の教科書検定で、文部科学省は沖縄戦『集団自決』をめぐり、五社七冊に検定意見をつけました。私はその一社の執筆者として、満腔の怒りを持ってこの場に立たせていただきました。去年一二月一九日、文科省に呼ばれて通達を受けたこの日のことを私は一生忘れることがないと思います」

坂本昇さん。五一歳。都立高校の社会科教諭（当時）という立場だが、九月二九日の沖縄の県民大会に参加した体験が、坂本さんをこの場に立たせていた。眼下を行きかう不特定多数の人たちに向けて、坂本さんは「告白」をはじめた。先に、石山久男さんのケースを紹介したが、坂本さんも同様の体験をしていた。

――検定意見は一八項目あった。調査官はいったん部屋を出て編集者と検定意見書を検討する。坂本さんらは六人。調査官は二人だった。時間は二時間以内。検定意見書の点検に三〇分、調査官の説明や質疑応答で四〇分ほど。となると一か所について三分程度しか時間はない。特に「集団自決」は後半一五番目。時間は押していた――。

「調査官は、関東学院大学教授の林博史先生の研究書『沖縄戦と民衆』を挙げ、『最近の歴史研究の成果によると、集団自決の軍命令はなかったと考えている、誤解のないよう記述を直してほしい』と説明しました。私は教科書執筆に携わって一五年、これまで四回の検定を受けていますが、沖縄戦、および集団自決に関する記述について検定意見がついたことはかつてありません。

大阪で裁判が行われていることは知っていました。しかしこんなにも早く、一方の主張だけを根拠にして、しかも歴史研究の一部だけつまみぐいして、それを検定意見の根拠にして、『沖縄戦集団自決問題』が検定に乗るとは思ってもいませんでした。ですから正直、林さんの研究書を挙げられたときは戸惑いました。戸惑ってその時間が終わってしまったような実態です」

もちろん坂本さんは林さんの本を読んでいた。記憶をたぐりよせても、本全体は「日本軍が存在しなかったところには集団自決は起こっていない」という結論のはずだった。わずか二行足らず、当日の隊長の自決命令はなかったと思われるなどという箇所があるが、全体を読めば結論は一つだ。

「家に帰って林さんの本を読んで、涙が出るくらい悔しかったです。どうしてあの場で反論ができなかったんだろうか」

文科省に意見を申し立てることもできる。しかしそれは検定意見の通達から二〇日間に行わなければならない。一二月一九日から年末年始をふくめての二〇日間。申し立てはできないに等しい。しかも仮に申し立てても、それが妥当であるか判断するのは文科省サイド。第三者機関が客観的に学問的に検討するシステムになっていない。

無力感にさいなまれてきた坂本さんの背中を押したのは県民大会だった。怒涛のような人波。なのにあの静けさ。「命どう宝」の静かな決意や行政への怒りの「思い」に涙がでた。それだけに、徹底して抗議せず折れてしまった自分自身が恥ずかしかった。自分の担当した教科書の欄外に体験の一部を載せている金城重明さんはじめ、体験者に申し訳ない思いでいっぱいだった。坂本さんは、夕空に向かい、「遅ればせながら立ち上がりました」と自ら奮い立たせるかのように訴えた。

*

その夜、東京・永田町の星陵会館の大ホールは、通路に人が溢れるほどの熱気にあふれた。東京沖縄県人会と「大江・岩波沖縄戦裁判を支援し沖縄戦の真実を広める首都圏の会」が共催で開いた検定意見撤回を求める総決起集会。壇上にはこの日、沖縄から到着したばかりの代表団二〇人あまりがズラリと並んだ。

横断幕に躍る色とりどりの文字。「ウソの教科書で勉強したくない」「戦争を体験したおじいちゃん、おばあちゃんをこれ以上悲しませないで下さい」。県立南部商業高校三年生が文科省に向けたメッセージを寄せ書きしたもので、生徒たちの発案で、代表団に加わる教師に託されていた。ふだん政治的な動きに関与しない県人会が主催団体に加わったこともまた、沖縄の怒りが、地下茎のように広がりつつあることを示しているかのようだった。

一一万六千人の民意が、国に与えた衝撃は大きかった。渡海文科大臣は県民大会の直後、「教科書会社から記述の訂正があれば真摯に対応する」と発言した。しかし、やっと動いた「壁」も、沖縄県民の思いとは大きな隔たりがあった。

県民大会で決議されたのは「集団自決」における日本軍強制の記述を教科書から削除させた「検定意見の撤回」と「記述の回復」。渡海大臣がいう「教科書会社の訂正申請」による「記述回復」は、教科書会社が間違ったというなら、訂正させてあげてもいいよ、というだけのこと。文科省は何ら責任を問われない。しかも問題の「検定意見」は無傷のまま生きのびる。

＊

代表団による東京要請行動は、県民大会直後に仲井真弘多知事らも参加した緊急行動に次ぐ第二弾となった。参加者は県民大会実行委員長の仲里利信さん、副実行委員長の玉寄哲永さんはじめ、一七〇人以上に膨れ上がっていた。沖縄戦体験者も多数加わり、一五、一六の二日間、文科省や各政党、衆参両議員、教科書会社などに分散して回り、要請行動を繰り広げた。

県民大会実行委員会の構成団体のひとつ「青春を語る会」の代表、中山きくさんは当時の池坊文科副大臣や民主党の小沢代表にも会った。そして、「権力者によって恣意的に戦争の真実が隠蔽されることに激しい憤りを覚える。国が都合の悪いことを覆い隠そうとする検定意見は戦争体験者として苦痛だ」と訴えた。

「青春を語る会」には、補助看護婦として戦場に動員された九つの全女子学徒隊の体験者が学校の枠を超えて参加している。早くから検定意見撤回の署名運動に取り組むなど、体験者として精力的な活動を続けてきた。会長の中山さんは県立第二高等女学校の元学徒（白梅隊）で、当時一六歳だった。県民大会を前に、いまも当時の砲弾の破片が入ったままの腕でワープロを打ち、「青春を語る会」として独自の検定意見撤回を求める意見書もまとめた。

「武器・弾薬、食糧、医療品等、すべての物資が枯渇状態にあった沖縄で、なぜ一般住民に手榴弾が配られたのか。戦《いくさ》の方法も武器使用も無知なものに敵が倒せるはずがない。それこそ無謀というもの。爆発すれば自決に繋がることは明白である」

手榴弾を渡された女子学徒は少なくなかった。中山さん自身、八重瀬岳の山腹に作られた野戦病院の解散で「鉄の暴風」の下に放り出される際、手榴弾を一つ受け取っていた。「捕虜にはなるつもりはない。自分の身を始末するものとして受け止めていた」という。

野戦病院の解散は、五月末に首里の司令部が陥落したのに伴うものだった。日本軍は南部に撤退、野戦病院も維持することは不可能になった。学業の途中で強制的に駆り出され、最後は激戦地に放り出された。それまで五六人の白梅隊に死者はなかったが、解散後は二二人が死亡している。

中山さんも米軍の包囲網の中で究極の選択を迫られた。一緒に逃げた同郷の友人に「自決しようか」と促すと、思いがけない反応が返ってきた。

「死ぬのは絶対いや！」

結果的に、その友人の頑なな拒絶に救われたという。白梅隊の中には、米軍に包囲され、友だち同士で手榴弾で「自決」した仲間もいる。

この要請では、池坊副大臣が、文科省として初めて「反省」という言葉に踏み込むなどの〝前進〟もあった。しかし肝心の「検定意見撤回」要求に対し、政府・文科省は頑なな態度を崩さなかった。その理由は、「検定への政治介入はできない」

政治の介入により恣意的に史実を歪めたのは誰なのか。実行委員会は要求実現まで解散せず、何度でも政府に要請を続けていくことを確認した。

＊

検定意見に自著を「悪用」された関東学院大学教授の林博史さんは一〇月七日、八日の二日にわたって沖縄タイムスに文科省に対する「反論」を載せた。一部を抜粋する。

私は著書の中で一つの章を「集団自決」にあて、その中で「日本軍や戦争体制によって強制された死であり、日本軍によって殺されたと言っても妥当であると考える」との認識を示したうえで各地域の分析をおこない、渡嘉敷島のケースでは「軍が手榴弾を事前に与え、『自決』を命じていたこと」を指摘している。座間味島のケースでも日本兵があらかじめ島民にいざという場合には自決するように言って手榴弾を配布した証言を紹介している。

「集団自決」がなされるにあたって「軍からの明示の自決命令はなかったが」というように、同書執筆時点（刊行は二〇〇一年一二月であり、執筆は前年からおこなった）で確認できた証言などから、いま自決せよというような命令は出されていなかったと思われたのでそうした認識は示している。その箇所だけが文科省に利用されてしまった。

しかし、私の著書では、あらかじめ自決するように手榴弾が配布されていたことや、捕虜になることは恥だと教育されていたこと、米軍に捕まるとひどい目にあわされて殺されると叩き込まれていたこと、住民が「自決」を決意したきっかけが「軍命令」であったことなども指摘し、さらに日本軍がいなかった島々では米軍が上陸しても「集団自決」がおきていないことを検証し、結論として先に引用した部分のほかに「『集団自決』は文字どおりの『自決』ではなく、日本軍による強制と誘導によるものであることは、『集団自決』が起こらなかったところと比較したとき、いっそう明確になる」と断言しているのである。〔中略〕

教科書調査官が執筆者たちに言い渡した検定意見は、明らかに虚偽に基づいて執筆者を欺いたとしか言いようがない。資料も文献もない文科省の一室にいた執筆者たちは調査官の意見に反論する材料も機会も与えられないまま、その検定意見を認めて書き換えるしかなかった。執筆者たちが検定意見を持ち帰って、私の著書を確認すれば、調査官が根拠にしている研究では「日本軍の強制と誘導」によると結論付けているではないか、そうであれば、日本軍によって「集団自決」を強いられた、あるいは「集団自決」に追い込まれたという記述は、この研究成果を正しく反映した記述ではないか、という反論を行うことができただろう。しかしその機会は与えられなかった。こんなやり方は詐欺と非難されても仕方がないのではないか。

文科省は、日本軍の強制を否定するような研究がまったくないので、仕方なく、全体の文脈からは切り離して私の著書から一文だけを抜き出して、結論とは正反対の主張の根拠に使ったのである。現在の検定意見言い渡しの方法が、そうした詐欺的手法を可能にしたのであり、検定制度そのものの見直しも必要である。

文科省はこうした手法で執筆者たちを騙し、検定意見を押し付けたのである。このようなやり方のどこが合法的なのだろうか。これが教育に責任を負う官庁がおこなうことなのだろうか。

文科省の手法を「詐欺」とまで呼ぶ激しい論調。そのうえで林さんは、教科書会社による「訂正申請」は根本的な解決にはならないとして、検定意見の撤回がなされるべきだと繰り返して強調した。

5●「玉砕」の島

▼…座間味の産業組合壕慰霊碑

a 座間味の「集団自決」

●──父の面影探して

山城美枝子さんの自宅は急坂の途中、海を見晴らす高台にある。慶良間の島々が見えるのが気に入り、この場所を選んだという。夫の功さんも座間味島出身。同じく「集団自決」を体験し、生き残った。坂を登りきると行き止まりになる。米軍普天間基地のフェンスだ。

ブーゲンビリア、アカバナー（ハイビスカス）。南国の花が彩る庭の一角を眺めやり、美枝子さんは「あれを見ると、気持ちが落ち着くような気がするんです」とほほ笑んだ。居間のサッシ越しに緑が見える。蕗の一種、ツワブキ。地元では「ちーぱっぱ」と呼んでいる。その緑を見るたびに、美枝子さんは、写真でしか知らない宮里盛秀さんとの、父娘の絆を思い起こす。村助役だった父は村の防衛隊長で兵事主任を兼務、軍の命令を住民に伝達する重要な立場だった。

一九四五年三月二六日、米軍の上陸に伴い、座間味島で「集団自決」が発生した。父と母、兄、姉、妹、おじら六七人が亡くなった産業組合壕は最大の犠牲者を出した現場だった。遺体はいったん家族ごと、それぞれの家族壕などに安置され、白骨化するのを待って再び掘りだされた。

祖母が、ツワブキの葉っぱに乗せた頭蓋骨を美枝子さんの前に差し出した。「おとうちゃんだよ」。美枝子さんは、咲いていたツワブキの花を一輪摘んで、片方の眼窩に差し入れたのを覚えている。子供なり、弔いのつもりだったのかもしれない。

「怖かった記憶はありません。むしろ、あたたかい感じに満たされるような……」

美枝子さんは庭のほうに目をやりながら、そう話した。

＊

美枝子さんの自宅を初めて訪ねたのは二〇〇七年六月九日。那覇市の県庁前で開かれた「歴史歪曲を許さない六・九県民大会」の帰りだった。会場で座間味島の宮村肇さんとばったり会い、ご好意に甘え同行させてもらった。肇さんは、梅澤さんに「念書」を書かされた宮村幸延さんの長男である。美枝子さんのほうが一回り近くお姉さんだが、いとこ同士の関係だ。

▲…山城功さん、美枝子さん夫妻。孫の龍翔くんと（2008 年 9 月）

亡くした家族の話になると、美枝子さんの端正な顔立ちは涙でぐしゃぐしゃになった。教科書検定結果が明らかになって二か月あまり。美枝子さん自身が体験した島の「集団自決」がクローズアップされ、しかも無理を通す方便の裁判で、父は、キーパーソンにされていた。

孤児になった美枝子さんは祖父母に引き取られ、大切に育てられた。しかし家族がどのように死に向かっていったかは詳しく知らなかった。思い返せば、法事というと、おばたちが、涙を流していろいろ話していた光景が脳裡にある。大人たちが、自分のほうをみながら「あの子が……」とでも言うように目元をおさえていることもあった。

慶良間諸島の子どもたちの多くは中学を卒業すると、いったんは島を離れる。美枝子さんも以来半世紀、島外で暮らしてきた。梅澤さんがこの間、いろいろなアクションに出ていたことなども詳しくは知らなかった。美枝子さんが傷つかないよう、島の親せきたちが気を遣ってくれていたからだった。

自分が親になって初めて両親の心情を重ねるようになった。とりわけ最後の晩、泣きながら自分たちを抱きしめたという父を思うと、涙が止まらなくなる。

「ふだん孫たちにお握りをつくってあげるときも、涙、涙なんです」

壕を出て忠魂碑に向かう前、自分たち幼いきょうだいは、できたての白米のおむすびを与えられ、無邪気にほおばっていたと聞かされてからだ。

＊

はじめて美枝子さんを訪ねた翌日、座間味島へ渡り、肇さんの紹介で、盛秀さんの妹、宮平春子さんとも会うことができた。顔には風雪が刻まれている。

「父から、子どもたちにおむすびを作ってやりなさい、って言われたんです。最後のお米を、田んぼの水を汲んできて炊いて。おむすび作りながら、『本当に死ななくちゃならないのかねー。死んだふりできないかねー。でも、軍の命令だから仕方ないのかねー』って、いろいろ考えていました。誰だって死にたくありませんよ」

久しぶりの白いごはんに子どもたちは大喜びだった。大人たちは喉も通らなかった。その分も子どもたちがほおばっていた。

春子さんは男女九人きょうだいの三女。沖縄戦当時、満一八歳だった。

一九四五年三月二五日の夜、春子さんは家族や親せき約三〇人とウチガー（内川）にある家族壕に避難していた。そこに盛秀さんがやってきて父、盛永さんに「軍からの命令で、敵が上陸してきたら玉砕するように言われている。間違いなく上陸になる。国の命令だから潔く一緒に自決しましょう。今夜、忠魂碑に集合することになっている」と告げた。

▲…助役・宮里盛秀さん

「死なんといけんのか」。父は納得しがたい様子だったが、兄はしきりに軍命であることを強調した。そして、「親孝行ができなくてすいませんでした。あの世に行って孝行します」と詫びた。父子は水杯を交わした。そのあと、盛秀さんは子どもたちをきつく抱き寄せ、頬ずりし、嗚咽した。

「自分の手で子どもに手をかけるのはやりきれない。

ごめんね。生まれなかったほうがよかったね。お父さんとお母さんもついているから怖くないよ」

村の要職を兼務し、威厳に満ちた兄が、あたりはばからず泣き崩れる姿は衝撃だった。

「軍の命令だって、確かに聞いたんです。でなけりゃどうして、可愛がっていた我が子を死なせるようなことがありますか」

思い出すのも辛く、無理して喋ろうとすると胸が詰まってうまく言葉にならない。大江・岩波裁判の被告側弁護団が島に訪ねてきたときも、だから逡巡した。しかし最後、見送りの船着き場で勇気を振り絞り、自分の見聞きしたことを伝えた。

原告側は兄が自決を命じたかのように主張している。しかも、その主張に沿って教科書まで歪められた。激しい怒りが、春子さんの背中を押した。

「こんなこと絶対に許されませんよ。国に、死になさいと仕向けられていたんです。亡くなった人、これから生まれてくる子どもたちのためにも、二度と戦争をしないようにきちんと伝えていかなければなりませんよ」

●――兄二人の無念

春子さんと会ったのは宮村肇さんが営む民宿だった。座間味港に近い、島のメインストリートにある。ここで一九八七年三月の「念書」事件が起きた。梅澤さんが、肇さんの父である宮村幸延さんを泥酔させ、一通の「念書」を書かせたというものだ。

春子さんは、「一番悔しいのはこのことですよ。盛秀兄さんだけじゃなくて、幸延兄さんまで。きょうだい二人、こんなふうにされて。行けるもんなら大阪に行って、裁判官に直接訴えたい」と語気を強めた。

「集団自決」から四二年めのことだった。一九八七年三月二六日、村主催の慰霊祭に、元戦隊長の梅澤さんが戦後初めて参加した。宮城初枝さんから米軍上陸前夜のことを伝えられてから七年。梅澤さんが、沖縄史料編集所や沖縄タイムスに抗議するなど、さまざまなアクションに訴えていた時代だ。

当時の写真には、髪もまだ黒々とした梅澤さんの焼香する姿が映っている。撮影したのは九・二九県民大会で春子さんの証言を代読した宮里芳和さん。一九四八年生まれの芳和さんは、二〇年前は村役場の職員で広報係だった。

芳和さんによると、このとき慰霊祭の夜の懇親会で初めて梅澤さんと話をしたという。梅澤さんは、隊長命令だと報じられたことで家族にも戦争犯罪者と言われていると、苦しい胸の内を語っていた。そのため、芳和さんは、「梅澤さんの責任ではない、戦争がいけなかった、あなたのことを恨んでいる村民はいない」という趣旨の話をした。梅澤さんはとても喜び、「家族にもそれを話してほしい」と言った。芳和さんは梅澤さんの申し出に応じ、近くにあった公衆電話で梅澤さんの妻と話をしたという。妻も喜んだ。「これで戦後処理がいいかたちでできたら」と芳和さんも安堵したという。

「それから、翌々日の朝九時ごろでした。民宿の一階のマチャグワー（雑貨店）にコーラを買いに行ったら、いつも店番をしている幸延おじさんがいません。奥をのぞくとおじさんと梅澤さん、ほかに男の人が二人いて、おじさんは梅澤さんの前で、何か書いていました。横にお酒があって、一人の男の人は中腰になって上から見ていて、もう一人は後ろからカメラで撮影していました」

それから約一か月後のことだった。「幸延を呼んでこい！」。当時の田中登村長の激しい剣幕に気圧されるように、芳和さんは慌てて幸延さんを呼びに行った。

「村長は、『お前は、慶良間戦も知らんのに、あんなこと、どうして書くか！』と、おじさんを怒鳴りつけたんです」

四月一八日付の神戸新聞に《座間味島の集団自決の命令者は助役だった　遺族補償得るため〝隊長命に〟》さらに四月二三日付の東京新聞でも《大戦通史　勇気ある訂正》と大きく報じられていた。

いずれも、幸延さんは匿名扱いだが、「集団自決は部隊長の命令ではなく、戦時中の兵事主任兼役場助役だった兄の命令で行われた。弟の私が遺族補償のためやむをえず隊長命として補償を申請した」と「親書」を寄せた、という内容になっている。

幸延さんは遺族年金のための業務を長く中心的に執り行い、島の人たちからの信望も厚かった。芳和さんは「おじさんは、梅澤さんから『家族にも戦争犯罪者と言われて苦しんでいる。家族にしか見せないので書いてほしい』と頼まれ、やむなく書いた、と泣きながら説明していた」という。

＊

幸延さんは晩年、那覇の病院で闘病生活を送り、二〇〇六年七月にこの世を去った。「おじいは病院でも、死ぬまで『あれは無理やり書かされたんだ』って言ってましたよ」と妻の文子さん。幸延さんは最後の最後まで自責の念にさいなまれていたという。二人の長男、肇さんも、「なぜ事実を捻じ曲げてまでこのようなことをするのか」と憤る。

文子さんによると、梅澤さんと一緒にきた二人の男性ははじめ、幸延さんが福岡の連隊にいたときの戦友だと名乗ったが、幸延さんには見覚えがなかったという。ただ、幸延さんはこの「戦友」たちから勧められて酒を飲み、さらに二日酔い状態のところを再び朝から泡盛を勧められた。「おじいは酒が好きだから」（文子さん）、止めたが飲み始めた。梅澤さんが出てきて、何かを書かせたのはこの場面だという。

結局、家族だけに見せるという約束は反故にされ、裏取り取材したかすら疑わしい特ダネのネタとなり、大江・岩波裁判の原告側の「目玉」的な書証にされた。

芳和さんは二〇年前、はじめて会ったときは梅澤さんに同情的だった。しかしいまは「おじさんをだまして戦争の記述を書き換えるのは重大な犯罪だ」と厳しく批判する。芳和さんは「大江健三郎さんと岩波書店が訴えられているけれど、ぼくは座間味島で『集団自決』で亡くなった人たちが、訴えられているような気がしている」とも話した。

●──「軍命」はっきりと

座間味島は面積六・六キロメートル。平地は少なく、八割が山間部だ。夏は海水浴やダイビング、冬から春はホエールウォッチングを目当てに観光客がやってくる。いまは観光の島だが、戦争が始まる前は半漁半農で、この島が発祥のカツオ業は慶良間をうるおした。

この島に総勢一五〇〇人の日本軍がやってきたのは一九四四年九月一〇日。梅澤戦隊長率いる海上挺進第一戦隊の特別幹部候補生たちは座間味国民学校を接収して宿舎にあて、ほかの兵員も民家に分宿した。多いところでは一八人の日本兵が寝起きした家もあったという。軍の本部は字座間味の青年会館におかれ、郵便局は将校と村三役らの村幹部との会議室にあてられた。

四五年二月には海上挺進基地第一大隊（小沢義広隊長）の主力が本島に移動、大隊の勤務隊の一部と整備中隊の主力が残り、梅澤戦隊長の指揮下に入った。入れ替わるように朝鮮人軍夫で編成される特設水上勤務隊が本島から移動してきた。一七歳から四五歳までの男性も防衛隊に組み込まれ、その指揮下に入った。

梅澤さんはこの島の日本軍の最高指揮官だった。そして軍の命令を住民に伝える立場にあったのが助役で、兵事主任の宮里盛秀さんだった。

*

宮里盛秀さんは妻の政子さん、長男英樹ちゃん、長女邦子ちゃん、三女ヒロ子ちゃん、そして弟で、当時一六歳の直さんとともに産業組合壕で亡くなった。孫や子を亡くした宮里盛永さんは、後年綴った自叙伝で、三月二五日の夜をこう回想している。

早速、盛秀が来て家族のことを尋ねた。その時「今晩、忠魂碑前で皆玉砕せよ」との命令があるから着物を着替えて集合しなさいとの事であったので、早速、組合の壕に行ったら満員で中に入ることは出来なかったが、いつの間にか壕に入ったのか政子、英樹、邦子、ヒロ子の姿が分らなくなった。

壕は満員のため盛秀と相談して自分の壕に引き返す時、政子親子が壕の中にいる事が分かったが、今更如何ともできず、そのまま残りの家族を連れ去った。「玉砕の時は連絡せよ」と話したが、これが可愛い孫子との最後の別れの言葉となったのである。嗚呼、その時の盛秀の決意の表情は今なお忘れる事ができないのである。

前日から一家は、マチャンにある避難小屋にいた。そこに二五日夕方、直さんが盛秀さんの伝言を持って家族を呼びに来た。軍とともに玉砕しようという話だった。

「玉砕という言葉を聞いて、島全体が吹っ飛ぶのかと思いました」

春子さんの妹、トキ子さんはその日のことを克明に記憶している。一九三一年生まれ、九人きょうだいの末っ子で、いまは沖縄市で暮らしている。当時、那覇の積徳高等女学校に通っていたが、前年の一〇・一〇空襲で下宿先を焼け出され、島に戻っていた。

一九四五年三月二三日、座間味島は突然米軍の空襲を受けた。トキ子さんは、朝から、マチャンにある空き地でたい肥づくりに動員されていた。国民学校の五、六年生、女子青年団が農具を持参して作業に勤しみ、午前一一時半、引率の国民学校の教頭が「あと三〇分で昼食だから」と合図した瞬間だった。

あれは何？　という声で顔をあげると、東の空に渡り鳥が連なっているようなものが見えた。二、三分後、飛行機の音が聞こえ、まもなくバリバリと機銃掃射がはじまった。

夕方、命からがら、山伝いにやっとたどりついた座間味の集落は無残に焼け落ちていた。「それを見て、もう何もかも終わりだと思った」とトキ子さん。

二四日、トキ子さんは父母や姉、盛秀さんの子どもたちとマチャンの小屋へ避難した。その翌二五日夕方、直さんが家族を呼びに来た。「どうせなら白いごはんをおなか一杯食べて死にたいね」。道すがら直さんがそう言った。トキ子さんが振り向くと、直さんがにっと笑った。その後、直さんは先に道を急ぎ、結局、それが最後の別れになった。

浜まで来ると、裏海岸を二重に取り囲んだ米軍の軍艦から、裏山に向けて艦砲射撃が始まった。白い煙が頭上まで来ると赤に変わる。花火のようだった。

「でも、玉砕場に向かっていながら、死を間近にしながらも、恐怖感は全く感じませんでした」

家族の壕に着いた時間はわからない。しばらくして盛秀さんがやってきた。子どもたちを抱きしめ慟哭する兄の姿はトキ子さんの目にも焼き付いている。

盛秀さんの妻政子さんは乳飲み子のヒロ子ちゃんをおぶっていた。「美枝子はバアちゃんとね」と言い含めるように三歳の娘の手を取ると、義母のナヘさんの手に重ねるようにした。「この子をお願いします」。美枝子さんはナヘさんによくなついていた。

その時が来て、トキ子さんは先に壕を出た。兄夫婦が壕を出ようとすると、後ろから父盛永さんが「盛秀、ちょっと」と呼びとめた。

「どうにも生き延びられんのか」

盛永さんは未練を断ち切れないようだった。振り向いた盛秀さんは「父さん、軍の命令には逆らえないですよ。いよいよですよ」と答えた。同じことを何回もいわせないでください、というような強い響きだった。

＊

海から断続的に艦砲が撃ち込まれていた。地響きのなか、国民学校の近くまで降りていくと、引き返してくる人たちとすれ違った。忠魂碑の上方に艦砲が着弾、集まった人たちは四散したという。諦めて後戻りし、向かったのは家族の壕から二〇メートルほどにある産業組合壕だった。段々畑を利用した小屋で横幅六間、奥行き二間半と広く、奥には金庫があり、重要書類や配給米も運ばれていた。中はすでに満員だった。盛秀さんは、ここが役場関係者の壕であること、それ以外の人たちは、別の壕に行ってほしいということを説明した。しかし、動こうとする人はほとんどいなかった。

盛秀さんは「自分のことは自分で考えてほしい」と説得していた。しかし、最後はあきらめ、父盛永さんや美枝子さんをおんぶした春子さんに「後から直に連絡させるから」と、家族の壕に戻るよう伝えた。

そのとき、トキ子さんは産業組合壕の中に入っていた。壕の入口付近にしゃがんでいた二女の峯子さんが、誰かが用足しに出たところをすかさず中に入り、トキ子さんも続いたからだ。「もう誰も入《はい》れない。入れない」とみんな大声で叫んでいた。

奥のほうで政子さんが手を振っていた。三人の子どもたちとも一緒にいる。「姉さんが、おいでって」と峯子さんに伝えたが、それ以上は進めそうもなかった。

気がつくと、両親の姿がなかった。入口付近の人たちに聞くと「自分の壕に行ったよー」。急に不安に

▲…助役・盛秀さんの妹、宮村トキ子さん（2009年2月）

なり、トキ子さんは泣きはじめた。

「ふんでー（甘ったれ）は追い出せって、後ろの人にお尻を蹴られて、二人とも追い出されたんです」

それが明暗を分けた。

夜が明け、翌日の昼を過ぎても直さんからの連絡はこなかった。懐中時計を取り出し、父盛永さんが「もう三時だ」と言った。外が騒がしくなったが、聞こえるのは日本の言葉ではなかった。外をのぞいてみると、土手の上に背の高い兵隊が立っていた。日本兵ならあるはずの脚絆をつけていない。「逃げよう」

トキ子さんと峯子さんは途中ではぐれ、番所山へ向かう小道で、待っていた他の家族と合流できた。それでも父はしばらくそこを動こうとせず、「せいしゅう、せいしゅう」と産業組合壕の方向を見つめて、つぶやき続けていた。

＊

『母の遺したもの』の宮城初枝さんの手記などによれば、米軍上陸が迫る三月二五日夕刻、盛秀さんは収入役や国民学校校長、初枝さん、役場吏員の宮平恵達さんと梅澤戦隊長を訪ねている。その帰りみち、盛秀さんは部下の恵達さんに「忠魂碑に集まるよう」伝令を指示した。恵達さんは砲弾が炸裂するなか、座間味集落の人たちが避難している家族壕を伝令に回った。その恵達さんも、家族五人と産業組合壕で亡くなった。一九歳だった。

恵達さんの家族で生き残ったのは、二つ上の姉、育江さんだけだった。親せきに役場関係者が多かったため、親せきも二〇人近くここで亡くなった。姉は嫁ぎ先の家族と、大和馬《やまとぅんま》の壕（整備中隊の壕）で亡くなった。

郵便局員だった育江さんは、日本軍の駐屯に伴い軍属に徴用され、軍の経理部で働いていた。そのため家族とは離れて行動していた。三月二三日の空襲のあと、育江さんは負傷した兵士の看護を手伝うよう命じられる。阿佐道の途中、集落に近いタカマタにある海上挺進第一戦隊の第三中隊の壕。任務に就く前、育江さんは心配だった家族壕へと急いだ。

その途中、恵達さんに会った。りりしい国民服姿で、盛秀さんら村三役と一緒だった。姉の姿をみとめ、恵達さんは敬礼してみせた。育江さんは、「（お国のために）働けてよかったね」と声をかけた。

「弟は肋膜を悪くして、那覇の学校を中途でやめて島に戻ったんです。同級生はみんな兵隊に志願していくのに、自分は身体が弱くて見送るばかり。それを気にしていましたから」

ほかの家族もみな無事だった。しかし、育江さんが軍と行動をともにすると知り、母は悲しんだ。育江さん自身も気持ちが揺らぎ、家族と一緒に、という思いが募っていった。頼んでみよう、第三中隊の壕に置いてきた救急袋だけ取ってここに戻ろうと家族と別れた。しかし日没。激しい艦砲射撃も加わり、第三中隊の壕から出ることもできなくなった。

＊

産業組合壕の遺体収容作業が行われたのは一九四五年の五月ごろだった。捕虜住民のまとめ役として阿佐の部落長を任命された盛永さんが、米軍と折衝して実現した。

「中に入ったのはほとんどが死亡者の家族。私たちは一〇メートルほど先から見ていました。アメリカ兵も二人手伝っていた」

トキ子さんはそう振り返る。

育江さんは、女性でただ一人、収容作業に加わった。家族とは三月二四日以来会っていない。収容所を探し回ってもいなかった。産業組合壕に行ったらしいという話も聞いていたが、信じたくない気持ちが強かった。

遺体はふやけ、臭いもきつかった。育江さんは奥へとはいって行った。米俵のところに見覚えのあるモンペを見つけた。母だった。国民服姿の恵達さんもいた。

最後に家族壕を訪ねたとき、母たちは、阿佐のユヒナ海岸の壕に避難しようかどうか迷っているようだった。育江さんはここにいたほうがいいと止めた。足が悪い高齢の祖父の道中を案じたこともあったが、家族には、遠くの壕に行ってほしくないという意識も働いた。ユヒナに行っていたら助かっていたと思うと、悔やんでも悔やみきれなかった。

壕の中で祖母の絣の着物と恵達さんが愛用していた硯箱を見つけ、遺品として持ち帰った。恵達さんは達筆で、村の表彰状を書く仕事をすべて任されていたほどだった。しかし硯箱も着物も、海でいくら洗っても、臭いが取れなかった。何世帯もが一つ屋根の下で暮らす収容所生活だったので周囲の目に気兼ねして、泣きながら海岸に埋めた。

天涯孤独の身になった育江さんは、戦後すぐに、復員してきた島の男性と結婚した。会社勤めをしながら子育てに追われてきたが、時間にゆとりができたいまになって、家族、特に若くしてなくなったきょうだいを思うようになったという。

「きょうだいみんな八〇だねー。仲良くしよったかねー、孫もおったかねー、とか、最近よく思うんですよ。ご馳走見ても、涙がでてきますよ。あのころは何もなかったから。妹や弟に食べさせたかったねーって」

育江さんの目はみるみる真っ赤になっていく。産業組合壕にいて生き残った人はいない。だから、どのような手段が使われたかは、いまだに謎だという。育江さんは、毒を飲んで苦しまずに逝ったと思うようにしてきた。しかし、テレビで偶然東京大空襲の再現映像などを見ると、「家族もあのように生きながら死んでいったのか。どんなに苦しかったか」と胸が張り裂けそうになる。そして自責の念に駆られる。「あのとき私が止めていなければ」と。

●――手榴弾は日本兵から

米軍上陸に伴い、第三中隊壕の日本兵は斬り込みに出て行った。本来の任務である秘密艇マルレによる海上特攻は、予想外の米軍の慶良間進攻になす術もなかった。育江さんは「軍服をください」と申し出た。髪も切って自分も一緒に戦うつもりでいた。しかし日本兵に「足手まといになるから駄目だ。いざとなったらこれで自決しなさい」と手榴弾を渡された。

壕に残された育江さんはともに傷病兵の看護にあたった軍の炊事係の吉田春子さんら女性ばかり五人で高月山へ逃げた。激しく飛び交う砲弾に生きた心地はせず、みなで覚悟を決めた。オレンジ色の慶良間ツツジが満開だった。供えてもらう花の代わりに、その下で輪になった。

日本兵から教わったように手榴弾の信管を抜き、地面に叩きつけた。しかし何度やっても爆発しない。立木に風呂敷をかけて首を吊ろうとしたが、痛みに耐えかねて、結局誰一人果たせなかった。

育江さんとは別行動だが、やはり女性五人で軍と行動した宮城初枝さんも、軍から手榴弾を受け取っている。『母の遺したもの』に収められている手記にはこうある。

私の手元には、手榴弾が一個あります。番所山で弾薬箱を受け取って出発する間際に、木崎軍曹から「途中で万一のことがあった場合は、日本女性として立派な死に方をしなさい」と手渡されたものでした。この手榴弾を使うことを決め、私たちの最後の場所として、焼け残りの椎の木の生い茂る深い谷間を選んだのです。

手榴弾が不発だったため、初枝さんたちは命拾いをする。

*

宮里育江さんの義妹、宮川スミ子さんは日本兵が直接、住民に手榴弾を配る場面を目撃した。三月二五日夜、スミ子さんは母親に連れられて忠魂碑へ向かった。耳元を砲弾がかすめていくときの頬の熱さはいまも忘れることができないという。

忠魂碑前には人垣ができていた。日本兵が肩にかけた袋から手榴弾を出して次々と配っていた。母にも「アメリカ軍に捕まる前に、これを使いなさい」と差し出した。

しかし母は、「家族と一緒でないと死ねない」と拒否した。後に育江さんの夫となる上の兄は召集され、下の兄は中学受験のため父と一緒に那覇に出ていたからだった。

近くで砲弾が炸裂した。人々は散りじりになる。近くの壕に飛び込んだ人たちは、そこで「集団自決」に追いこまれていく。スミ子さんは母と山に逃げた。忠魂碑の前を米兵が進軍していくシーンを、スミ子さんは母と二人、隠れて見ていた。

スミ子さんの証言は、二〇〇七年九月二九日の県民大会当日、沖縄タイムスの朝刊一面トップで特報された。忠魂碑前での体験を公に語ったのはこれが初めてだった。

「口ではそう言わなくても、手榴弾を渡した時点で『死になさい』ということですよ」とスミ子さん。

あのとき、手榴弾をもらった人は、みな死んでしまったのだろうか。自分は当時一一歳。幼かったから詳しいことは理解できなかった。数年前に亡くなった母は、いつも戦《いくさ》の話をしていた。「母ならよくわかっていたと思う。もう少し早かったらねー」とスミ子さんはため息をついた。

同じく一一歳だった中村一男さんは、「日本軍の貴重な武器が民間人に渡っていたことは、これで『死になさい』という強制ですよ」ときっぱりという。

米軍が上陸した三月二六日、中村さんはウチガー（内川）の家族壕から阿佐に向かって逃げた。祖母と母と、幼い弟と妹が三人。途中の谷間で、引き返してくる集団と出くわした。山にはもう米軍がいるという。「どうせ殺されるならここで、玉砕しよう」。人々の間に絶望感が広がった。

中村さんはいつしか母が、信玄袋に手榴弾を入れて持ち運ぶようになっているのを知っていた。隙を見て袋を奪うと、手榴弾を遠く投げ捨てた。

半年前の一〇・一〇空襲で、阿佐のカツオ漁船英泉丸が攻撃を受け沈没していた。それに乗っていた先輩、大城喜幸《きこう》さんが死亡した。誰より慕っていた喜幸さんの死のショックが、そのような咄嗟の行動に走らせたと一男さんは述懐する。「臆病といえば臆病かもしれませんが、生きたいと思ったんです」

長く外国船に乗り広い世界を見て、定年とともに島に戻った一男さんは、教科書問題を契機に初めて自らの体験を語るようになった。この年、島で上映された1フィート運動のビデオを見て、一気に当時に引き戻された。「きのうのことのように記憶が蘇った。歴史をゆがめようとすることは、絶対許せない。あったことをなかったことにはできません」

＊

特攻艇が極秘裏に配備された慶良間の島々で、住民が捕虜になることは絶対許されなかった。

一九四四年九月、島に駐留したばかりの海上挺進第一基地大隊の小沢義廣隊長（後に沖縄本島に移動）

は、村の幹部や青年団を忠魂碑前に集めて訓示した。遠くにいた宮村文子さんに声は届かなかったが、後で友だちに聞くと、「敵が上陸したら玉砕せよ」という内容だったという。

「こういう命令がなければ玉砕はないですよ。アメリカに残酷なことをされる、玉砕しなさいと、みんなそう聞いていたんです」と文子さん。

助役宮里盛秀さんの妹、宮平春子さんは、一九四五年三月二三日に座間味島で空襲がはじまった日、近くの壕に逃げ込んで、中にいた日本兵からこう言われている。「海はもうアメリカ軍の船で囲まれている。上陸しても絶対捕まらないよう潔く玉砕しなさいよ。捕まったら強姦され、股を裂かれたりして殺される」

春子さんといとこ同士の上洲幸子さんは、当時二二歳。三月二五日の夜、産業組合の壕が満員だったため、春子さんたちと一緒に宮里の家族の壕に入り、直さんの合図を待った。連絡がこないまま、米軍の上陸を知り、壕を捨て逃げるなか、春子さんたちとはぐれ、母らと実家の壕に入った。母がネコイラズを取り出し、「これを飲んで眠ろう」と言ったが、幸子さんは「これくらいの毒では玉砕はできないよ」と言い張り、母をあきらめさせた。

山中を逃げ回るうち番所山の頂上に出た。そこは陸戦に転じた日本軍が後退した場所。母親は、壕から持ってきたナタを手に、近くにいた日本兵に懇願して回った。

「兵隊さん、これでうちの家族殺して下さいって、死にもの狂いになっていた」と幸子さん。

その後、幸子さんたちは島北部の赤崎岳まで逃れるが、そこでは、筒井という中尉が住民たちを集め、「米軍に見つかったら、捕まらないよう舌を噛み切って死ぬように」と指示したという。

●――校長先生も

「集団自決」で犠牲になったのは伝令が届く範囲にいた座間味集落の人たちだった。

宮城恒彦さんは当時一一歳。「忠魂碑の前に集合するように」と伝令が回ってきたあと、母、ウタさんが最後に残しておいた黒砂糖を取りわけたが、恒彦さんはどうしても口にできず、黒砂糖は手のひらで溶けていった。

姉三人と兄と弟、長姉の息子、おばが一緒だった。突然照明弾が上がり、当たりがぱっと明るくなった。集まってきた人たちが照らされ、中には晴れ着姿の人々もいた。艦砲が忠魂碑のあるマカーの杜の上方の老木で炸裂した。太い木の枝もふっとび、人々は蜘蛛の子を散らすようになった。

恒彦さんらが逃げこんだのは山のふもとにあった「下の壕」と呼ばれる壕だった。すでに座間味国民学校の玉城盛助校長夫妻や、五年生の恒彦さんの担任、内間敏子さんら二〇人余りがいた。その中で、夜を明かした。機関銃の音や艦砲の音が鳴りやまず、眠れなかった。

そこへ半狂乱になった中年の女性が飛び込んできた。「アメリカーがそこまで来ている」「産業組合の壕ではみんな死んでいた」

壕は産業組合壕の二〇メートルほど下にあった。壕内は騒然としたが、大人たちは「自決」の意思を固めたようだった。玉城校長が「天皇陛下万歳」を三唱した。それを合図に、奥のほうで爆発音がした。

二女のハルさん（当時一九歳）と内間先生が重傷を負い、うめき声をあげていた。一つだけあった手榴弾が、二人の間に落ちたようだった。それ以外の人たちは無事だった。それが混乱に拍車をかけた。

「校長先生、私たちを先に死なせてください、と大人たちが頼んでいた。でも玉城先生は『めいめいで考えて下さい』と。先生は夫婦で互いに別れのあいさつを交わしているようだった。そのあと奥さんの首に剃刀をあてたんです。『おとうさん、まだですよ、まだですよ』と奥さんが言って、何度も」

妻が動かなくなったのを見届けて、玉城校長は自らの頸動脈もかき切った。恒彦さんらはその返り血を浴びた。

頼みの校長が亡くなり、死にきれない壕内の人たちの焦りは募った。恒彦さんら家族は死ぬなら先祖の墓でと、瀕死の状態のハルさんを残し壕を出た。

「死が何かという概念もまだわからない。僕らは子どもだから、大人の言いなりにしかできなかったのです」と恒彦さん。

*

「妹に対する気持ちは、『早く死んでよかったね』というものでした。自分たちも後から死ぬという意識だから」

恒彦さんより一〇歳上の長姉、中村安枝さんは、そう振り返る。

夫は中国戦線へ出征していた。四歳になる修さんをおぶって、実家の家族とともに墓のある座間味集落を目指した。しかしすでに集落は米軍に占領されていた。

「ヘーイ、カマワン、カマワンいうて。もう、それは恐ろしかった」

米兵は銃を構えることもなく、ゆったりと手招きを繰り返していた。しかし一行はもと来た道を戻るしかなった。

途中家族に手をかけようとする男性を見た。「私もお願い。死なせてください。お願いします、って、こんなふうにしてね」と、安枝さんは頭を差し出し、拝むような仕草をしてみせた。しかし断られたという。「死なせて」と、男性が持っていた猫りん（殺鼠剤）の一升瓶を奪って飲もうとすると相手も負けずに奪い返した。結局、一口も口にできなかった。

「アメリカにつかまったら大変だ。それより自分で死んだほうがいいということ。敵愾心があったんですよ」と安枝さん。

尾根伝いに阿真の集落へと向かう阿真道へを逃げた。海は、「屋嘉比島から阿嘉島まで渡っていけそうなほど」アメリカの艦船が押し寄せ、大型の艦船のお尻から舟艇が吐き出されていた。

一段高いところにのぼり、やつれた表情で母ウタさんが、南の方角を向いて拝み始めた。

「武彦、私たちは戦世《いくさゆー》だから死ぬんだよー。あんただけは無事でいるんだよー、千年も万年も生きなさいよーと。一番上の兄さんが、台湾の病院で看護兵をしていたのです」

しかし崖から落ちて死ぬこともできなかった。死に場所を求めて尾根を逃げまどう一行の姿は米兵からは丸見えだった。しかし銃を向けてこなかった。一緒にいたおばが、「もしかしたら民間人は撃たないかもしれない。生きる考えをしよう」と言いはじめたことが、結果的に皆の命を救った。

＊

弟の恒彦さんはいまは豊見城市で暮らしている。教育者の道を歩み、県島尻教育研究所長などを歴任、同時に生まれ島の人たちの戦争体験の聞き書きを続けてきた。毎年六月の沖縄慰霊の日にあわせて小冊子を自費出版。教科書検定問題が噴出した二〇〇七年は、「集団自決」で亡くなった同級生の兄夫婦の証言を聞き取った。

「そのお兄さんは戦後誰にも話したことがなかったそうです。体験が過酷であるほど当事者の口も重いんです」

恒彦さんも当事者の一人として思いは同じだ。ときにはともに涙を流しながら、「集団自決」の実相を記録してきた。

聞き取りをスタートさせたのは一九八八年、母ウタさんがこの世を去ってからだ。ウタさんは、ハルさんを置いて壕を出たことを生涯悔やみ、苦しんでいた。その傷の深さを思うと、かさぶたを引き剥がすような酷なことはためらわれた。

教科書検定問題が起きたことで、はじめて口を開いた体験者は座間味島に大勢いる。高齢化が進むなか、証言をどう記録していくかは座間味村でも緊急の課題だ。村教委は平和学習ガイドブックの製作に取り組み、編集委員長となった恒彦さんは改めて聞き取りを進めてきた。以前からの知り合いに、初めて凄惨な体験を明かされることもある。

梅澤戦隊長の主張を最大の根拠として、文部科学省は、「集団自決」における軍の強制や関与を教科書記述から削除させた。「教科書検定に関わる人たちに聞いてみたい。何回沖縄に来たことがあるのか。平和祈念資料館やひめゆり平和祈念資料館に何回足を運んだのか。沖縄戦の本をいったい、何冊読んだのか」と恒彦さんは問いかける。

「軍の関与と命令は一緒のことです。生活、生き方、何もかもが軍のコントロール下でした。自分の畑から芋一つ採ることさえ軍に見つかったら罰されるような時代です。そういう状況下にあるにも関わらず軍命があったかなかったとか言うこと自体、馬鹿馬鹿しい。同じ離島でも、日本軍がいなかったところは『集団自決』は起きていないのだから」

＊

姉の安枝さんも「日本はまた戦《いくさ》するかもわからない。だから、そうならないよう子どもたちには、あったことを、きちんと教えないといけないですよ。教育は重要です」と話す。

「私たちは、神の国は負けないという教育を受け、日本は負けるはずはないと安心していた。でも、あんな大きなアメリカと戦争して勝つわけがないですよ。もしあのとき勝っていたら、本当に日本の国民が幸せになっていたかどうかはわからないですけど」

夫は中国で戦死。安枝さんは中村貞勇さんと再婚した。貞勇さんも再婚。無事復員したが、待っているはずの家族は八人全員「集団自決」していた。阿佐道にある日本軍の整備中隊の壕・通称「大和馬《やまとぅんま》の壕」で「集団自決」したのだ。

一九五四年に二人の間に授かった則男さんは、小さい頃から「うちにはなんでこんなにトートーメー（位牌）が多いのか」と不思議に思っていたという。少しずつ理解していったのは隣に住む本家のおじ貞光さんの存在が大きかった。則男さんが成長するにつれ、少しずつ体験を話してくれるようになった。

一六人が死亡した壕で、おじはただ一人、重傷を負いながら生き伸びた。

教科書検定問題は、体験者はもちろん、体験者を父母らに持つ世代の怒りもかきたてた。則男さんも黙っていては教科書の書き換えを許すことになるという思いでメディアでも発言した。文科省が教科書に載せようとしていることは、自分が聞いてきたことと全く違う。父は二〇〇九年一月に他界した。戦争の話はほとんどしなかったが、晩年、一度だけ、「あんな苦い経験は、自分らの世代だけでいい」とポツリもらしたという。

●大和馬の壕で

「大和馬《やまとぅんま》の壕」は整備中隊の壕の通称で、二つを総合してこう呼ばれていた。整備中隊は、海上挺進基地第一大隊に所属、特攻艇マルレの秘匿壕を作るため配備されていた部隊だ。

大和馬は阿佐の阿護之浦湾沿いの一帯の呼び名で、ヤマトからの馬を陸揚げしたことから付いた。座間味から阿佐へ行くアスファルトの道を左に折れ、島バナナとパパイヤの農園を突っ切り、さらに樹林帯に入って、一〇分近く倒木や斜面と格闘すると、少し開けた平地に出る。その左手に、大人の背丈ほどの壕がぽっかりと口を空けている。大和馬の壕のうち、現在残っているのはこちらだけ。軍の食糧庫だったという。この壕でも住民一五人が「集団自決」した。

中村則男さんの祖父らが亡くなった壕はここから二〇メートルほど下方にあり、武器庫に使われていた。いまは落盤してしまっている。ここで、住民や日本兵が「集団自決」直後の惨状を目撃している。山城功さんもその一人。「あのときの、坊やの泣き声が耳に焼き付いて離れない」という。

功さんは当時一一歳。二つ上の姉、千代枝さんとおばのヨシさんと壕までたどりついた。日本兵約一〇人も一緒だった。米軍上陸後、本部壕に逃れ、戦隊の副官に手榴弾で死ぬよう促されたが、千代枝さんが猛反対したことで、代わりに日本兵を道案内することになった。

先に壕に入った日本兵が、壕の中に並んで亡くなっている遺体を見つけた。家族を並べて最後に「自決」したのか、一番年かさの男性が、銃の引き金を引いた格好で亡くなっていた。

功さんらとここにきた元日本兵の関根清さん（故人）の体験記『血塗られた珊瑚礁』（一九八一年刊）には、そのときの模様がこのように描写されている。

母親の胸にかじりついている幼い女の児は、はだけた母の乳房を、小さな紅葉の花のような掌でしっかりとつかんでいる。その母親は、己の膝をモンペの上から藁なわでしばり、のどをついたのであろう、首下から多量の血が流れたのか、まだその血も乾いてはいず、生々しいものでした。死体の、その多くは幼い子供達でした。そのほとんどが銃で撃たれていたらしく、なかには苦しんでいるのを誰かが転がっているハンマーか何かで叩いたのであろう、顔の半面が砕けていたのです。その一人ひとりの顔には、それでも恐怖の色も現わしておらず、言い含められたのであろう、年少の者達の顔には、何の恐れの色もなく、死んでいたのでした。

しばらくすると、奥のほうから泣き声がした。男の子だった。兄が付き添っていた。千代枝さんの同級生の貞光さんだった。六歳の弟は足に重傷を負って、「痛いよう」と泣いていた。貞光さんもおなかに大きな傷を負っていた。意識を失っていた二人が、功さんたちが入ってきたことで意識を取り戻したようだった。貞光さんの双子の貞夫さんは、水桶にもたれるように亡くなっていた。

男の子は破傷風にかかり、うわごとを言って苦しみ続けた。

「兵隊さんが注射を打って眠らせたんです。早く米軍に見つかっていたら、この子も助かっていたかもしれない……」

功さんはいま宜野湾市に住んでいる。妻は宮里盛秀さんの二女、美枝子さんだ。夫婦の間でこれまで戦争のことはあまり話題にしたことはなかった。妻を案じてのこともちろんあるが、功さん自身も、男の子の泣き声とともに、このときの情景がまざまざと蘇り、眠れなくなってしまうのだという。

なお、貞光さんはその後、ヨシさんらの通報で親戚に助け出され、奇跡的に一命をとりとめた。

＊

功さん、千代枝さんのいとこ文子さんは、食糧庫だったほうの大和馬の壕で「集団自決」の現場に遭遇している。戦後、宮村幸延さんと結婚する文子さんだ。もともと文子さんは功さんたちと一緒に古座間味の通信隊壕に避難、米軍上陸を目前にして、通信隊が最後の打電後に通信機を破壊する様子なども目撃した。しかしその後、米軍の上陸で銃弾の中を逃げているうち一人はぐれてしまった。

はぐれたときは大和馬の壕で落ち合う約束をしていた。文子さんは山道を迂回したり夜の海を泳いでおぼれそうになりながら、目的の壕に向かった。途中、幼い子どもの遺体を見、塹壕掘りの米兵と至近で出くわし、日本兵が秘密裏に特攻艇マルレを焼いているのを目撃した。

米軍の上陸から三日余りが過ぎていた。入口に毛布をかけた壕を見つけ、「かあちゃん」と呼び掛けると「お前は誰だ」と、中から男の声がした。母ヨシさんや功さん、千代枝さんが、わずか二〇メートル先の壕にいるとは知る由もなく、文子さんは壕の中にはいっていった。

暗闇に少しずつ目が慣れてくると、人々が寝ていて、上に毛布がかぶせられているのがわかった。「踏まないよう気をつけたが端を踏んでしまい、感触で、死体だと気がついた」と文子さん。奥には男が数人しゃがんでいる。親せきのおじと年配の男性、糸満の海人、朝鮮人軍夫だった。おじと年配の男性は家族に手をかけ、自分たちは死にきれずにいたのだ。サバニ（小船）を係留するひもを使ったということだった。

四月一日朝、阿護の浦に米軍の艦船がびっしり入り込んでいたのを見た文子さんは、男たちに逃げようと促した。しかし、おじは「自分も後から行くと息子と約束した」と動こうとしない。「これを食べてお母さんに会ってから死になさい」と文子さんに黒砂糖を渡すと、自分は、壕の天井の杭木にかけたひもを自分の首に巻き付け、老人に早く引っ張ってくれと懇願した。おじは家族の後を追い、結局この壕では一五人が死亡した。

投降許されず

座間味島北部、阿佐のユヒナの海岸。右手の切り立った崖に、黒々と穴があいている。最も多いときは一五〇人がひしめいていたというトゥールーガマだ。トゥールー（通る）の名のとおり、通り抜けられるような自然の穴が入口の反対側にも開いている。当時は目の前の海を、米軍の艦船が埋めていたという。中に入ると、息を殺していた人々の体温が伝わってくるような錯覚を覚える。

▲…300 人が避難したヌンドゥルーガマ

さらにここから三〇分ほど海岸線を歩いたところにヌンドゥルーガマがある。干潮でなければ行くのは難しい。しかし当時住民たちは例え満潮でも夜、肩まで海水につかりユヒナまで往復したという。ヌンドゥルーガマには水がないため、煮炊きするにはそこまで行かねばならなかった。

切り立つ崖の中腹。ヌンドゥルーガマの入口は当時と同様、生い茂るアダンの木に覆われている。打ち寄せる波の音。渡名喜島や久米島の島影をのぞむこの小さな入り江にも、米艦船の姿が絶える日はなかった。オーバーハング状の崖をよじ登り、山道を選んで食糧を探しに行った人たちもいるという。崖から落ちて亡くなった人、岩場やサンゴで大けがをした人がいるというのも頷ける難所だ。ガマの奥へは中腰で進む。それだけで息苦しくなる。このガマに最も多い時は三〇〇人が入っていたという。

＊

高江洲《たかえす》敏子さんは、当時一四歳だった。空襲が始まってまもなくヌンドゥルーガマへ逃れた。高江洲さんの旧姓は宮平。兄の妻が、座間味から嫁いできた、助役盛秀さんの妹、春子さんだ。

ガマには最初、阿佐の人しかいなかったが、だんだん座間味から逃れた人が増え、そのたびに敏子さんたちは奥のほうに押し込まれる格好になった。寝る時も座ったままの態勢で身動きできなかった。

目の前の海には米軍艦。食べ物はない。排泄もガマの中。人々の気持ちはささくれだっていく。敏子さんの生後二か月の妹と、座間味から来た赤ちゃんの二人が大声で泣き出した。「殺せ」という声が上がった。

「母は一人、妹を抱いて出ていき、別の壕にいたこともありました」

敏子さんは「当時はみな、自分のことしか考えられない状況だったんですよね」と振り返る。

座間味と山を隔てた阿佐の集落まで、米軍上陸前夜の「忠魂碑へ」という伝令は届かなかった。一〇・一〇空襲ではカツオ船英泉丸が撃沈されるなどの被害が出たが、三月二三日以降の空襲では民家に大きな被害はでなかった。しかし、おののいた住民たちは山裾の家族壕を捨て、ヌンドゥルーガマなどでの避難生活に入った。

当時一五歳だった平田文雄さんの家族五人はまずトゥールーガマに身を寄せた。ところが、二、三日してから「集団自決」を生き延びた座間味の人たちが阿佐に逃れてきた。文雄さんの家族はさらに奥のヌンドゥルーガマにむかったが、ここも徐々に人が増え、再びトゥールーガマに戻る。そのあとはチシやウタハなどの壕を転々とした。阿佐の区長だった父長太郎さんが、「梅澤隊長は住民にどうしろともいわずに逃げ回っている」などと批判的なことを言ったとして、日本兵が「殺す」と、つけ狙っていたからだった。のちに一家は捕虜になるが、この日本兵が民間人の格好をして投降するのを見た長太郎さんは、思わず飛びかかろうとしたという。

一九四四年九月に日本軍が上陸し、特攻艇の秘密基地づくりが始まってから、渡航の自由すらなくなった。文雄さんは嘉手納町にある県立農林学校に通っていたが、一〇・一〇空襲で学校が焼け、阿佐の家に戻った。実は「密航」のようなかたちでの帰郷だった。日本軍は、住民の出入りを厳しくチェックしていたため、長太郎さんらが一計を案じた。カツオ船の乗務員だった文雄さんのいとこが那覇の港で文雄さんを船底に招き入れた。船底で息を殺し、座間味港に投錨した船から、夜、天馬船でこっそり陸へ降りたという。

米軍上陸後、住民に対する目はさらに厳しくなった。四月一一日に梅澤戦隊長が足を負傷して以降、島の日本軍は各隊独自に動き、組織的には崩壊していた。住民の投降を恐れる日本兵はユヒナのガマにも出入りして、睨みをきかせていた。

ヌンドゥルーガマに阿佐の住人、上原武造さんがやってきたのは四月も半ばを過ぎてのことだった。武造さんは当時六〇歳くらい。屋号から「マチガー小《ぐゎ》のおじい」と言われていた。当時すでに阿真の集落は住民の収容所となっていた。早くに捕虜になった武造さんは、米軍の許可を得て「アメリカーは人を殺さない。食べ物もたくさんある」と呼び掛けにきたのだった。ところが、武造さんは阿真に戻る前、阿佐の自宅にいったん戻って休んでいるところを、つけてきた日本兵に斬り殺された。スパイの疑いだった。

戦後しばらく、この家の仏壇の前には、大量の血が飛び散ったままだったという。

＊

同じ阿佐の石川重義さんもスパイ容疑で殺された。沖の米艦船からはいつも英語が聞こえていた。ある日、高江洲敏子さんは母と阿佐まで食糧さがしに行く途中、石川さんに会った。

「おばさん、アメリカーたちは、住民は殺さないから出てきなさいと呼びかけていますよ。早く出て行ったほうがいいですよ」

ほかの住民にもそう話していたようだった。平田文雄さんの家族も、隠れていた小さなガマに石川さんがきたことから、投降しようということになったという。

石川さんは、自分自身、投降するため出ていこうとして、後から日本兵に撃ち殺された。石川さんは師範学校を卒業後、沖縄本島で教員をしていたが、戦前、島に戻っていた。近所の子どもたちには「先生おじさん」と慕われていた。

さらに、ヌンドゥルーガマやトゥールーガマでは、こんなうわさが流れていた。村の女性たちが米軍につかまり、強姦されて殺され、遺体が木に吊るされていた――。

米軍上陸に伴い、海上挺進第一戦隊の第三中隊の壕で傷病兵の世話をし、その後山に逃げた宮里育江さんらのことだった。

育江さんは山中、再び傷病兵を看護し、看とりながら、再び山中をさまよい、ユヒナにたどりついた。生き残ったのは自分たちだけではないかと思っていたので、壕にひしめく人たちを見て驚き、再会を喜び合った。

「ところが一人のおばさんが、『あんたたち、生きていたの?』と。私たちがアメリカーに殺され、木に吊るされていたと、兵隊から聞かされたそうです」

住民の投降を阻止するため、育江さんたちは米軍に惨殺されたことになっていた。

＊

一方、六月八日、島の「最高指揮官」だった海上挺進第一戦隊戦隊長の梅澤さんが山を降り、米軍に投降した。傍らには女性がいた。「慰安婦」として島に連れてこられた七人の朝鮮人女性のリーダー格だったという。

米軍の舟艇で梅澤さんらは阿佐の海岸に着いた。捕虜になった住民が遠巻きにしていた。平田文雄さんは「隊長は舟艇にちょっとうつむいた感じで座っていた」と思い起こす。

宮城恒彦さんは、住民が「よくもおめおめと今ごろ……」とジープに乗せられた梅澤さんに石を投げつけ、米軍に制止される場面を見た。同級生の中村一男さんは、朝鮮人軍夫が「お前らがいたから日本は負けたんだ」と罵声を浴びせるのを見た。

梅澤さんは米軍の捕虜になったあと、阿嘉島の山中にたてこもる海上挺進第二戦隊の野田義彦隊長に対する、投降勧告にも行っている。

ひとりのいのちは重くかけがえのないものだ。しかし一方で、住民の投降を許さなかった駐留日本軍のトップ梅澤さんの身の処し方を、島の人たちが冷ややかに見ていることも確かだ。多数の住民が「集団自決」し、大勢の部下が斬り込みを命じられて戦死した。なのに自分は生き「恥」をさらし、なおもいま、責任はなかったと裁判まで起こしている。

助役盛秀さんの妹・宮平春子さんは「普通なら腹を切っている」とあきれるように言ったが、この発言は島の体験者の最大公約数といっていい。

b 渡嘉敷の「集団自決」

●――軍命で一か所に

かつて渡嘉敷島一帯は「前慶良間《めーぎらま》」、その奥にある座間味島や阿嘉島は「後慶良間《くしけらま》」と呼ばれた。那覇から高速艇で三五分、距離にして三〇キロの渡嘉敷島は、慶良間諸島でもっとも本島に近い有人島で、最大の島だ。面積は座間味島の倍以上の一五・二平方キロメートル。そのほとんどが山地だ。船が発着するのは村役場などが置かれる渡嘉敷村字渡嘉敷。この島もダイビングやホエールウォッチングなど観光がメインの産業だが、ビーチを有し、民宿やペンションが立ち並ぶ阿波連集落と比べると、ここは、静かなたずまいを見せている。

「はじめに」で述べたように、この集落を見下ろす山中に、小嶺正雄さんが手作りの看板を立てたのは「集団自決」をめぐり、軍の強制などの記述が教科書検定で消し去られ、沖縄じゅうで抗議の嵐が吹き荒れた二〇〇七年のことだった。

一九四五年三月二八日、渡嘉敷島で「集団自決」が起き、三二九人が亡くなった。当時の島の人口の約四分の一にあたる。分散したかたちで人びとが亡くなった座間味島と違い、渡嘉敷島では軍の陣地近くに

▲…小嶺正雄さんと、1人で掘った壕（2008年2月）

住民が集められ「集団自決」が起きた。正雄さんは看板に「昭和二〇年三月二八日を忘れるな」と記した。

「できれば語りたくない、思いだしたくない。でも、孫や子に本当のことを語り継いでいかなくてはなりませんから」と正雄さん。

看板の傍らには壕が口をあけている。当時一五歳だった正雄さんが五か月あまりかけて掘った。大人四、五人がしゃがんで入れるくらいの広さがある。出入り口付近には当時の茶わんや、日本兵にもらったというサイダーのビンがそのまま残っていた。

すぐ近くに湧き水「ガディカルガーラ」があったため、周辺にはいくつもの民間壕が掘られていたが、いま確認できるのはここだけだ。正雄さんは二〇〇五年、偶然、山に入って自分の壕を発見した。「そのまま用事も忘れて、半日くらいそこに座っていた」という。

一九四四年の一〇・一〇空襲で、渡嘉敷島でも、軍に接収されたカツオ運搬船などが撃沈された。戦争の気配が小さな島にも忍び寄ってきた。父は幼いころに他界していたので、自分が家族を守らねばという一心で、壕を掘った。

島には一〇・一〇空襲の一か月前から日本軍が駐屯をはじめていた。赤松嘉次戦隊長率いる「海の特攻隊」陸軍海上挺進第三戦隊や、戦隊が乗り込む特攻艇の秘匿壕などを掘る基地大隊などだ。正雄さんの家にも日本兵が分宿し、渡嘉志久や阿波連まで、壕掘りに駆り出された。作業を終えると、軍の壕掘りで覚えた要領で、暗くなるまで一人、家族用の壕を掘り進めた。道具は小さな鍬だけだった。

一九四五年三月二三日、米軍の空襲がはじまった。正雄さんは祖母、弟、おば、二歳の甥の五人で壕に入った。むずかる甥をあやしては、決死の思いで壕から這いずり出て「偵察」した。操縦桿を握る米兵の顔まではっきり見えた。

集落は炎に包まれていた。軍の基地は渡嘉敷集落にはなかったが、米軍は容赦なく民間の家々も焼き払った。自分の家が焼けおちるさまを正雄さんは泣きながら見ていたという。かつて唐への進貢船の船頭だった島屈指の名家である。立派な石垣、文化財的価値のある異国の品々。すべてが灰燼に帰してしまった。

＊

三月二七日、米軍は阿波連、渡嘉志久の海岸から上陸した。日本軍は特攻艇を自ら破壊、一艇も出撃させることもないまま、南北に細長い渡嘉敷島の北方、北山《にしやま》の本部壕に退却した。各地の壕に避難している住民たちに、防衛隊員や巡査を通じ、北山に集まるよう軍命が伝えられたのはその夜だった。「年をとったモノ知りのおばあちゃんが、『北山にいったら、命助かるよー』といっていたのを覚えています」と正雄さん。

ガティガルガーラ周辺の壕にいた正雄さんら住民は米軍の攻撃が激しさを増すなか、山の裏側、イチャジチに避難場所を変えていた。山裾には住民たちの壕や避難小屋があった。そこにやってきた防衛隊員のおじが、雑のうから手榴弾を取り出し、住民たちに配りはじめた。

「もらえるのは一七歳以上の男性でした。おじさんが、私を一七歳以上と勘違いしたのか、落としたのか、わざとだったのかわかりません。よく見たら、草むらに手榴弾が二つ落ちていたんです。拾ってズボンの両側のポケットに一つずつ入れました」

土砂降りの夜だった。照明弾が時おり不気味な光の弧を描くなか、お年寄りも妊婦も幼い子供たちも列をなし、急な山道を必死で登っていった。たどりついたのは北山陣地の裏手、フィジガーといわれる谷間。北山は島でも最も格式の高い拝所「北御嶽」がある聖なる地だった。

正雄さんがついた頃には、もう大勢の人たちが集まっていた。「阿波連（の人たち）がまだ来ていない」という声が聞こえた。夜が明けると、雨も降り止んだ。濡れた着物を脱ぎ、晴れ着に着かえている人たちの姿も目に入った。

「死に支度ですよ。これを見た時は、もう……。どうしても死ぬつもりかなあと思って。でも、したがっていかなくてはいけないような状況なんです」

正雄さんはそう振り返る。

わけあって別々に暮らしていた母と妹ともそこで再会した。ひしめく人々をかき分け、やっと息子たちを探し当てた母は、正雄さんや弟を抱きしめ、「あんたたちは、これからどんなことでもできよったのに、きょうでお終いだよー」と号泣した。

正雄さんたちは二〇人あまりで輪になった。手榴弾は正雄さんが持っていた二つと、防衛隊員のおじの持っていた二つ。あわせて四つあったが、すべてが不発だった。

近くで手榴弾か米軍の迫撃砲が炸裂し、爆風で地面にたたきつけられた。這い上がろうとして頭を上げると、折り重なって血を流す人々の姿が目に飛び込んできた。

「パニック状態になって斜面の下のほうに下っていったんですが、そこで夢から覚めたようになって、母を追ってまた登りはじめました。あー、その時は……。死体も踏んで、かき分けるような状態で。女性が多かった。二つ上の阿波連の女性が『水くれくれ』してね。でも容器も何もなくて……」

正雄さんは、あのとき水を飲ませていたら彼女は助かっていたかもしれないと、いまも自責の念にとらわれるという。

＊

「村長の天皇陛下万歳の後、あちらこちらで手榴弾が爆発し、瀕死の叫びがあちこちで聞こえました」

九・二九県民大会で、吉川嘉勝さんは、渡嘉敷島の体験者を代表してこう証言した。役場の職員だった兄の勇助さんは村長のすぐ横に控えていて、軍の陣地のほうからきた防衛隊員が、村長に何か耳打ちしたあと、村長が集まった人々に「号令」をかけたことを大江・岩波裁判の陳述書で明らかにした。

▲…体験を語る吉川嘉勝さん（2009 年 3 月 28 日）

国民学校入学を間近に控えた嘉勝さんは非常食の鰹節や黒砂糖を入れたランドセルを背負って、一六歳上の姉の背におぶわれて北山に行った。小さな小枝を頼りに急斜面をよじのぼる。枝が折れたらこのまま落ちてしまうとヒヤヒヤしたという。

八人家族が親族あわせて二〇人ほどで円陣を組み、防衛隊員の義兄と勇助さんが手榴弾を爆破させるのを待った。嘉勝さんは背中が温かかったのを覚えている。「おそらく母にだっこされていたのでしょう」

バーンという爆発音が周囲に聞こえた。手榴弾はなかなか爆発しなかった。勇助さんは旧式のタイプと新型のものを両方試みたが、不発だった。周辺ではバーンという音がする。周辺では地獄絵図がはじまっていた。が、そのとき、いとこの信秀さんが息子をおんぶして立ちあがるのが見えた。母のウシさんがウチナーグチで叫んだ。

「あれ、信秀兄さんは、信坊をおんぶしてるよ。そうだ、人間は生きられるうちは生きるものだ。勇助、その手榴弾を捨てなさい。みんな立って」

気圧されるように、家族は立ち上がった。

嘉勝さん家族のように生きる判断をした人たちがいる一方で、さらに死へと向かっていく人たちもいた。手榴弾のほとんどが不発だったことが、人々をさらに追い詰めていった。山で家族の避難場所を作るために持参したナタやカマが凶器になった。金城重明さんは、著書『「集団自決」を心に刻んで』（高文研）でこう書いている。

死に取りつかれた異常心理と混乱の中で、人々は右往左往しました。その時、多くの人々は他の場所へ避難したようですが、私どもはそのことを全く知りませんでした。

どれほど時間がたったかわかりません。突然、私の目に一つの異様な光景が飛び込んできました。一人の中年の男性が、一本の小枝をへし折っているのです。私はいぶかりながら目を凝らしました。男性はついに小枝をへし折りました。そしてその小木が彼の手に握られるや否や、それは〝凶器〟へと変わったのです。彼は、自分の愛する妻子を狂ったように殴殺し始めました。この世で目撃したことのない、いや想像したことさえない惨劇が、私の眼前に出現したのです。

以心伝心で、私ども住民は、愛する肉親に手をかけました。

金城さんと同じ阿波連集落の大城政連《せいれん》さんは当時一二歳だった。母と姉、弟二人と北山へたどりついた。南洋ポナペ生まれ。父は現地で徴用され、残りの一家は二年前、引揚船で島に戻っていた。男手のない母は実兄であるおじに「私たちを殺して」と懇願した。

「おじさんがそこに寝なさいといって、私たちは斜面にうつぶせになりました」

太い棒で後頭部を二度ほど殴られ、気を失った。目が覚めると暗かった。無性に水がほしくなり這うようにして谷に降りて行った。川の水はおそらく血の色に染まっていたはずだ。さらに、米軍の迫撃砲が飛んできた。破片が右太ももに刺さり、身動きもとれなくなった。

その後、米軍がやってきた。日系人の兵士だったのか、「タスケテアゲル」と声がした。死んだふりをしていたが、抱き上げられた。座間味島の救護所まで舟艇で運ばれた。

まだ四歳だった下の弟の邦夫ちゃんは「玉砕場」で息絶えた。おじは政連さん家族と自分の家族がみな死亡したと思ったのだろう。首を吊って亡くなった。「自分は子どもだったから、自決の命令があったかどうかとかはわからない。ただついていくしかなかったんです。もう絶対に戦争はいやです」と政連さんはいう。

一九四五年四月二日付のロスアンゼルス・タイムス紙にはAP電として、次のような記事が掲載された。ここで何が起きたのか、米軍の従軍記者がレポートした。「集団自決跡地」の碑のすぐ後ろにあるプレートにも、この記事が刻まれている。

最初に現場に到着した哨戒隊に同行した、ニューヨーク市在住の陸軍撮影兵アレキサンダー・ロバーツ伍長は「いままでに目にしたものの中で最も悲惨」と現場の様子を表現した。「我々は島の北端に向かうきつい坂道を登り、その夜は露営した。闇の中に恐ろしい叫びや泣き声うめき声が聞こえ、それは早朝まで続いた」と彼は語った。

「明るくなってから、悲鳴の正体を調べに行くために二人の偵察兵が出ていった。彼らは二人とも撃たれた。その少し前、私は六か所八か所で手榴弾が炸裂し炎が上がっているのを見た。開けた場所に出ると、そこは死体あるいは瀕死となった日本人で埋めつくされていた。足の踏み場も無いほどに密集して人々が倒れていた。」

「ボロボロになった服を引き裂いた布はしで首を絞められている女性や子供が少なくとも四〇人はいた。聞こえてくる唯一の音は怪我をしていながら死にきれない幼い子が発するものだった。人々は全部で二〇〇人近くはいた。」

「細いロープを首に巻きつけ、ロープの先を小さな木に結びつけて自分の首を絞めた女性がいた。彼女は足を地面につけたまま前に体を倒し窒息死するまで首の回りのロープを強く引っ張ったのだ。彼女の全家族と思われる人々が彼女の前の地面に横たわっており、皆、首を絞められ、各々汚れた布団が掛けられていた。」

さらに先には手榴弾で自殺した人々が何十人もおり、地面には不発の手榴弾が転がっていた。

「後頭部に大きなV字型の深傷を負った小さな男の子が歩き回っているのを見た。あの子は生きてはいけない、いまにもショック死するだろう、と軍医は言った。本当にひどかった。」

〔中略〕

軍医達は死にかけてる人々にモルヒネを注射して痛みを和らげていた、とロバーツ伍長は語った。

質問に答えられるまでに回復した日本人達は米国人は女は暴行、拷問し男は殺してしまうと日本兵が言ったのだと通訳に話した。彼らは、米国人が医療手当をし、食料避難所を与えてくれた事に驚いていた。

自分の娘を絞め殺したある老人は、他の女性が危害を加えられず親切な扱いを受けているのを見て悔恨の情にさいなまれていた。

●――玉砕場から脱して

日本軍の陣地に向け、米軍は迫撃弾や艦砲を集中的に撃ち込んだ。砲弾の雨は、その背後の住民たちにも降り注ぐかたちになった。吉川嘉勝さんらの一家は、「玉砕場」を脱したのもつかの間、父、次良さんが頭部に砲弾の直撃を受けて即死する。

「うーん。とうなって、一瞬のことでした。次女の姉さんが『お父さん、お父さん』と身体を揺さぶりましたが、全く反応がなかった。すぐ後ろで三女の姉さんが血だらけになっていました。本人は無傷でしたが、父の血を全身に浴びたんです」と嘉勝さん。

父を葬るいとまはなかった。家族は山中をひたすら逃げた。ひと心地ついたとき、血だらけの姉が突然「父さんはどこ?」と言い出した。あまりにショッキングな出来事の連続だったからか、この間の記憶が吹き飛んでしまったようだった。

次良さんが倒れる瞬間を目撃していた人がいる。当時二二歳の池原利江子さんだ。嘉勝さんたちの集団のすぐ後ろにいた。しかし、自分のことで精いっぱいだった。足の悪い母をおぶって逃げまどううち、いつしか別の集団の後にくっついていた。そしてそのまま、赤松隊の本部壕付近までなだれこんだ。しかし、助けを求める人々を、日本軍は門前払いした。将校が抜刀し、「ここは住民が来るところじゃない。騒いだら斬る」と威嚇した。

逃げ場を失った人々はヒータティヤーに追い詰められ、再び死へと逆走をしはじめた。そこはほとんどさえぎるものもない平地。唐からの進貢船の帰還をいちはやく首里の琉球王府に伝えるため、烽火《のろし》を上げた場所だった。米軍の砲弾も着弾し、犠牲が広がった。利江子さんのいとこもこのとき亡くなった。

＊

地元では最初に人々が集められた谷間を「第一玉砕場」、このヒータティヤーを「第二玉砕場」と呼んでいる。いまは国立青年の家のグラウンドがあるあたりだ。

この第二玉砕場でさらなる住民の死を目撃した利江子さんは、教科書検定の結果が公表された直後、初めて不特定多数の前で当時の体験を口にした。那覇で二〇〇七年四月六日に開かれた緊急集会。発言の予定もなく参加したが、「軍の命令だと確かに聞いた」事実を訴えずにおれなかった。

利江子さんは一九四五年三月二七日夜、イジャジチの壕で、防衛隊員が「軍の本部に集まるように」叫んでいるのを聞いた。軍が助けてくれるのだろうと思い、鰹ぶしなどの非常食や貴重品を持てるだけ持ち、途中からは母を背負い、ぬかるんだ急斜面を登った。

▲…渡嘉敷島の北山にある慰霊碑

北山にたどりつくと、父方、母方の親せきがいっぱいいた。おじが「こんな斜面で死んだら谷底に落ちてしまう」といって場所を移動するよう家族に声をかけていた。五歳下の弟はいつの間にか手榴弾を持っていた。しかし手榴弾は何度たたいても爆発しなかった。

女子青年団員の利江子さんは、軍の炊事係や特攻艇の秘匿壕掘りに駆り出されていた。そんななか、日本兵に、「捕虜にされたら女はおもちゃにされ、男は首切られる」などと聞かされていた。「ふだんから、生き残ったら大変だという意識を植え付けられていた」と利江子さん。

「その後どう逃げ回ったのか。でも、地理がよくわからないから、ちょうど、くるくる回っていて、最後はもとの玉砕場の下に出ていたんです。夜だったからわからなかったんですが、水を飲んだら臭いんです」

翌朝見ると川の水は濁り、どす黒い血の塊もあった。上に向かって登っていくと、死体が累々としていた。

そこで利江子さんは思いがけない体験をする。誰かが自分を呼んでいた。親せきのおばさんだった。ほかにも息がある人がいた。またいとこ、それに、同級生のハツ子さんだった。後に分かったことだが、米軍はけが人を保護し、生存の見込みのない重症者は、モルヒネを打って半身を土に埋めたのだという。三人ともそれぞれ重傷を負っていたが「私たちは生きてるよ。でも動けない。水がほしい」と虫の息で訴えた。

「山を下っていくと、兵器係をしていた防衛隊員がいたもんだから、わけを話すと避難小屋から雨戸を持ってきてくれました。三人を順番に雨戸に乗せて、下までおろしたんです。あー、あの哀れは……。二度と戦争は起こしてほしくない。赤松隊長の弟は、兄さんの無実晴らすというけど、当時の渡嘉敷の事情、何も知らないでしょう？　それなのに……。本当に腹立たしい」

三人のうち二人は数日後に息を引き取った。ハツ子さんは健在だ。教科書問題が起きる直前の二〇〇七年三月、ふくらはぎや足の甲の生々しい傷跡を見せてもらったことがある。頭部にも深い傷跡が残っているということだった。

＊

犠牲者は子どもが多かった。九歳以下の子どもだけでも九〇人あまり。北村登美さんは「子連れの女性がたくさん亡くなりました。一家全滅した家もありました」という。

登美さんは当時三四歳。夫は出征し、義母と四人の子どもを連れて北山に行った。そして長女の恒子さん（八歳）と二女の則子さん（五歳）が命を落とした。

空襲がはじまってからは四人の子どもと義母を連れ、親せきの二家族と一緒に住民壕に避難していた。しかしそこにも危険が迫り、ウンナガーラに逃れた。そこではもう北山への移動は既定路線になっていた。情報源はわからない。だが、「行けと言われたら行かざるをえない。言われるままに行動するしかなかった」という。夫不在の家を守る女性たちは、ある種、指揮伝達系統から最も遠い末端部だった。

「避難場所は上等だからと思って行きました。向こうに行ったら安心と思って。それが逆になってしまったんです」

北山のフィジガーの谷間。手榴弾のない登美さん家族は親せきの輪に加わった。登美さんは一歳の三女を抱いていた。天皇陛下万歳の三唱。登美さんも唱和した。そして、バーン、バーンとあちこちで手榴弾の炸裂音。

気がつくと傍らにいた長女の恒子さんが倒れていた。即死だった。

義母は両腕にけがが、義母が抱いた長男の盛武さんも尻にけがをしていた。二女の則子さんの足のけがは最も重かった。

「生きていいのか、死んでいいのか。わからなくなった」と登美さん。

そのとき、動くこともできないほど重傷を負ったおじが、「逃げなさい、逃げなさい」と叫んだ。その言葉に背中を押され、登美さんは、大怪我をした則子さんを抱いて斜面をかけあがった。

米軍の気配に始終おびえながら、山中をさまよった。則子さんは幼心にもそれを察するのか、「米軍きたよー。則ちゃんは一人でいておくから、逃げて」と家族の身を案じた。治療する薬もなかった。則子さんの傷は悪化し、食事も受け付けなくなっていった。二週間後、則子さんは息を引き取った。

＊

二〇〇七年九月二九日の県民大会。開会前の会場入り口で、沖縄タイムスが、別刷り八ページの県民大会特集号を配布していた。手にした人なら、このときのフロント面は忘れられないのではないかと思う。紙面を縁取るように並べられた「集団自決」体験者と犠牲者の写真。その中央に五段分はあろうかというサイズで登美さんの写真がレイアウトされている。このとき九七歳。登美さん直筆の、すべてひらがなの琉歌が添えてあった。

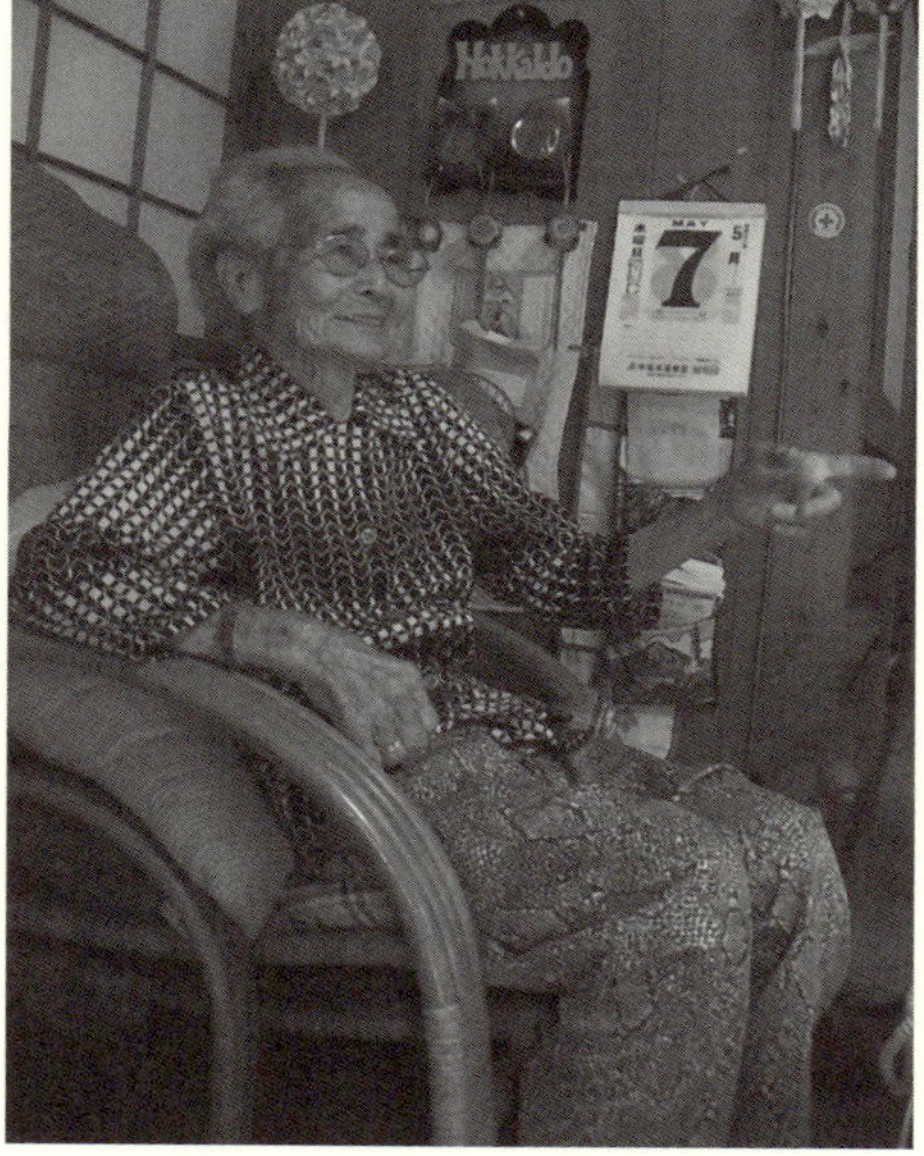
▲…北村登美さん（2009年5月）

わしていわしらわん
いくさゆにあわり
うみなしぐぁしがた
みむめさがてぃ
いくさゆぬあわり
うまんちゅにかたてぃ
またとぅあぬいくさ

ねらんぐとぅに
へいわにがら
（忘れようとしても忘れられない
沖縄戦の苦しみ
私の子どもたちの姿が
目の前に浮かぶ
沖縄戦の苦しみ
御万人《うまんちゅ》＝皆＝に語って
再びあの戦争が
起こらないように
平和な世界を願う）

登美さんは琉歌をよくたしなむ。長男の盛武さんと妻、米子さんによると、大会前、このうたを一晩で書きあげたという。一文字一文字に登美さんの万感の思いがこめられていた。

「あんな戦争、誰が好きこのんでやったのか。教科書から日本軍の強制が消されたのは間違っている」というコメントもあわせて紹介されていた。

●――スパイとして処刑

渡嘉敷島の住民の受難は、「集団自決」の後もなお続いた。

梅澤戦隊長の負傷以降、指揮系統が乱れ、四月中にはほとんどの住民が米軍の捕虜になった座間味島と違い、渡嘉敷島の住民は八月まで投降もできず、かつて民間壕などあったウンナガーラなどで避難生活をよぎなくされた。赤松戦隊長をトップとする駐留日本軍は、住民の犠牲とは対照的に、組織的に生き残っていたからだ。赤松戦隊長ら将校は本部壕にこもったまま、住民への監視を強めていった。十数人の無辜の住民がスパイの嫌疑をかけられ、虐殺された。「『集団自決』のあとは、日本兵のほうが怖くなった」と小嶺正雄さんはいう。

北村登美さんは「玉砕場」を脱出したあと、山で日本軍の斥候（見張りの兵隊）を見つけ、とっさに死んだふりをしたことがある。大怪我をして水をほしがる二女、則子さんのため山中を探し回っていたときのことだ。登美さんの親族の女性は、玉砕場を逃れてまもなく、山をさまよっているうちに、斥候に撃ち殺されてしまった。「山を降りて捕虜になると思われたのではないか」と登美さんはいう。

特に食糧確保はネックで、軍は厳しく統制した。渡嘉敷村の「慶良間戦況報告書」には「間もなく赤松隊長からの命令が伝達された。我々軍隊は島に残って凡ゆる食料を確保し自給体制を整へ上陸軍と一戦を交えねばならぬ。事態はこの島に住むすべての人間に死を要求していると主張し、住民に家畜屠殺禁止の隊長命令が出され違反者は銃殺といふ厳しい示達である。直ちに住民監視の前哨線が設けられT少尉（報告書では実名」がその任についた」とある。

「座間味盛和兄さんが殺されたのもこのためだったんです。海岸でT少尉に見つかり殺されました。スパイをしていると決めつけられて」

村の先輩が犠牲になった池原利江子さんは、そう憤る。

五月に入ると軍は住民がわずかに蓄えた非常食料の供出を強要した。栄養失調の住民が続出。住民たちはソテツの根っこでかろうじていのちをつなぐしかなかった。マラリアも流行した。

＊

このころ、座間味島から二人の少年が島に戻ってきた。「玉砕場」で大けがをしたが、座間味島の米軍の救護所で治療を受け回復していた。その二人を日本軍はスパイ容疑で連行した。

一人は正雄さんの同級生だった。

「まさおー、いうて、僕の手をとってね。見送ったんです。忘れられないです。そのときのことは……。もう一人は、二つ上の先輩でした」

二人はそのまま帰ってこなかった。大江・岩波裁判で原告側証人として出廷した赤松隊の知念朝睦元副官は、少年たちが自分たちで首を吊って死んだ、と述べた。赤松嘉次戦隊長も一九七一年七月号の雑誌『潮』に寄せた手記で、こう書いている。「いったん米軍の捕虜となっている以上、どんな謀略的任務をもらっているかわからないから、部落民といっしょにはできないというので処刑することにいちおうなったが、二人のうち小嶺というのが、阿波連で私が宿舎にしていた家の息子なので、私が直接取り調べに出向いて行った。いろんな話を聞いたあと『ここで自決するか、阿波連に帰るかどちらかにしろ』といったら、二人は戻りたいと答えた。ところが、二人は、歩哨線のところで、米軍の電話線を切って木にかけ、首つり自殺をしてしまった。赤松隊が処刑したのではない」

しかし、事実は違うようだ。年長の少年は自分で腹を切って日本兵に介錯され、正雄さんの同級生は、自分で死ねないというので、目隠しされたうえ、後ろから日本兵に斬り殺されたという。二〇〇七年になって吉川勇助さんが明らかにした。戦後すぐ、現場にいた日本兵から打ち明けられたのだという。

＊

小嶺正雄さんの義父も「住民虐殺」の犠牲者の一人だ。

妻、君子さんの父、与那嶺徳さんは一九四五年八月一六日、日本が敗戦を迎えた翌日、米軍の投降勧告文を持って山に入った。

徳さんは前日一五日、山を降りたばかり。その日は島の男性三人と山に向かった。

「山にはまだおじいたちが残っていた。道が険しいから、迎えに行って、連れて降りてくるつもりだったようです」

しかし四人のうち二人は帰ってきたが、徳さんら二人は戻ってこなかった。帰ってきた二人は、従軍経験があったため、赤松隊を警戒し、投降勧告文を木にくくりつけてきたという。徳さんらは本部壕まで向かったとみられる。

三年後、まきを取りに山に入った親せきの女性が、木が異様に茂っている場所を見つけた。掘ると白骨体が二体。ともに後ろ手に括られていた。徳さんは、金歯で本人と確認された。

大黒柱を亡くした一家の暮らしは辛酸をなめ、君子さんは日雇いの肉体労働などもしながら生活を支えたという。いま、君子さんは那覇で病床にあり、正雄さんは島を行き来して介護している。「おじいの話をすると涙を流しよります」

殺されたもう一人の男性は大城牛《うし》さん。池原利江子さんのおじだった。

「これが私は一番悔しいですよ」と利江子さんは憤る。早くに父親を亡くした利江子さんにとって父親同然のおじだった。

二人が殺される前には、やはり投降勧告に行った六人の伊江島の男女が、赤松隊に虐殺された。伊江島には一九四五年四月に米軍が上陸、島を接収して軍事飛行場を建設した。一方で住民を慶良間諸島の収容所に分散させており、当時、渡嘉敷島には一五〇〇人余りが隔離されていた。大江・岩波裁判で知念元副官は自らも実行に加わったことを証言している。

また、防衛隊員だった国民学校訓導（教員）の大城徳安さんもスパイ容疑で殺された。身重の妻を案じ、避難場所まで何度か見にいっていたことをとがめられた。日本軍に連行されていくところを、利江子さんは目の前で見ている。朝鮮人軍夫も数人殺害されている。正雄さんのいとこは、ソテツを盗んだととがめられた朝鮮人軍夫が、自分で穴を掘らされたうえ、斬り殺されるのを物陰に隠れて見たという。

住民が投降をはじめたきっかけは八月一二日、食糧を求めて山中をさ迷う住民の集団が米軍に拘束されたことだったという。一五日になるとポツダム宣言の要旨を書いた投降ビラがまかれた。住民たちは村長らとも相談し、その日、多くが集団投降した。米軍に赤松戦隊長への投降勧告文を持たされ、山に向かった小嶺正雄さんの義父や池原利江子さんのおじが殺されたのは、その翌日のことだった。

先述の村の戦況報告書によると、知念副官が八月一八日、軍使として米軍と投降の交渉にあたった。一九日には赤松戦隊長、知念副官ら三人が米軍の陣地に赴き、渡嘉敷小学校の校庭で武装解除され、降伏文書に調印したという。その後、沖縄本島に送られた。小嶺正雄さんは米軍の将校に赤松戦隊長が軍刀を渡す場面を見て「とうとう日本は敗けたのか」と実感したという。

報告書はこんなふうに結ばれている。「総べての力を結集し、あらゆる食料を確保し持久態勢を整へ米軍と一戦を交へ、皇国のために全員玉砕渡嘉敷島に屍を曝すと剛語した赤松隊も米軍の鉄量には抗すべくもなく牧牛の如く連れ去られたかと思ふと一掬の涙を催すものがあった」

6 ●大江・岩波裁判勝訴

▼…大江・岩波裁判勝訴を伝える坂本昇さん（中央）（2008 年 3 月 28 日）

●――矛盾だらけの梅澤氏本人尋問

秋色の深まった二〇〇七年一一月九日朝、大阪地裁の裏庭に傍聴券を求める長い、長い列ができた。六五枚の傍聴券に対し、希望者六九三人。一〇倍以上の競争率だ。

提訴から二年三か月、大江・岩波裁判は原告、被告双方の本人尋問が行われるという最大の山場を迎えていた。梅澤裕さん、赤松秀一さん、そしてノーベル賞作家の大江健三郎さんが証言するという注目の法廷に、マスコミ各社も大量の動員をかけていた。藤岡信勝さんはじめ、歴史学者の秦郁彦さん、昭和史研究所の中村粲さんら、原告側の「重鎮」たちも並んでいる。

裏門の外では、原告側支援者が情宣に余念がない。九・二九県民大会から四〇日あまり。事前の予想を裏切る県民大会の盛り上がりぶりに加え、新政権が沖縄への一定の配慮を見せたことも焦りにつながったのだろうか。《沖縄教科書抗議集会　参加者「11万人」独り歩き　主催者発表にモノ言えず》（産経新聞二〇〇七年一〇月六日付朝刊）などの記事に代表されるように、原告サイドには、数を取りざたして、ことさら大会自体を過小評価させようとする動きが目立っていた。

裁判所に入っていく人たちに、ビラが手渡される。大江さんを貶め、県民大会を貶める内容だ。数人が被告側支援者につめよろうとして、裁判所の職員が飛んでいく。頭上にはマスコミのヘリコプターが飛びかい、なおさら騒然とした雰囲気になる。

●今回の購入書籍名

●本著をどこで知りましたか

□(　　　　　　)書店　□(　　　　　　　)新聞　□(　　　　　　　)雑誌

□インターネット　□口コミ　□その他(　　　　　　　　　　　　　　　)

●この本の感想をお聞かせ下さい

上記のご意見を小社ホームページに掲載してよろしいですか?

□はい　□いいえ　□匿名なら可

●弊社で他に購入された書籍を教えて下さい

●最近読んでおもしろかった本は何ですか

●どんな出版を希望ですか(著者・テーマ)

●ご職業または学校名

郵 便 は が き

料金受取人払

本郷局承認

1536

差出有効期間
2010年3月19日
まで

有効期間をすぎた
場合は、50円切手を
貼って下さい。

113 - 0033

東京都文京区
本郷2-3-10

社会評論社 行

(受取人)

ご氏名

( ) 歳

ご住所

TEL.

◇購入申込書◇ ■お近くの書店にご注文下さるか、弊社に送付下さい。
本状が到着次第送本致します。

(書名)	¥	( ) 部
(書名)	¥	( ) 部
(書名)	¥	( ) 部

＊

本人尋問のトップバッターは原告、梅澤さんだった。あと一か月あまりで九一歳。相変わらず矍鑠としている。教科書検定の根拠になったのが元戦隊長の梅澤さんの陳述書だけに、その証言こそがこの日のもっとも見どころとなるところだった。

私は運良く傍聴券を引き当てたが、遠方の沖縄や首都圏の支援者に譲り、この日は傍聴していない。なので、傍聴した支援三団体の人たちがすり合わせたメモをもとに法廷のやり取りを再現する。

原告側主尋問はまず、当時の座間味島の日本軍の状況などを質問、梅澤さんはそのなかで、当時の島の最高指揮官は自分だと証言した。続いて「隊長命令の有無」にかかわる一九四五年三月二五日の本部壕でのやりとりに移る。助役宮里盛秀さんや宮城初枝さんら五人が梅澤戦隊長を訪ねたとされる場面だ。

原告側代理人（以下原告側）「第一戦隊の本部に来た村の幹部は誰か」

梅澤さん（以下梅沢）「村の助役と収入役、小学校の校長、役場職員、それに女子青年団長の五人だった」

原告側「五人はどんな話をしにきたのか」

梅澤「『米軍が上陸してきたら、米兵の残虐性をたいへん心配している。サイパンの話も聞いている。老幼婦女子は死んでくれ、戦える者は軍に協力してくれ、といわれている』と言っていた」

原告側「誰から言われているという話だったか」

梅澤「役所の上司、那覇あたりの行政から。それで、弾を破裂させ殺してくれ、そうでなれば手榴弾をくれ、ということだった」
原告側「どう答えたか」
梅澤「『とんでもないことを言うんじゃない。死ぬことはない。われわれは後方にさがって陸戦をするから、後方に下がっていればいい』と話した」
原告側「弾薬は渡したのか」
梅澤「拒絶した」
原告側「五人は素直に帰ったか」
梅澤「執拗に粘った」
原告側「五人はどれくらいの時間、いたのか」
梅澤「三〇分ぐらい」
原告側「お帰りくださいと言ったのか」
梅澤「そんな生やさしいことはいわず、『帰れ』と言った。『死んではいけない』と言って追い返した」

これまでの主張通り「自決をするな」と言ったと強調する梅澤さんだが、その口からは「自決命令」の出どころは「役所の上司、那覇あたりの行政」だという〝新説〟も飛び出した。傍聴席は少しざわついたという。それまで主張していた「助役命令説」を自ら覆すようなものだからだ。

宮城晴美さんの『母の遺したもの』には、一九八〇年に梅澤さんと母初枝さんが再会した際、梅澤さんは三月二五日の晩のことを失念していたらしいことが書かれている。これについて聞かれると「そんなことはない。脳裏にしっかり入っている。大事なことを忘れるわけがない」と反論した。

梅澤さんはさらに、その後の集団自決は「全然予想せず」、集団自決があったことを知ったのは「昭和三三年の春ごろ。『週刊朝日』『サンデー毎日』の報道で」と、戦後一八年も経って知ったと答えた。集団自決が起きた理由を聞かれると「米軍が上陸してきて、サイパンのこともあるし、大変なことになると思ったのだろう」と強調した。

梅澤さんは「集団自決を命令したと報道されて、家族はどんな様子だったか」と聞かれて「大変だった。妻は頭を抱え、中学生の子供が学校に行くのも心配だった」と答えた。裁判で訴えたいことは「自決命令なんか絶対に出していないということだ」という。

「長年、自決命令を出したといわれてきたことについて、どう思うか」という問いには、「非常に悔しい思いで、長年きた」。訴訟を起こすまでに長い時間がかかった理由については「資力がなかったから」だとした。

そして「多くの島民が亡くなったことについて、どう思うか」と聞かれると、「気の毒だとは思うが、『死んではならない』と言った。責任はありません」。あくまでも自らの責任を認めず、住民は自分の意に反して勝手に死んだという答えだった。

＊

反対尋問で、被告側代理人の近藤卓史弁護士は一通の手紙を示した。一九八〇年に梅澤さんが宮城晴美さんへ宛てたもので、「集団自決は状況のいかんにかかわらず、軍の影響力が甚大であり、軍を代表するものとして全く申し訳ありません」と書いてあるという。

梅澤さんは、手紙は自分が書いたものであることを認めた。しかし、そこで「集団自決は軍の責任なのか」と聞かれると「私は『軍は関係ない』とは言っていない」とはぐらかす。「手紙を出した当時、軍の責任を認めているということか」と突っ込まれると、「関係ないとは言えないという趣旨だ。責任は米軍にある」と開き直りのような態度をとった。

近藤弁護士は手榴弾についてもただした。宮城初枝さんが、木崎軍曹という日本兵から「万一のときは日本女性として立派な死に方を」と言われて手榴弾を渡されたことは「知っている」と答えたが、実際に軍から手榴弾を渡されていた複数の座間味島の女性たちの実例を示しても「知らない」「そんなことはなかった」とゆずらなかった。しかし最後に「手榴弾は重要な武器だから、梅澤さんの許可なく島民に渡ることはありえないのでは」と聞かれると、「ありえない」と答え、自分の承認なしに配布されることはないと認めた。

梅澤さんが一九八七年三月、助役宮里盛秀さんの弟、宮村幸延さんを酔わせ、「念書」を書かせたとされる事件も焦点となった。梅澤さんは「(幸延さんは)泥酔していなかった」と主張する一方で、自分が書いた下書きを見せて「念書」を書かせたことを証言した。「念書」も下書きも原告側の証拠として提出されている。近藤弁護士は「家族だけに見せる、絶対公表しないということでお願いしたのではないか」とただした。梅澤さんは否定して、その場で一部始終を見た幸延さんの親せき、宮里芳和さんのことも「記憶にない」と突っぱねた。
ちぐはぐさが目立った梅澤尋問のなかでも、極め付けは近藤弁護士に「『沖縄ノート』を読んだ時期」を聞かれて「去年」と答えた場面だった。傍聴席には一拍おいて、失笑が漏れたという。訴訟が提起されたのは二年前だ。肝心の本を提訴後から一年も経って読んだということになる。

被告側代理人（以下被告側）「どういう経緯で読んだのか」
梅澤「念のため読んでおこうと」
被告側「あなたが自決命令を出したという記述はあるか」
梅澤「ない」
被告側「訴訟を起こす前に、岩波書店や大江氏に抗議したことはあるか」
梅澤「ない」

原告側の弁護士が再尋問し、「曽野綾子さんの『ある神話の背景』に『沖縄ノート』が紹介されているのはご存知ですね」とフォローしたが、時すでに遅し、だった。

●──『沖縄ノート』パラパラとだけ

午後は渡嘉敷島の海上挺進第三戦隊の戦隊長だった故赤松嘉次氏の弟、秀一さんの本人尋問が行われた。一三歳年上の兄は親代わりで、尊敬の対象だったという。主尋問の中身はまず、赤松さんの大学時代、書店で偶然『鉄の暴風』を読んだというその当時に遡った。

『鉄の暴風』にある兄の自決命令について「信じられないことだった。兄がするはずもないし、したとは思いたくもない。しかし三二九人が集団自決したと細かく数字も書いてある。なにか誤解されるようなことをしたのではないかと悩み続けた。家族で話題にしたことはなかった。タブーのような状態だった」と答えた。ショックで親兄弟にも話さず一人で悩んでいた。それを忘れさせてくれたのが曽野綾子さんの『ある神話の背景』だったという。

「無実を十分に証明してくれたので、安心できた。信頼感を取り戻せた」

訴訟を起こしたきっかけを問われると、「三年前に兄の（陸士の）同期の山本明さんから話があり、とっくの昔に解決したと思っていたのに『鉄の暴風』も『沖縄ノート』も店頭に並んでいると聞かされたから」と証言した。山本さんは「沖縄集団自決冤罪訴訟を支援する会」の顧問。この日も傍聴席で見守っている。『沖縄ノート』の引用を見て「直接取材したこともなく、島にも行かず、兄の心の中まで書かれている。人の心に立ち入って、まるではらわたを火の棒でかき回すかのようだと憤りを感じた」という赤松さんだが、『沖縄ノート』の感想を問われると、「むずかしい本ですね。兄の部分だけをパラパラと読んだ。いや、とばして読んだ」とも答えた。

さらに被告側代理人による反対尋問では「集団自決命令について、お兄さんから直接聞いたことはありますか」と聞かれ、「ない」と明言した。さらに一九七一年に兄が雑誌『潮』に寄せた手記も読んだと答えた。そこには「島の方に心から哀悼の意を捧げる。意識したにせよ、しなかったにせよ、軍の存在が大きかったことを認めるにやぶさかではない」とある。軍の責任に言及しているが、そのことも「知っている」と答えた。

「お兄さんは裁判をしたいと話していたか。また岩波書店と大江さんに、裁判前に修正を求めたことがあったか」という問いには「なかったでしょうね」。「山本明さんからすすめられたので、裁判を起こしたのか」と念押しされると、「そういうことになります」と明言した。

ここでも、原告側が慌てたように再尋問。「裁判は人に起こせと言われておこしたのか」と聞いた。赤松さんは「山本さんからもどうだと言われましたが、歴史の事実として定着するのはいかんと思った。そういう気持ちで裁判を起こした」と修正した。

●大江さん、タテの構造問題に

地裁正面玄関で車を降りた大江さんは、カメラの放列のなか、弁護団や、岡本厚さんら岩波書店の関係者に守られるよう庁舎へ入っていった。

大江さんの出廷が正式に決まったのは宮城晴美さんらの証人尋問があった前々回の口頭弁論。弁護団によれば、大江さん自身、当初から、法廷で思いを語りたいと強く念じていたという。提訴された二〇〇五年八月にも朝日新聞の連載コラムで「求められれば、私自身、法廷に立ちたいとも思います」と記していた。大阪地裁に提出された陳述書は膨大な量に及んだ。

主尋問で大江さんはまず、『沖縄ノート』で設けた三本の柱について答えた。

「第一は、本土の日本人と沖縄の人の関係。日本の近代化に伴い、本土でナショナリズムが強まるにつれて沖縄にも富国強兵の思想が強まっていったことを書いた。

第二は、戦後の沖縄の苦境について。沖縄では憲法が適用されず、大きな基地を抱えている。本土の日本人が意識してこなかったことの反省も書いた。

第三は、日本人のあり方について。一九七〇年に渡嘉敷島の守備隊長が島を訪れるということを新聞で読み、沖縄と本土の人の反応に、第一と第二の柱で示したひずみがはっきり表れていた。これからの日本人がアジアと世界に対して普遍的な人間であるにはどうすればいいのかということを自分に問いかけるために書いた」

『沖縄ノート』は一九七〇年初版。『鉄の暴風』や上地一史さんが著した『沖縄戦記』を参照し、『鉄の暴風』の共著者の牧港篤三さん（故人）らに取材したという。

一九七〇年三月、赤松元戦隊長が、渡嘉敷島の慰霊祭に渡ろうとして、那覇空港でデモ隊などに囲まれ、足止めされるという出来事があった。この事件を契機に「集団自決」問題は大きくクローズアップされ、曽野綾子さんは一九七三年に『ある神話の風景』を書き、曽野さんと『鉄の暴風』の共著者、太田良博さんとの論争にも発展した。『ある神話の風景』には『沖縄ノート』の記述の数か所が引用されている。大江さんは、赤松戦隊長が命令を出したと書いてある『鉄の暴風』、『沖縄戦記』を参照したが、『沖縄ノート』では「隊長命令」とは書かず「日本軍の命令」としている。これについてはこう答えた。

「ひとりの隊長の資質、性格や選択で行われたものではなく、軍隊の行ったことと考えていたので、個人名を書かなかった。日本軍―三二軍―守備隊をタテの構造と考えると、一般的な日本人という意味であり、むしろ名前を出すのは妥当ではないと考えている」

慶良間で七〇〇人もの人が自決したのは「軍の強制」「『軍官民共生共死』という考え方」があり、守備隊もそのもとで行動していた」。軍の重要な武器である手榴弾が住民に渡ったことも動かぬ証拠だと説明した。

＊

『沖縄ノート』には「人間としてそれをつぐなうには、あまりにも巨きい罪の巨塊のまえで、かれはなんとか正気で生き伸びたいと願う」という記述がある。曽野綾子さんは『ある神話の背景』で、「巨きい罪の巨塊」は大江さんが赤松隊長を大悪人だと非難した表現であるとしており、原告側も、その解釈に沿った主張をしている。

大江さんは「かれ」を渡嘉敷島の守備隊長だとしたうえで「罪の結果の塊ということを考え、あまりにも大きいその集団自決の死体の塊、死体の集まりの前で、それに関係している人が罪に関してどのように感じるだろうかということを推測した」と説明した。そして「巨塊」は守備隊長のことではないと述べたうえで、曽野さんの「読み間違え」を指摘した。

また「アイヒマン〔ナチス・ドイツによるユダヤ人虐殺の中心人物で、死刑に処せられたアドルフ・アイヒマン〕のように沖縄法廷で裁かれるべきだ」という記述についても質問が及んだ。アイヒマンと守備隊長を対比させていることについて、大江さんはこう答えた。

「ハンナ・アレント〔ドイツ出身のユダヤ系政治思想家。『エルサレムのアイヒマン』などの著書がある〕はアイヒマンをナチスの犯罪の実行者だと言っていない。アイヒマンは一九六八年、アルゼンチンで捕まるが、逃亡せずにイスラエルの法廷で公開の絞首刑を希望する。ドイツの若者たちの罪責感を引き受けようという思いがあった。しかし、守備隊長には日本の青年のために罪をぬぐおうということはない。その違いを述べたいと思った」

「アイヒマンのように裁かれ、絞首刑になるべきだということか」と聞かれると大江さんは「そうではない。アイヒマンは被害者であるイスラエルの法廷で裁かれた。沖縄の人も、集団自決を行わせた日本軍を裁くべきではないかと考え、そのように書いた」と述べた。

主尋問の最後に秋山幹男弁護士は『ある神話の背景』で引用された赤松隊の元少尉の言葉を読み上げた。「国に殉じるという美しい心で死んだ人たちのことを、何故、戦後になって、あれは命令で強制されたものだ、というような言い方をして、死の清らかさを自らおとしめてしまうのか」。これに対し大江さんは「集団自決は悲惨なもの。それを美しい、清らかなものとは思わない。愛国心のために生命を絶った、清らかな死というのは人間をおとしめるものだ」と強調した。

*

原告側の反対尋問は『沖縄ノート』の記述の細部にこだわる執拗なものだった。

「直接の責任者である守備隊長もアイヒマンのように裁かれるべきだと読める」などとなおも迫った。大江さんは「あなたは違う読み取りをされている。あなたが読者の代表だといわれれば、その証拠を見せてください」と切り返した。

原告側は「赤松氏が集団自決の中止を命令できる立場にあったとすれば、その根拠を示せ」「どの場面で中止命令を出せたのか」「どの時点で集団自決をするだろうと予見できたのか」など専門家を相手にするかのような質問も畳みかけた。大江さんは文献や金城重明さん、吉川勇助さんらの証言を引きながら冷静に答えていった。

「原告赤松さんが、大江さんの本を『兄や自分を傷つけるもの』と読みとったのは誤読か」という質問もあった。大江さんは、赤松さんが『沖縄ノート』を読む前に曽野さんの本で引用部分を読み、曽野さんの主張に導かれたと指摘、「極悪人とは私の本には書いていない」と答えた。

原告側が、「作家は、世間に対し、誤読によって人を傷つけるかもしれないという配慮は必要ないのか」と食い下がると、「予期すれば責任も取れるが、予期できないことにどうして責任が取れるのか。責任を取るとはどういうことなんでしょうか」と逆に質問を返した。

*

終日の法廷の後、支援三団体が開いた報告集会。大江さんの主尋問を担当した秋山幹男弁護士は「大江さんは反対尋問に対しても堂々と冷静に対応し、証言が崩れることはまったくなかった」と振り返った。

また梅澤さん、赤松さんの両原告の反対尋問を担当した近藤卓史弁護士は「梅澤さんは初枝さんへの手紙を通して、集団自決に軍が関係ないとは言えないと認めている。また手榴弾は自分の許可なしに配られることはないことを認めた。本人は最高指揮官だから、軍の強制・責任・命令を間接的に認めたといっていい」と手ごたえを語った。また、梅澤さんが『沖縄ノート』を読んだのが去年だったこと、赤松さんが具体的に何も知らずに原告になったことも触れ、「訴訟の前提そのものが崩れた」と話した。

●──訂正申請

石山久男さんはこの日も早朝の新幹線で駆けつけ、本人尋問を傍聴した。梅澤さんのお粗末な受け答えを聞きながら「これが、検定の根拠になったとは」と、あらためて悔しさがこみあげたという。大阪、沖縄に次いで六月に結成された大江・岩波裁判の支援団体「大江岩波沖縄戦裁判を支援し沖縄戦の真実を広める首都圏の会」の呼びかけ人にもなった石山さんは、教科書執筆者の一人だ。

本人尋問を前にした一一月上旬、石山さんが執筆を担当した会社を含め教科書会社六社が文科省に、訂正申請をしたばかりだった。いずれも日本軍による強制性を明確にした内容で、検定意見がつかなかった一社も、より踏み込んだ内容を盛り込んで、他社に足並みをそろえた。

石山さんの担当した教科書の場合、もともと去年の申請本では「日本軍のくばった手りゅう弾で集団自害と殺し合いをさせ」だった。前回は合格したこの記述が「日本軍のくばった手りゅう弾で集団自害と殺し合いがおこった」に書き換えられた。それを、今回、石山さんは「日本軍は、住民に手りゅう弾をくばって集団自害と殺しあいを強制した」と訂正申請していた。

「訂正申請を受け入れられたら問題が解決するとは考えていない。あくまで検定意見撤回が本筋です」と石山さんは語った。

＊

二〇〇六年一二月、問題の検定意見が通達された際、石山さんは、訴訟の影響がきたとピンときた。しかし、問いただしそこねた。そのことに忸怩たる思いを抱いてきたという。

検定意見を通達し、林博史さんの『沖縄戦と民衆』をその理由に挙げた調査官は、後に明らかになるところでは、自由主義史観研究会の藤岡信勝さんが代表をつとめる「新しい歴史教科書をつくる会」の教科書監修者の弟子だった。その「つくる会」は機関誌『史』二〇〇七年五月号で、「従軍『慰安婦』強制連行説」「南京虐殺説」と並んで「集団自決『軍命令説』」を日本を貶める三点セットに挙げている。

南京、「慰安婦」については教科書から削除したり、薄めることにある程度成功し、取り組みが遅れている「集団自決『軍命令説』」をターゲットにした。二〇〇五年には自由主義史観研究会の「沖縄プロジェクト」がスタートする。そして提訴。前年の検定では「日本軍によって慰安婦にさせられた」という記述から日本軍が削除されたり、南京事件の犠牲者数も別の説もあることを書けといわれたりしていた。「今回の問題につながるものだった。もっと大きな問題にすべきだった」と石山さんは悔やむ。

この間、教科書執筆者は早い時期から連絡をとりあい、記述を回復する方法を模索してきた。九月二五日には石山さんや「すすめる会」代表で琉球大学教授の高嶋伸欣さんらの呼び掛けで、十数年ぶりとなる社会科教科書執筆者懇談会が都内で開かれた。沖縄で県民大会が開かれ、「検定意見撤回」と「記述の回復」が決議されたのはその四日後。政府・文科省は直ちに「教科書会社から訂正申請が出たら対処する」という立場を打ち出し、事態は急速に動くことになる。

しかし政府はあくまで「検定意見撤回」には応じないというスタンスである。訂正申請をすることで文科省の責任を曖昧にした決着に利用されるのではないかと懸念し、この間、各社は申請を保留していた。

しかし一二月中には、教科書の印刷がはじまってしまう。生徒に記述を回復した教科書を届けるには訂正申請に踏み切るしかない。そのリミットが一一月初旬だった。社会科教科書執筆者懇談会は、訂正申請を出すにあたり、「今回の検定意見全体が、手続き的にも内容的にも不正常」なものであり「ただちに撤回されるべきである」とする声明を出し、文科省をけん制した。

＊

最初に訂正申請の案を公表したのは坂本昇さんだった。一〇月二七日、東京・豊島区の雑居ビルで一人、記者会見に臨んだ。自分が担当する教科書に「日本軍によって集団自決を強いられた」という記述を盛り込んだうえで、一一月一日か二日には文科省に訂正申請する方向で作業を進めている、と明らかにした。事前に申請の中身を明らかにするのは極めて異例なことだった。JR有楽町マリオン前で宣伝カーの上に乗って二週間足らず。「検定意見にいったん屈した執筆者の一人の責務として、また検定の密室の風通しをよくする決意で行った」と坂本さん。

検定意見によって消えた日本軍という主語を復活させるだけでなく、「集団自決」が「強制集団死」とも呼ばれていることがわかるよう注釈もつける。さらにこの年の話題として、この教科書検定問題や九・二九の沖縄県民大会の記述も新たに追加する。欄外に引用していた金城重明さんの証言には、「軍から命令が出たとの知らせがあり、いよいよ手榴弾による自決が始まりました」という段落を追加する、などの内容だった。

安易な訂正ではなく、あくまで検定意見の撤回を求める沖縄の人たちの気持ちを大事にしなければならない。ただ高校生に来春から良い教科書を届けるためには修正のための準備をする必要があった。

検定制度の「細則」を根拠に、文科省は審査が終わるまで訂正申請の中身を外部に公表してはいけないとしている。それでも、再び密室の検定で訂正申請の内容が歪められないためには、できるだけ公開する必要があった。坂本さんに続いて石山久男さんらも公表に踏み切った。

●大江・岩波裁判結審

二〇〇七年も残すところ一〇日となった一二月二一日、大江・岩波裁判は結審した。この日で一三回目の口頭弁論。原告側代理人はまたも遅刻して、予定時間を超えての開廷になった。

遅刻もさることながら、準備書面の提出が遅いのも原告側の特徴だった。五月二五日の第九回口頭弁論のときなどは、当日になって準備書面を持参したため正式な陳述を認められず、事実上口頭で内容を説明することだけが許可される場面があった。にもかかわらず、被告側が陳述した準備書面に対し反論まではじめ、さすがに秋山幹男弁護士が「アンフェア」だと異議を申し立てたほどだった。

原告側の最終準備書面は二五〇ページにもおよぶ膨大なものだった。「軍命でも人は愛する肉親を殺すことはありえない」として、「集団自決」の要因には米軍に対する恐怖、群集心理、家族愛があるとした。その上で慶良間の「集団自決」は「家族での無理心中」と解釈するのが自然だと結論付けた。

被告側は三人の弁護士が三章六八ページの最終準備書面を読み上げた。『沖縄ノート』『太平洋戦争』が、名誉棄損、敬愛追慕の情の侵害、そして出版差し止め請求にいずれも相当しないことを梅澤さんや赤松さんの証言などと照らして詳述。そして全体の半分以上の分量を使って、沖縄戦の経過や座間味島や渡嘉敷島が「民政」のない「合囲地境」であったこと、日本軍は徹底抗戦で沖縄を死守し、玉砕することを方針としており、「軍官民共生共死」の一体化の総動員体制のもとに動員された住民に対しても、捕虜となることを許さず、玉砕を強いたことを論じていった。

軍の絶対的支配下にあった座間味島において、梅澤隊長の指揮下の防衛隊長であり、兵事主任でもあり、軍の命令を住民に伝達する立場にあった宮里盛秀助役が、軍すなわち梅澤隊長の命令なしに、勝手に住民に自決命令を出すなどということはありえない。軍の命令がなければ幼いわが子を殺すこともありえない。座間味島の住民も、梅澤隊長から自決命令が下ったと認識していた。

手榴弾は貴重な武器であり、軍（＝隊長）の承認なしに村民に渡されることはありえない。さらに、梅澤隊長は、米軍が上陸してくることを認識しながら、住民を他に避難させたり投降させるなどの住民の生命を保護する措置をまったく講じていない。そして一九四五年（昭和二〇年）三月二五日の夜、助役らに面会した際に、梅澤隊長は住民が自決しようとしていることを認識していながら、これをやめるよう指示・命令しなかったのも、梅澤隊長が、あらかじめ住民に玉砕を指示・命令していたからにほかならない。座間味島の住民の集団自決は、軍（すなわち梅澤隊長）の自決命令によるものであることが明らかだ。

渡嘉敷島においては、米軍が上陸する直前の一九四五年三月二〇日、赤松隊から伝令が来て兵事主任の富山真順氏が軍の指示に従って一七歳未満の少年と役場職員を役場の前庭に集めた。兵器軍曹と呼ばれていた下士官が部下に手榴弾を二箱持ってこさせ、集まった二〇数名の者に手榴弾を二個ずつ配り、「米軍の上陸と渡嘉敷島の玉砕は必至である。敵に遭遇したら一発は敵に投げ、捕虜になるおそれのあるときは、残りの一発で自決せよ」と訓示した。軍を統率する最高責任者は赤松隊長であり、手榴弾は軍の厳重な管理のもとに置かれていた武器だった。兵器軍曹が赤松隊長の意思と関係なく、手榴弾を配布し自決命令を発するなどということはありえない。すなわち、この時点であらかじめ軍（すなわち赤松隊長）による自決命令があった。

米軍が渡嘉敷島に上陸した三月二七日、赤松隊長から兵事主任に対し、「住民を軍の北山陣地近くに集結させよ」という命令が伝えられ、安里巡査らにより、渡嘉敷島の北端であり、普段人が足を踏み入れることのない、食糧もない場所であり、かつ日本軍陣地のすぐそばで逃げ場もない北山への集結命令が村民に伝えられた。さらに、同二七日夜、村民が命令に従って、各々の避難場所を出て、北山陣地近くに集まり、翌三月二八日米軍の艦砲や迫撃砲が打ち込まれる状況の中で、村の指導者を通じて村民に軍の自決命令が出たと伝えられ、軍の兵士である防衛隊員が赤松隊長がいた軍の陣地から出てきて自決用の手榴弾を住民に配り、そこで集団自決がおこなわれた。

集団自決に失敗した住民がなだれ込んだ軍陣地内には、赤松隊長がおり、なだれ込もうとする住民を見て、大声で怒り、住民を陣地内に入れなかった。集団自決の発生を止めようとしなかった。渡嘉敷島の住民の集団自決は、軍（すなわち赤松隊長）の自決命令によるものであることが明らかである。

最後に深見敏正裁判長が判決期日を指定すると、小さなどよめきがあがった。翌二〇〇八年三月二八日。年度中に判決期日が入ることは予測されてはいたが、その日は渡嘉敷島で「集団自決」が起きた慰霊の日だからだった。

＊

訂正申請についても、年の瀬にバタバタと動いた。大江・岩波裁判が結審した一二月二一日付の朝刊で、沖縄タイムスが《強制の文言避け調整》と特報した。さかのぼる一二月七日には、文科省の教科用図書検定調査審議会の日本史小委員会が、いわゆる「指針」なるものを示し、執筆者や教科書会社に訂正申請の再申請を迫っていたことも報じられていた。日本軍だけが住民に「集団自決」を強制していたと読み取れる表現を禁じ、背景をもっと書きこめという内容。問題の検定意見のエッセンスをそのまま踏襲するものだった。

そして一二月二六日、文科省は御用納めギリギリに、訂正申請審議の結果を公表した。石山久男さんが訂正申請した「日本軍は住民に手りゅう弾をくばって集団自害と殺し合いを強制した」は、再訂正申請ののち「日本軍は、住民に対して米軍の恐怖心をあおり、米軍の捕虜となることを許さないなどと指導したうえ、手りゅう弾を住民にくばるなどした。このような強制的な状況の下で、住民は、集団自害と殺しあいに追い込まれた」という長い表現になった。「強制した」は許されなかった。「強制的な状況」がぎりぎりの線だった。どの社も「軍の強制」や「強いられた」などの表現は認められなかった。坂本昇さんが金城重明さんの証言の「コラム」で追加した「軍から命令が出たとの知らせがあり」という記述も認められなかった。沖縄の二紙は「軍強制認めず」と報じ批判した。一方、本土の新聞は「軍関与復活」と好意的に報じ対照的だった。

●——慰霊の日に「朗報」

二〇〇八年三月二八日午前一〇時、大阪地裁二〇二大法廷。証言台を挟み、大江健三郎さんと原告梅澤裕さん、赤松秀一さんが向き合った。

「原告の請求をいずれも棄却する」

深見敏正裁判長の第一声に、満席の傍聴席のあちこちから、安堵のため息が漏れた。

判決要旨が読み進められる。大江さんは表情を変えることなくまっすぐ前を向いている。原告の梅澤さんと赤松さんは、困惑したような面持ちだ。言い渡しが終わった後も、梅澤さんは、何が起きたのかはかりかねているかのように、茫然と着席したままだった。

裁判所の裏口を出ると、「大江岩波勝訴」の旗の周りを報道のカメラが取り囲んでいた。この日の傍聴券の競争率は七倍。「支援連絡会」の小牧薫事務局長が簡単な報告をはじめると、待機組が何重にも取り囲み、歓声と拍手があがった。教科書執筆者の坂本昇さんが、泣き出しそうな顔で握手を求めてきた。強く手を握り返しながら、ようやく実感が湧いてきた。渡嘉敷島はこの日、六三年めの慰霊の日。この判決が、犠牲者や遺族の無念の思いをせめて晴らすものであってほしいと思った。

＊

判決は大江さん、岩波書店側の「全面勝利」といっていい内容だった。問題とされた『沖縄ノート』『太平洋戦争』ともに名誉棄損にあたらないとして、原告側の請求をすべて棄却した。

深見裁判長は「集団自決」には「日本軍が深く関与した」と認定したのに加え、座間味、渡嘉敷両島の「集団自決」についても、原告梅澤さん、赤松元戦隊長の関与が推認できると踏み込んだ。「各書籍の記述どおりの自決命令」をそのまま認めることには「伝達経路等が判然としないため、躊躇を禁じえない」としたものの、両島が二人を「頂点とする上意下達の組織だったことから」、それぞれ「集団自決」に関与したものと十分推認できる」と「十分」という形容詞をつけて強調した。第三二軍が防諜を重視し、渡嘉敷島で投降勧告に行った伊江島の男女六人や、身重の夫人を気遣い数回部隊を離れた防衛隊員の大城徳安さん（国民学校訓導）が処刑されたことにも触れ、赤松戦隊長が「住民が米軍に情報を漏らすのを恐れて自決命令を発したことは用意に理解できる」とも指摘した。

日本軍が関与した根拠としては、戦隊にとって補給困難で重要な武器の手榴弾が使われ、多くの体験者も日本兵から自決用に交付されたと語っていること、沖縄で「集団自決」が発生した全ての場所に日本軍が駐屯し、駐屯がなかった渡嘉敷村の前島では「集団自決」が発生しなかったことなどを挙げた。

そのうえで、大江さん、家永三郎さんが本を出版した時点で、梅澤さんらの「自決命令」を真実だと信じる相当な理由があった、と判断した。

二〇〇五年度までの教科書検定では隊長命令を通説と認めていたこと、大江さんや家永さんが参考にした『鉄の暴風』などの諸文献の信用性、「集団自決」をめぐる学説状況などからも合理的な根拠があると認めた。

判決文は二一七ページという膨大な量だった。うち九三ページが双方の論点整理、残りは裁判所自身の判断の部分だった。傍聴した沖縄戦研究者の安仁屋政昭さんはまず、「直接自決命令を出したかどうかは、伝達経路等が判然としないため、躊躇を禁じえないというところは不満が残る。実はそこが沖縄の人がわかってほしかったところだ。当時は軍事用語の合囲地境では民政はなく、島の最高指揮官が全権を握っている。『死にましょう』と村長や助役が伝えたとしても、最高指揮官の命令、軍の命令と受け取るのが常識だから、そこはもっと裁判所には勉強してほしかった」と注文をつけた。

そのうえで、「裁判所が沖縄県民の深刻な戦争体験の実態を明快に理解してくれた。これまで証言を拒んでいた人たちが涙を振り絞って証言してくれたことが大きかった」と分析し、ほっとした表情を見せた。出張法廷で証人に立った金城重明さんはもちろん、審理中に、渡嘉敷島元役場職員の吉川勇助さんや座間味村元助役の妹・宮平春子さん、元座間味村長の與儀九英さんらによる新しい証言が次々にでてきた。判決には「体験者らの体験談はいずれも自身の実体験に基づく話として具体性、迫真性、信用性を有する」という一文も盛り込まれていた。

判決後、記者会見した大江さんも「辛い悲劇について証言してくださった人が何人もいる。その証言がこの裁判に反映した。心から敬意を表したい」とねぎらった。そのうえで、「今後も、沖縄戦の悲劇を忘れず、戦争ができる国にするという考えに対して、精神的倫理的道徳的にそれを拒むことが戦後の民主主義で生み出された新しい日本人の精神だと信じて訴えていきたい」と語った。

＊

体験者の証言を評価したのと裏腹に、判決は、原告側に辛辣だった。証人として出廷した元赤松隊副官の知念朝睦さん、赤松隊元中隊長の皆本義博さんらの証言は「疑問を禁じ得ない」とした。決定的だったのは、原告梅澤さんの陳述書と本人尋問の結果について「信用性に疑問があるというほかない」としたこと。問題の教科書検定で、文部科学省が教科書書き換えの根拠とした「梅澤陳述書」を根底から否定したのだ。

この間、訂正申請などに取り組んできた教科書執筆者からは驚きと歓迎の声があがった。傍聴した石山久男さんは「文部科学省はこの陳述書を根拠に検定意見をつけたのだから、直ちに検定意見を撤回すべき

▲…判決後の会見で。左から近藤弁護士、秋山幹男弁護士、大江さん、岩波書店の宮部信明さんと岡本厚さん

だ」と力を込めた。坂本昇さんも、「不当な検定意見の根拠がまさに崩れたといっていい」と話した。そして「沖縄で集団自決が発生した全ての場所で日本軍が駐屯していたことを、駐屯がなかった渡嘉敷村の前島のことまで触れて、軍の強い関与があったことを明らかにした。歴史研究の成果でもあり、それが判決にきちんととりいれられた。再度、訂正申請して、よりよい教科書づくりに取り組んでいきたい」と決意を示した。

判決後、「支援連絡会」など大阪、沖縄、首都圏の支援三団体が報告集会を開いた。日中にもかかわらず定員二〇〇人のフロアは入口まで立ち見があふれるほどだった。大江さん同席の会見を終えた三人の弁護士が姿を見せると、ねぎらいの拍手が送られた。

三四人の原告側大弁護団に対し、大江・岩波弁護団は三人。秋山幹男弁護士は「大勝利でした」とほっとした表情を見せ、「教科書問題に発展したことで、大江さん、岩波書店の弁護だけにとどまらず、多くの期待と不安を担わないといけないという、大変な思いをした」と苦笑まじりに振り返った。

近藤卓史弁護士は、体験者の声が反映されたことを喜び、「沖縄出張法廷で直接、裁判官が金城重明さんの証言を聞いたことが大きかったのではないか」と振り返った。若手の秋山淳弁護士はさまざまな文献にあたり、直接沖縄で体験者の証言を聞き取る中で沖縄戦というものを肌で感じた、という。「原告側代理人が『集団自決は住民の美しい死であった』と笑顔を浮かべながら陳述しているのを見たとき、『それは違う、喜んで自発的に死んでいったものなどいない』と強く思った。そのことは、きょうの判決にも表れていてよかった思う」と話した。なお、名前から推測される通り秋山幹男弁護士とは親子の関係である。

被告席に座らされた岩波書店の岡本厚さんは「矢面に立ったのは岩波書店と大江さんだが、原告が狙っているのは我々ではない。軍は住民を守らないという沖縄戦観、戦後民主主義の六三年間を否定する、戦争のできる国づくりのための裁判だった」とし、「きょうの判決で、その流れに対する対抗拠点を得られたのではないか」と話した。この日、岡本さん、弁護士三人のネクタイはお揃いのブルーに白のドット柄だった。大江夫人からのプレゼントを願かけの「勝負ネクタイ」にしたという。

●――「汚名」晴れた

この日、座間味島の宮村文子さんの家には島の人たちから「祝電」がひっきりなしに入った。宮村家の仏壇には「集団自決」で亡くなった元助役の宮里盛秀さん家族や弟の直さん、二年前に亡くなった宮村幸延さんらのトートーメー（位牌）がある。訴訟で新証言をした宮平春子さん、盛秀さんの二女、山城美枝子さんも訪れ、勝訴を報告したという。

訴訟では「援護法」も大きな争点になった。原告側は住民が、援護法の適用を受けて遺族年金をもらうため「梅澤命令説」「赤松命令説」をねつ造したと主張していた。これに対し、被告側は、援護法が適用される以前から隊長が命じたとする多数の文献や資料があると反論した。判決は被告側の主張を全面的に支持、「隊長命令がなくても、戦闘参加者に該当するとして認定した例もあった」ことを挙げ、住民の側に隊長命令説を捏造する必要性がなかったことを強調した。

関連し、判決は、宮村幸延さんの「汚名」も晴らした。援護法のため「集団自決は梅澤部隊長の命令ではなく、当時兵事主任兼助役の宮里盛秀の命令で行われた」とした「念書」について、「作成の経緯に照らしても信用できない」としたのだ。さらに、この件について触れた梅澤さんの陳述書も、信用できないと切り捨てた。

「おじいが言っていたことが本当だと裁判所が証明してくれたよ」

文子さんはそう、仏壇の遺影に語りかけたという。

同じ日、渡嘉敷島では犠牲者の名が刻まれた「白玉の塔」で慰霊祭が営まれた。奇しくもこの日が六三回めの「慰霊の日」。新聞各紙は現地の表情を、夕刊や翌日の朝刊で伝えていた。判決を詳報した翌日の沖縄タイムス朝刊では《「無念晴らした」 渡嘉敷 遺族ら安堵》という見出しとともに「犠牲者をまつる『白玉之塔』を参拝に訪れた多くの遺族が『犠牲になった家族や親類の無念の思いを晴らす判決だ』と安どの表情を浮かべた」「塔の刻銘の前でひざをつき手をあわせた吉川嘉勝さん（69）は『島の思いがやっと届きました』と静かに御霊へ報告した」と報じていた。記事には、花々がたむけられた刻銘版をなぞる北村登美さんの大きな写真が添えてあった。

7 ●控訴審

▼…慶留間島アカムティに残る「マルレ」の秘匿壕跡

●──相変わらずの不備

原告側控訴による大江・岩波裁判大阪高裁での審理は、一審判決からまもなく三か月になろうとする二〇〇八年六月二五日にはじまった。法廷は一審と同じ二〇二大法廷。小田耕治裁判長は、大阪地裁の深見敏正裁判長より年かさで、退官が近いとも聞いた。傍聴席には原告側（控訴人）を支援する藤岡信勝さん、中村粲さん、山本明さん、そして秦郁彦さんの顔もある。

初弁論は、小田裁判長がまず原告側に「控訴理由書」の内容について確認するところからはじまった。「訂正はこれだけでいいですか。例えば四四ページはこれでいいのですか。意味が逆になりますけど」という具合だ。

原告側は「控訴理由書」を提出したあと「控訴理由の訂正上申書」で追加訂正をしてきた。それでもまだ訂正できていないところが多々あったからだった。

裁判官の対応については閉廷後、被告側（被控訴人）支援団体が開いた報告集会で、秋山幹男弁護士が「裁判官はすでに提出された各種書類、証拠を徹底的に読み込んでいるので驚いた」というほど。「沖縄集団自決冤罪訴訟を支援する会」もホームページで「非常に細かいところまで、真剣に読み込み、調べ尽くしている事が分かりました」と書いていた。「当方にとって大変有利な状況であると言えます。当方が求めているのは厳正な審理であるからです」という解釈だったが。

そもそも原告側は、「控訴理由書」を期日までに提出できず、そのため、裁判所から、せめて「控訴理由の骨子」だけでも事前に提出するよう求められた経緯がある。被告側は、この「控訴理由の骨子」だけで答弁書を出さねばならなかった。

ドタバタぶりは、原告側弁護団が三四人の大所帯から六人に激減していたことにも象徴されていた。「靖国応援団」の一人、自民党国会議員の稲田朋美弁護士の名前もない。結局一度も法廷に姿を見せずじまいだった。何が内部で起きているのか、憶測を呼ぶスリム化だった。

*

原告側は一審判決について、「事実認定が一方的で到底容認できない」と批判、軍の関与などを理由に「隊長命令があったと信じる相当な理由があった」としたことについて、「軍の関与と隊長命令は別の事実。推認で隊長命令を事実として記述することに、真実相当性は認められない」などと批判した。そのうえで、真実相当性が認められないのに一審判決以降も、『沖縄ノート』が増刷されていることは違法だと主張し、損害賠償を増額する「請求趣旨の拡張的変更」をした。

また、一審判決は「沖縄で集団自決が発生したすべての場所に日本軍が駐屯し、駐屯していなかった前島では集団自決が発生しなかった」と具体的な事例をあげて踏み込んだが、これについても、「日本軍が駐屯していなかった慶良間諸島の屋嘉比島でも集団自決は発生している」と主張した。

一方の被告側は、「一審判決は隊長命令に合理的な資料や根拠があるとして、出版の適法性を明確に認めている」と反論した。屋嘉比島の「集団自決」では二家族が犠牲になっていて、そこにも「軍の関与はあった」と反論した。

証人は、原告側だけが申請した。傍聴席の秦郁彦さんだった。教科書検定結果が発表された直後の二〇〇七年四月、「すすめる会」の高嶋伸欣さんと相対する立場で報道番組に出演、宮村幸延さんの「念書」コピーを堂々と掲げてみせた歴史学者だ。

被告側の秋山幹男弁護士は、「秦さんは『集団自決』の事実認定をする当事者ではないので証人調べの必要はない」と述べた。小田裁判長も「『諸君!』二〇〇八年二月号の論文提出で十分ではないのですか」と応じたが、いちおう陪席の二人を伴って別室へ。一、二分の協議の後、「申請を却下する」とした。

それにしても、いぶかしいのは、原告側が宮平秀幸さんを証人申請しなかったことだった。座間味島に住む秀幸さんは、この数か月間、原告側に連なる人たちが「隠し玉」として喧伝してきた人物だったからだ。

●──「決定的な新証人」

宮平秀幸さんの名前がメディアの表舞台に登場しはじめたのは二〇〇八年二月ごろからだった。大阪地裁の審理は終わり、あとは判決を待つばかり、という時期である。

先陣を切ったのが二月二三日付産経新聞朝刊の記事だった。一面トップで《集団自決　隊長はいさめた　沖縄座間味で日本軍強制否定する新証言》という見出しが躍った。社会面にまで展開する気合い十分の「独自ダネ」。一面の記事には、座間味島の忠魂碑の前に立ち、演説するように右手を高々と掲げている男性の写真が添えてあった。それが宮平秀幸さんだった。

記事のリード部分をひこう。「沖縄県座間味島で起きた集団自決をめぐり、同島の村長が日本軍の隊長に集団自決をいさめられ、自決のために集まった住民に解散を指示していたことが、当時の防衛隊員の証言で明らかになった。教科書などで誤り伝えられている『日本軍強制（命令）』説を否定する有力な証言といえそうだ」

記事によると、一九四五年三月二五日午後一〇時ごろ、野村正次郎村長、宮里盛秀助役ら村三役と校長、役場職員、宮城初江さんが本部壕の梅澤戦隊長を訪ね「鬼畜米英にけだもののように扱われるより、日本軍の手によって死んだ方がいい」「すでに住民は自決するため、忠魂碑前に集まっている」などと弾薬や手榴弾、毒薬などの提供を求めた。対して梅澤戦隊長は「そんなものは渡せない。われわれの役目はあなた方を守ることだ。なぜ自決させなければならないのか。ただちに、集まった住民を解散させ、避難させよ」と命じたという。三〇分くらい押し問答が続いたが、梅澤戦隊長が「おれの言うことが聞けないのか」と強く拒否したため、村の幹部らはあきらめ忠魂碑前に向かった。そして、午後一一時ごろ、忠魂碑前に集まった約八〇人の住民に対し、野村村長は「部隊長に自決用の弾薬類をもらいにいったが、もらえなかった。みなさん、自決のために集まってもらったが、ここでは死ねないので、解散する」と話したという。

秀幸さんは「当時一五歳の防衛隊員として、梅澤戦隊長の伝令役」を務め、「本部壕での村側と梅沢隊長のやりとりと、忠魂碑前での野村村長の指示をすぐ近くで聞いていた」という。記事は、「宮平さんは戦後、これらの事実を話す機会がなかったが、『昨年、集団自決をめぐる教科書の記述が問題となり、真実を伝えておきたいと思った』と話している」と締めくくられている。

＊

梅澤さん本人が陳述している以上の詳しい内容になっている。訴訟との整合性に齟齬をきたさないのか、余計な心配までしたくなるほどだ。見出しやリードの「いさめる」は、下の者が上の者に意見するときに使うものだから、島の最高指揮官だった梅澤さんは、村長を格上とみなしていたことになるのか。一つひとつ上げていけばきりがないのだが、ポイントは大きくわけて三つある。

一つめは突然浮上した野村村長の存在。宮城初枝さんの『母が遺したもの』はもちろん、梅澤さんの陳述書等でも、訪ねてきたメンバーに野村村長は入っていない。

二つめは、住民は「自決のため」忠魂碑に集まっており、そこに野村村長が行って、「住民を解散させろ」という梅澤戦隊長の〝命令〟どおり、解散を指示したということ。

三つめは、秀幸さんが伝令役でもある防衛隊員で、しかも本部壕と忠魂碑前でそれぞれのやりとりを聞いていたということ。

荒唐無稽といえばそれまでだが、この「秀幸証言」は『諸君！』（二〇〇八年四月号）で世界日報記者鴨野守さんが、『正論』（二〇〇八年四月号）で藤岡さんが、というふうに繰り返し紹介されていく。座間味島の集団自決問題に決着をつける決定打だという触れ込みだ。

わかったことは、藤岡さんら執筆者は一月下旬に挙行された二泊三日の座間味・渡嘉敷ツアーの参加者だったということ。四〇人余りの団体で、「集団自決」の真実を調査するとして秦郁彦さん、中村粲さん、皆本義博さん、知念朝睦さんら原告側に連なる主要な人たちもいたという。そして一行が座間味島で戦跡めぐりをしている途中、偶然出会った島の男性に声をかけてみると、これが秀幸さんだったそうだ。しかも出会いの場は、斬り込みに行った日本兵を悼む慰霊碑で、秀幸さんは夫婦でその慰霊碑を掃除していたのだという。

なお、このツアーの一行に抗議したのが、元座間味村職員の宮里芳和さんだった。藤岡さんらが到着した座間味港で、「梅澤裕絶対許しません」というタイトルの抗議文を手渡している。A４用紙二枚分ある長文で、とりわけ宮村幸延さんの「念書」事件のいきさつを詳述して批判しており、「裁判を取り消したほうが梅澤裕は人間らしく生きていけるのではないでしょうか」と突きつけた。

＊

渦中の人物、宮平秀幸さんは座間味島で民宿を経営。元々は船の機関士をしていたという。小さな島では姻戚関係がかなり入り組んでいるが、秀幸さんは宮城初枝さんの異母弟にあたる。晴美さんにとってはおじである。

ネットで「Gサーチ」のデータベースを調べてみると九〇年代の記事から名前がヒットする。ウミガメ保護やホエールウォッチングに熱心。かつて座間味島の犬が阿嘉島に住む恋犬（？）のもとに泳いで通うという逸話が映画化されたが、その海を渡る座間味島の犬シロの飼い主でもあったようだ。

「集団自決」絡みでは、今回あたかも「発掘」されたかのように繰り返し伝えられているが、一九九八年七月二一日付読売新聞の記事に登場していた。そこでは、「追い詰められた島民は、家族が互いにカマで首を切り、山火事に身を投げた。『目の前で見てきた』と苦しげに語る宮平さん。迫撃砲を受けて負傷し、米軍上陸の三時間後、捕虜になったことで命を拾った」と描写されている。

また毎日新聞備後版で地元の郷土史家が長期連載した「路傍の石」には座間味島の「戦闘」が取り上げられており、「集団自決」については、秀幸さんの証言に依拠して書かれている。

「夜9時頃、本部壕前で梅沢少佐と村長らの話を聞いた。村長らは『軍の足手まといや捕虜になるより住民一同自決したい。爆弾か手榴弾を』と要求したが、『弾丸一発でも敵を倒すためにある。住民に渡すことはできぬ』と梅沢少佐はきっぱり断った。『僕は少佐らの近くに居た』と宮平さん。軍命令による住民集団惨死ではなかったとの証言である。

夜中近く、『忠魂碑前の広場で自決するので集合』と役場から各避難壕に通報。だが集合は少なく、集まった人々も砲弾飛来で逃げ散ったという」（二〇〇一年六月二八日付）

ここでは、本部壕で村長も含めた村幹部とのやりとりを聞いたということになっている。二〇〇一年といえば、『母の遺したもの』が出版された翌年のことである。

ところが、秀幸さんは、それ以前には、全く別の証言をしていたのだ。一九九二年に記録社が制作したビデオ「戦争を教えて下さい・沖縄編」で秀幸さんが登場する。ここで秀幸さんは、空襲のはじまった三月二三日の晩からずっと家族七人で家族の壕に入っていたこと、二五日の午後八時半か九時頃になって伝令が来たので忠魂碑前に行ったこと、艦砲射撃の集中攻撃を浴び、各自の壕で自決せよということになり、家族で整備中隊の壕の前、第二中隊の壕の前を経由して、夜明けに家族の壕にたどりついたことなどを語っている。古くは『小説新潮』の一九八七年一二月号の連載「座間味島１９４５」でジャーナリストの本田靖春さんの取材に答えている。三月二五日、「夜一〇時を期して全員で集団自決するので忠魂碑の前に集合するように」という命令が伝えられた。家族七人で時間をかけていろいろと話し合った末、午後零時ころ七人で忠魂碑の前に着いたが、物凄い艦砲射撃が始まり、その場から逃げ出したという。

●──エスカレートする「秀幸証言」

一審判決を前にした二〇〇八年三月一〇日、藤岡信勝さんは「新しい歴史教科書をつくる会」会長として秀幸さん本人を伴い、沖縄県政クラブで会見した。

「つくる会」の同日付ウェブニュースでは、秀幸さんの「証言」を閲覧できる。

そこでの梅澤戦隊長の語りはさらに詳しくなっている。「われわれは国土を守り、国民の生命財産を守るための軍隊であって、住民を自決させるためにここに来たのではない。あなた方に頼まれても自決させるような命令は持っていない。あなた方は、畏れおおくも天皇陛下の赤子である。何で命を粗末にするのか。いずれ戦争は終わる。村を復興させるのはあなた方だ。夜が明ければ、敵の艦砲射撃が激しくなり、民間人の犠牲者が出る。早く村民を解散させなさい。今のうちに食糧のある者は食糧を持って山の方へ避難させなさい」。

その後、本部壕を出た助役が秀幸さんに気付き、「あんたの家族も忠魂碑前で自決するといって集まっている」と言ったので家族が心配になり、三役の後からついて忠魂碑前に来ると家族六人がいた。母らの話だと、午後八時ごろ家の壕に役場吏員の宮平恵達がきて、「軍の命令で集団自決するから、忠魂碑前に集まってくれ。軍が爆薬くれるというからアッという間に終わる。遅れたら自分たちで死なければならないよ」ということだった。それを聞き、秀幸さんは「それは軍の命令じゃないからね。死ぬことないよ」と家族に言ったのだという。

さらに、忠魂碑の前で三役が相談を始め、そのうえで村長がこう述べたという。「自決するために集まってもらったんだが、隊長にお願いして爆薬をもらおうとしたけれど、いくらお願いしても爆薬も毒薬も手榴弾ももらえない。しかも死んではいけないと強く命令されている。とにかく解散させて、各壕や山の方に避難しなさい、一人でも生き延びなさいという命令だから、ただ今より解散する」

村長の話は五分ほどもあったという。

*

ところが、この日の会見で発表された「証言」は、「つくる会」の三月一八日付ウェブニュースで補足という名目で急きょ訂正された。その一つに「『座間味村史』掲載の宮平貞子（母）の証言について」という項目がある。

その項目を見る前に、秀幸さんの母である貞子さんの証言を確認しておく。貞子さんは当時四五歳。一九八九年発行の『座間味村史（下）』に証言を寄せていた。冒頭部はこうだ。

「夫が外地で兵隊にとられていたもんだから、当時は私が一家の中心になっていました。七十歳前後の舅と姑、それに二十三歳の長女、十五歳の三男、五歳の娘、三歳の息子の六人をひきつれて壕にかくれていたんですよ。それが三月二十五日になって、ものすごい空襲と艦砲でしょう。特に夜になって、あまりに艦砲がひどいもんだからどうしようかと思っているときに、『お米の配給を取りにくるように伝令がきたので、行こう』と、前の壕の人が合図にきたんですよ。

私の壕はシンジュの上のほうにあって、奥まっていたもんだから、ウチの所まで伝令は来てないんです。お米を取りにきなさいと言われて出ていこうとしたら、とても歩けない。このままでは生きられないと思ってね、燃え続けている木々の間をぬって家族全員、移動をはじめました。後でわかったことですが、その頃、ほとんどの家族が忠魂碑前に行ったそうですが、私の家族の所には、さきほど言ったように、伝令が来なかったので、忠魂碑前に集まれというのがわからなかったわけです。もし、伝令を受けていたら、真先に行って玉砕していたかも知れません。それを知らなくて自由行動していたんです」

貞子さんは、伝令も聞いていないし、家族みんな、忠魂碑にも行っていないと、証言しているのだ。「十五歳の三男」が秀幸さんである。

これに対し秀幸さんは「私はこの母の証言をつい最近読みました。事実と違う、つくりごとが書かれているので驚きました。母のことを言いたくはありませんが、間違いは間違いとしてハッキリさせる必要があります」として、「証言の明確な間違い」だという一〇点ほどを挙げて指摘している。

「役場の伝令がきて、軍命だとして忠魂碑前に集まるように言ったのに、その伝令がなかったかのように書かれている」こと、「家族は間違いなく忠魂碑前に行って、そこで長い時間過ごしているのに、忠魂碑前には行かなかったと書いている」ことなどだ。

周到な準備のもとで会見に臨んだであろうに、〝前言撤回〟とは尋常ではない。のちに明らかになるのだが、藤岡さんは三月一〇日の会見の翌一一日、那覇市内で開かれた沖縄タイムスの編集委員、謝花直美さんの講演会に行った。会見の模様はテレビ局二局がローカルニュースで流したが、一般紙には載らなかった。藤岡さんは特に地元紙二紙が報じなかったことを問題視、質疑で〝編集姿勢〟を質したという。ところが逆に、『座間味村史』の貞子さんの証言と、「秀幸証言」が食い違っていることを指摘されてしまった。謝花さんは長年沖縄戦報道に携わり、「集団自決」問題でも慶良間の体験者の聞き書きを続けてきた第一人者だ。

後に大阪高裁に提出された「意見書」（いわゆる「藤岡意見書①」）には、その後のいきさつが記されている。

「私は宮平に電話し、村史にある貞子の証言を読んでみるよう依頼しました。全三巻からなる『座間味村史』は秀幸の家にもありましたが、実は母・貞子の証言をまともに読んだことはなかったということでした。一読して電話をしてきた秀幸は、第一声で『おばあ（貞子）は、とんでもないつくりごとを言っている』ともらしました。そこで私は、宮平に電話で取材し、昭和二〇年三月二五日の夜、宮平家の壕と忠魂碑の前で起こったことをさらに詳細に聞き出して記録するとともに、村史掲載の貞子の証言についてその誤りを指摘してもらい、文書にまとめました。これを宮平にチェックしてもらい、私の所属する民間の研究団体の通信として三月一四日に公表しました」

相当、慌てたようだ。

●――自壊する「秀幸証言」

ことほどさように、一審判決を前にして原告側は、必死と見えた。しかし、それもむなしく全面敗訴。三月二八日、判決後の会見には梅澤さん、赤松さんともに欠席した。ショックで、出席できなかった、というのが原告側弁護団の説明だった。

それからは、保守系メディアという場外で、「秀幸証言」とセットのかたちで一審判決批判が続けられた。「狙われる沖縄　総力特集　大江健三郎に問う！」などと題した『WILL』の緊急増刊（二〇〇八年八月号）のように梅澤裕さん、藤岡信勝さん、原告側弁護団の徳永信一さんと松本藤一さん、渡辺昇一さん、櫻井よしこさん、そして曽野綾子さんらを総動員した一冊も出た。そんななかで大江・岩波裁判は二〇〇八年九月九日、第二回口頭弁論を迎え、その日、結審した。一審判決から半年もたっていないというスピード審理だ。判決期日は一〇月三一日と告げられた。

結局、隠し玉であるはずの宮平秀幸さんの「陳述書」が提出されたのは直前の九月五日だった。それまでは、宮平さんのめいでもある宮城晴美さんの陳述書に対する反論というかたちで、短い陳述書が出ただけ。『諸君！』（二〇〇八年四月号）に掲載された世界日報の鴨野守さんによるレポートや、藤岡さんによる長文の「意見書」が七月二八日、八月二八日と二回にわたって提出されていたが、本人の〝肉声〟はほとんど聞こえてこなかった。

なお、この「藤岡意見書」は全編、「秀幸証言」をどう読み解くか、藤岡さんの視点で解説したガイドブックのようなものだ。被告側は第二回口頭弁論で「準備書面⑤」を提出、「藤岡意見書および宮平秀幸証言の信用性」について反論した。「藤岡信勝意見書①②や母貞子証言や本人出演のビデオ、本田靖春らに対する証言などの食い違いについて辻褄合わせを試みようとしているが、食い違いはあまりにも重大かつ決定的な食い違いであり、藤岡意見書が勝手な憶測により食い違いの理由をどのように解釈しようとも、秀幸証言は虚偽を述べたものというほかない」と、かなり強い表現も用いている。

「藤岡意見書」では秀幸さんのことを「映像的な記憶力は標準的な人々のそれを遙かに超えている。比喩的に言えば、秀幸の頭の中には、何百万枚という映像がストックされていて、きっかけがあれば活性化するのだろうと思われる」と称賛している。その一方で、「場面を描写的に再現する語り方をする証言者で、体験したことでないのに自分の直接体験であるかのように語る人物であり、自分が語りたいと思っていることを文脈抜きで語る傾向があり、あまりにもビビッドに語るので彼がその場にいたのだと錯覚したこともあった」と予防線を張ることも忘れない。一方の被告側は「すなわち秀幸は、体験していないことを体験した事実であるかのように話してしまう特異な性格の人物であり、秀幸証言は全く信用できない」とばっさり切り捨てた。

また「藤岡意見書」には▽一九九二年のビデオ証言の際、当時の田中登村長の妻が秀幸さんの母貞子さんらに圧力をかけ、貞子らが付きっきりで証言をチェックした▽その前年一九九一年六月、秀幸さんは大阪読売テレビの取材を受け、忠魂碑前の出来事を証言したが、何日か後に田中村長から激しく叱責された、などのくだりがある。

これに対し被告側は、インタビュアーはそのような事実は認めていない、貞子さんは慢性呼吸不全の

▲…平和の塔に参拝する仲村三雄村長（当時）と宮里正太郎元村長（左）（2009年３月26日）

病気治療のため一九九一年から本島に住んでいたなどと反論。さらに当時の地元紙の訃報記事を示し、宮平さんに二度も「圧力」をかけたとされる田中村長が、それ以前の一九九〇年一二月一一日に、この世を去っていた事実を突き付けた。

結局原告側は、判決二週間前という土壇場になって「藤岡意見書②の一部訂正について」という文書を提出した。読売テレビの取材の日付と、田中登村長の名前を訂正したのだ。田中元村長に代わって、秀幸さんを叱り飛ばした張本人に名指しされたのは「宮里正太郎村長」。田中村長のあと村長を務めた方で、現在は村遺族会会長をしている。私は宮里正太郎さん本人に会って尋ねたが、そのような事実はなかったということだった。

＊

そもそも「秀幸証言」は、梅澤さん自身の認識とも決定的な相違がある。本部壕で助役らに述べたとされる発言内容も、梅澤さんが法廷で述べてきたものとの隔たりは大きい。しかも梅澤さん自身は、本部壕に村長が来たことを否定し、秀幸さんがいたことも記憶にないとしている。そのためか、当初の「梅澤戦隊長の二メートルそばにいた」という位置関係は、高裁に提出した「陳述書」では、「梅澤隊長や助役らからは見えない毛布の陰にいた」に変化した。

「陳述書」では、なぜ自分がそのとき本部壕にいたかも微に入り細に入り説明している。秀幸さんは三月二五日夕方まで「整備中隊壕」にいたが、日本兵に家族壕へ戻るように言われた。家族壕へと向かう途中、艦砲射撃が激しくなり、道を迂回しているうち本部壕の前にたどりつき、入口の琉球マツに引っかかっていた乾パンを食べていたら中から人の声が聞こえた——というのだ。

「何事かとマツの枝をそっと広げてみると、宮里盛秀助役が梅澤隊長に盛んに何かをお願いしているところでした。私は、そっと近づいて聞き耳を立てました。壕の入口には水に濡らした毛布が何枚も掛けられています。あとで知ったことですが、艦砲弾や火炎放射器で壕が火事にならないよう防火のために掛けていたものでした。私はその毛布の陰に身を潜めました。私と梅澤隊長との距離はわずか二メートル程度しか離れていません。しかし、毛布がちょうど死角となって、私の姿は、梅澤隊長からも盛秀助役からも見えません。こうして私は、その場の話の一部始終を聞いてしまいました」（「陳述書」より）

米軍上陸必至の緊迫した場面で、軍の本部に少年が紛れ込み、乾パンを失敬して、盗み聞きもしたという緩さ。なお、初枝さんの手記では、「艦砲射撃の中をくぐってやがて隊長の居られる本部の壕にたどり着きました。入口には衛兵が立って居り、私たちの気配を察したのか、いきなり『誰だ』と叫びました。『はい、役場の者たちです。部隊長に用事があって参りました』と誰かが答えると、兵は『しばらくお待ちください』と言って壕の中へ消えていきました。それからまもなくして隊長が出てこられたのです」となっている。

さらに「陳述書」ではその前日、それまで語られることのなかった三月二四日のエピソードが登場する。「郵便局の通りで、同級生の宮里直《なおし》に出会いました。直は助役・宮里盛秀の弟です。直も焼かれた自分の家を見に来たとのことでした。お互いに無事を喜び合い、互いの心境を語りました。『もしも敵兵が上陸して来たら、敵兵を殺してから死ぬ』と私が言いますと、直は、『一家で自決する』と言います。直の家では早くから一家で自決することを話し合っていたようです。私には直の考えは臆病もののすることに思えました。この時、直は、『秀幸、俺に手を貸してくれないか』と切り出しました。何事かと訊いてみると、直は、『軍の弾薬を盗みに行く』というのです。私は驚いて、『そんなことをしたら、大変なことになる』と言って、直の考えをたしなめました」

これを読んで直さんの姉、宮平春子さんや妹の宮村トキ子さんはどう思うだろう。いずれにしても、秀幸さんの母貞子さんの証言では、秀幸さんも含め、一家で家族壕にいた時間帯だ。

秀幸さんは貞子さんの証言との食い違いについても釈明している。「母の村史の証言はほかならぬ（宮城）晴美と村史の編集委員であった宮里芳和氏が母に言わせたもので、母はテープに証言を吹き込む取材を受けた時、『そこは、ストップ』、『はい、戻って』などとくり返され、終わって帰ってきてから『あぁ、疲れ果てた』とこぼしていました。母の証言で、私の家族が忠魂碑前に行かなかったことにしたのは、村長の解散命令の事実をかくすために晴美と宮里芳和氏が仕組んだものです」ということだ。

高裁の審理は、期せずして、双方が「訴訟の目的」を主張する場面で締めくくられることになった。

被告側の秋山幹男弁護士は、「裁判の目的は個人の名誉毀損にあるのではない。『集団自決』を美しい死として、そのことをもって国民の歴史認識をあらためさせ、教科書を書き換えさせることにある。名誉棄損の形式をとりながら、国家権力の最たる機関である軍隊として何を行使したのか、その是非を議論することを抑制しようとするのかどうかということが問われている」と陳述した。

一方、原告側の徳永信一弁護士は「提訴の動機は単なる自己の名誉や敬愛追慕の情の侵害にとどまらず、義憤であり、使命感である」としたうえで、「その意味で、昨年の教科書検定を通じて教科書から『命令』『強制』が削除されたことは訴訟の目的の一つを果たしたと評価できる事件であった。個人の権利回復にとどまらず、より大きな政治的目的を併有していることは珍しいことではない」と、裁判の政治性を臆することなく開陳した。

「集団自決を正しく伝えていくことが訴訟の目的」だとも強調した。「集団自決」の原因として①島に対する無差別攻撃を実行した米軍の恐怖、②鬼畜米英の教え、③皇民化教育、④死ぬときは一緒にとの家族愛、⑤防衛隊や兵士からの『いざという時』のために渡された手榴弾——などの理由を列挙した。そのうえで「軍の命令としてくくってしまうことは過度の単純化、図式化であり、かえって歴史の実相から目をそらせるものである」と主張した。

ただ、肝心の「秀幸証言」については、「藤岡意見書に触れられているとおり」だと下駄を預けた格好で、きちんと説明もしなかった。

●――紙一重で「集団自決」免れた

「秀幸証言」に対し、控訴審で被告側があらたに提出したのは阿嘉島出身の垣花武一《かきのはなたけいち》さん（糸満市在住）の陳述書だった。

武一さんは沖縄戦当時一五歳。戦後、座間味郵便局に勤めたが、局長が「集団自決」の話題になるといつも「米軍が上陸したら、足手まといにならないために、村の幹部は住民を玉砕させるよう命令されていた」と話していたと証言した。局長は戦前から当職で、米軍上陸を前にした一九四五年二月、村三役が村の要職者を集めた場で伝えられたという。局長は戦時中、村の三役に次ぐ村の要職だった。

私は二審以前から武一さんに取材しているが、原告側の「新証人」と違って全くブレがない。座間味郵便局は戦前に開局、こんにちまで島で唯一の金融機関としての役割も担い、援護法に基づく遺族年金も扱ってきた。武一さんも最初、遺族年金に関連しての話で、局長から「軍命はあったんだよ」と、当時の話を聞いたという。

武一さんは「陳述書」で、自らの体験を踏まえたうえで「慶良間列島の日本軍は、軍とともに住民を玉砕させる方針だった」とも書いている。阿嘉島は座間味島に属し、戦時中は座間味島や渡嘉敷島と同じく「海上特攻の秘密基地」だった。野田義彦戦隊長ひきいる海上挺進第二戦隊（野田隊）が配備され、そのうちの一中隊が慶留間島に駐屯した。

米軍上陸直前、野田隊の通信小隊長は、第三二軍トップの牛島満司令官に宛てて電報を打った。「阿嘉島守備部隊最後の一兵に至るまで勇戦奮斗悠々の大義に生く」。「玉砕」を打電すると無線機は即、山中に埋められた。米軍上陸に伴い、慶留間島では、「集団自決」の悲劇が起きた。一か月半前、慶留間島の国民学校分教場校庭で野田隊長自ら「敵の上陸は必至。その暁には玉砕あるのみ」と訓示していた。

一方、阿嘉島では「集団自決」で亡くなった住民はいなかった。しかし、阿嘉島の住民もまた「集団自決」直前の状況にまで追い込まれていた。渡嘉敷島のように山中に住民がひとかたまりになり、軍が配布した手榴弾を持って円陣をつくり、「合図」を待っていた。死を免れたのは全くの偶然でしかなかった。

*

座間味島から阿嘉島へ行くには村営の小型船が便利だ。およそ一五分で両島を結ぶ生活の足。阿嘉島の面積は座間味島の半分ほどで、起伏に富んだ緑の島で砂浜の白にブルーのグラデーションが目にしみる。阿嘉島と慶留間島に米軍が上陸したのは座間味島と同じ一九四五年三月二六日だった。

『座間味村史』に、垣花武一さんの父、武栄《ぶえい》さん（故人、当時四五歳）が寄せた手記には、そのときの模様が綴られている。

「三月二六日、前日から空襲に艦砲射撃が加わるようになり、島ごと吹き飛ぶかのような猛攻撃が続いたが、とうとうその日の朝、米艦船は波静かな海峡に錨を下ろして停泊し、ジャズの音楽すら流している。やがて部落の前の海岸から上陸を開始してきた。〔中略〕三月二七日、山奥（シジヤマ）に避難していた部落民は、もはや戦況がこのようになっては、玉砕以外に道はないということで、全員が広場に集まって機関銃を前に時を待った。そしてみんな口々に『天国に行くんだよ、みんな一緒だから怖くないよ』と、家族同士ささやきあっていた。ところが『集団自決』寸前になって、防衛隊員の伝令で、『米軍は撤退したから自決することはよせ』ということになり、その場は解散することになった」

シジヤマは漢字では杉山と書く。軍の本部に近いその山中に、住民約四〇〇人がそこに集まっていた。シジヤマはゆるやかなすり鉢状の谷間になっていて、まるで「天然の要塞」。慶良間海峡からの米軍の艦砲が一発も当たらなかったほどだった。

▲…垣花武一さん。裏海岸で拾ったジュラルミンの缶には米軍の非常用食糧がぎっしり詰まっていた。「うちの家宝です」（2008年8月）

武一さんも、防衛隊員だった父武栄さんとともにそこにいた。

「皆、今か今かと手榴弾を握りしめ、待っていました。阿嘉島の場合、部隊長の指示は、パイプ役の防衛隊員あるいは区長を通じて伝えられていました。勝手に『集団自決』だってできないのです」

機関銃を構えた日本兵が三人いた。旧式の銃を住民のほうに向け、じーっとにらんでいた。日本兵の存在に気づいたとき、武一さんは安心感を覚えたという。彼らが自分たちの「自決」のフォローをしてくれるのだと。

＊

三月二三日から始まった空襲で、住民は集落近くに掘った壕などに避難した。しかし攻撃が激しさを増すなか、日本軍に指示されるなどして山中に移動してきていた。

当時一二歳だった新城幸一さんは「うちの家族七人は親せきとあわせて二〇人くらいで輪になって合図を待っていました。もしあのとき、一か所でも先に手榴弾を爆発させていたら、みんな『うちも早く、早く』とやりよったはずです」と話す。

兼島菊江さん（当時二一歳）も、「自分だけ生き残るのは怖い。早く死ななければならんという思いでした」と振り返る。母と祖母、妹二人とシジヤマへ行き、他の親せき二家族あわせて一五人あまりで輪を作った。日本兵からもらった手榴弾が三個あった。夜になると防衛隊員だった一七歳の弟も家族のところに戻って来ていた。斥候に行く前に、家族の最期を見届けにきたという。果たしきれなかった場合に備えて、弟は短刀を携えていた。

シジヤマにたどりつけず、家族や親せき単位で覚悟を決める人たちもいた。中村静子さんはシジヤマに近い中嶽《なかたき》で、親せきら約二〇人と「集団自決」しようとした。最初は北部のウタハガーラに避難していたが、「自分だけ生き残ったら大変なことになる」と、三歳の息子をおぶって山道を歩いた。当時二四歳で、日本軍の炊事班に徴用されていた静子さんは、山中で知り合いの日本兵に手榴弾をもらった。

海から「出てこーい」と呼び掛ける声が聞こえてきた。米軍の舟艇も見えた。

「ある人が『(米軍は)上がってこないよ』と言って、それがきっかけで、『いまやらんでおこうか』ということになりました。アメリカーが(上がって)来てたらやっていたでしょう」

静子さんは軍の炊事係に徴用されていた。日々、日本兵に「アメリカ兵に捕まったら、ノコギリで鼻切られるよー。アメリカ兵が来たら早く死んでおかんとならんよー」と言われていたという。

「日本の兵隊さんはデマばかりして……。デマさえなければ座間味も慶留間も渡嘉敷も『自決』をしなかったはずです」

*

シジヤマで住民たちが円陣を作っているさなか、一〇歳くらいの男の子が、いきなり逃げ出して木によじ登りはじめたことがあった。それを母親がひきずり降ろそうと泣きわめく。そのときちょうど集落に降りる途中の整備中隊長の大尉が通りかかり、「俺は斬りこみにいくから、帰ってくるまで待て。帰らなかったら覚悟を」と告げる場面もあったという。住民に慕われていた将校だったが、この直後、集落で米軍と一戦を構え戦死している。

そのまま一夜を明かし、疲労困憊したシジヤマの住民たちのところに、野田戦隊長との伝令役を務める防衛隊員が駆け込んできた。が、意外にも伝えられたのは、「中止」だった。

「戦況が変わったんです。ただ、野田戦隊長は、『いまは待たせておけ』といったらしいですね」と武一さん。

阿嘉島は山がちで勾配がきつい。米軍の水陸両用戦車も、斜面を登りきれないほどだった。日本軍は斬り込み隊を編成し、小規模な戦闘はあったが、米軍は深追いはせず、いったん退却していった。座間味島のように住民たちが、上陸してきた米兵と直接相対するような場面がなかったことも幸いした。

「一度、『中止』を告げられると人間は、息を吹き返したようになるんです。やはり、生への執着がありますから」と武一さんはいう。

しかし、阿嘉島の住民たちはシジヤマを降りることは許されず、粗末な仮小屋を建て、不自由な暮らしを強いられるようになる。通信手段を失い、情報から閉ざされたまま、野田隊は米軍の再上陸を警戒して山中にこもり、住民たちを周辺に留め置いた。武一さんは「軍の命令によって、いわば抑留されたということ」だと話す。

武一さんは那覇の開南中学に通っていたが、一九四四年の一〇・一〇空襲で下宿を焼け出され、島に戻っていた。野田隊は、武一さんのような中学生や国民学校高等科の生徒らを「少年義勇隊」に編成、山中で軍の水汲みや食糧運搬など、さまざまな雑役に使った。四月に入り武一さんは、同じ義勇隊のいとこらと、阿嘉の集落まで軍の命令で食糧探しに降りて行った。すると暗がりの中から、呼び声がした。

叔父の後藤（旧姓・与那嶺）松雄さん（六〇歳）と妻のタキエさん（六一歳）だった。タキエさんの足が悪いため、米軍上陸の際も集落近くの壕にとどまり、そこを米軍に保護されたのだという。ただ、一緒にいた松雄さんの姉（七三歳）は抵抗していると誤解され、壕の中で射殺されてしまっていた。

案内されたヤギ小屋には米軍の食糧が山のように積まれていた。

「友軍（日本軍）に見られると大変だから、早く山に逃げたほうがいい」

武一さんたちはそう説得したが、二人は逆に「食糧がたくさんあるから部落の人たちにも山を降りてくるよう言いなさい」と勧めた。

その翌日だった。水汲みにいく途中、本部壕の前を通ると、日本兵に監視され後ろ手に縛られうつむく二人がいた。小屋にあった食糧が積み上げられていた。前夜、武一さんたちが去ったあと、集落に斥候にきた日本兵に話し声を聞かれてしまったのだ。

数日後、武一さんはシジヤマへの道で松雄さんの遺体を見た。頭部だけが土の中に埋められ、膨れあがった胴体が放置されていた。近くの小川にはタキエさんの遺体があった。スパイの疑いをかけられたのだ。

＊

軍民同居の山中で最大の懸案は食糧だった。空襲で軍の食糧庫も焼かれていた。住民たちは、「飢餓戦」というさらなる戦いに巻き込まれていくことになる。

『座間味村史』にある武一さんの父、武栄さんの手記をひこう。

「部落内に残っていた食品、食器類は夜のうちにほとんど軍が接収した。そして『今後、阿嘉島内にある草木類は、すべて（田畑に植えてある作物も含む）天皇陛下の所有物である。許可なくこれを採取したものは死刑に処す』という命令が下された」

「食糧事情が悪化するにつれ、軍では要所要所に関所をつくり、見張りを立て、厳重な警戒をしいた。部落こうなると米軍に対する恐怖というより自分たちの自活の問題が大きな比重を占めるようになった。部落民はそのままでは飢死するほかはなく、背に腹は代えられぬとあって、暗闇を利用して、しかも厳重な見張りをかいくぐって食糧あさりをするものが多くなった。

不幸にして兵隊に見つかった者は、食糧はすべて取り上げられ、そのうえ足腰が立たぬ程に殴打される状態が毎夜のように繰り返された。もうこうなっては住民にとっての敵は、米軍というよりも、むしろ日本軍であった」

武栄さん自身、一〇日間の絶食を命じられるという「重刑」を受けている。壕掘りのとき、野田戦隊長に対し、「失敬を働いた」と咎められ、ほかの防衛隊員四人とともに壕に幽閉されたのだ。

「母が毎晩、ツワブキの葉っぱを混ぜた、小さなおむすびを私に持たせたんです。見張りの目を盗んで届けました」と武一さんは振り返る。絶食のうえ日中は壕掘り。理不尽な刑に服した五人のうち、一人が命を落とした。

脚気でパンパンに足を腫らし、歩けなくなる人も続出した。栄養失調の身体をマラリアが襲った。高齢者や子どもから死んでいった。

日本兵も、規律より本能が勝るようだった。飯ごうを盗んで見せしめに処刑された兵士もいた。その上官は抗議の意を込めて米軍に投降していったという。のちには、特攻艇に乗り込むはずだった特別幹部候補生四人が、真夜中、サバニ（小船）で島を脱走する事態も起きた。

＊

「少年義勇隊」の武一さんは、雑炊の入ったバケツをよく運ばされたため、内容がだんだん粗末になっていくのを目の当たりにした。最初のころこそ米粒も入っていたが、のちにはツワブキの葉っぱなどが、申し訳程度に入っているだけの汁になった。朝鮮人軍夫はさらに冷遇されていた。島には軍の「雑役夫」として連れてこられた特設水上勤務隊所属の軍夫約三〇〇人がいたが、「兵隊がご飯のときはおかゆ、おかゆのときは粗末な雑炊と差別されていた」という。

五月ごろ、武一さんは本部壕近くで、朝鮮人軍夫が壕掘りの作業をしているのに出くわした。横五、六メートル、深さ二メートルほどの穴で、二か所あった。後日そこを通ると、こんどは穴の入口は丸太で格子状にふさがれていた。壕の中には軍夫たちが、立錐の余地もない状況で詰め込まれていた。

「外に出られるのは用便の時だけ。そのときも、歩哨の防衛隊員が銃剣を向けて穴に梯子を下し、ほかの軍夫が上がってこれないよう威嚇していました」

ある日、一人の屈強な軍夫が用便だとして外に出たとたん逃げ出した。結局捕らえられ、一晩、松の木に括りつけられ、その後、殺された。軍夫を閉じ込めたのは逃亡を防ぐためだったとされ、結果的にこの付近で五人が「処刑」された。

集落からシジヤマへ向かう山道を中嶽《なかたき》の展望台方面に折れてまもなく、左手の生い茂った灌木に赤い目印のテープがついている。その奥に幽閉された壕の跡がある。島に強制的に連れてこられ、故郷に生還を果たした元軍夫らが一九八六年、ここを訪れ、慰霊祭を実施したという。

朝鮮人軍夫は阿護の浦でも七人虐殺されている。軍が「関ヶ原処刑場」と名付けていた場所だ。食糧を盗んだという嫌疑をかけられたという。軍の炊事班に徴用されていた中村静子さんは、シジヤマにあった炊事場で彼らに「最後の食事」を出した。

「ご飯を炊いて、それぞれ茶椀に山盛りにして割り箸を立てたんです。お汁も出しました。『あんたたち、かわいそうだねー』って涙流しながら、あげたんですよ。あのときは本当にかわいそうだった」

数珠つなぎに連れて来られた軍夫たちは、関ケ原で銃殺され、掘ってあった穴に埋められた。砂浜の「土饅頭」は日を追って陥没し、チューブで後ろ手に縛られた遺体の手や足が露出していたという。

*

「抑留生活」に区切りが打たれたのは六月二二日。防衛隊員、少年義勇隊員らも集め、野田戦隊長が「投降を黙認する」という訓示をした。食糧がひっ迫したための口減らしだったとされるが、これを機に雪崩を打つように住民や軍夫、日本兵までも続々と投降していった。沖縄本島最南端の摩文仁で、第三二軍の牛島司令官らが死亡、日本軍の組織的な抵抗が終わったとされる同じ時期だった。

「野田隊長の訓示は軍隊用語で、要は『今日より俺と死ねない奴は、いつでも去れ。ただし歩哨に見つかると生命の保証はない』というものでした。暗に軍門に下っていいということです」（武一さん）

日本軍の勝利を信じ、軍とともに「持久戦」を選択した家族もあった。少年義勇隊員だった武一さんも父の武栄さんら一家で山にとどまった。

「きょう生きるか、明日は生きられるのかという状態で毎日を送っていました。飢餓というのは、最初はものすごくひもじくて色々なものを漁ろうとするんですが、それを過ぎると、ひもじさも感じなくなる。そうなると怖い。自分もそういうときがありました」と武一さんは振り返る。

こけた頬に目ばかりぎょろぎょろ光り、おなかがぷっくり膨れた子ども。脚気で動けなくなった老人。投降していく家族が瀕死の状態の肉親を置き去りにしていくこともあった。

住民は食糧増産のため「漁労班」「農耕班」に組織されていたが、住民が特に恐れたのが「農耕班」を指導したM主計中尉だった。

M中尉は常に住民たちに監視の目を光らせ、理不尽な制裁を加えた。ある高齢女性を「邪魔者」呼ばわりして石を投げつけ、大けがをさせたこともあった。女性はその傷から破傷風になり亡くなった。

武一さんの父、武栄さんの手記には「七月以降になると猛暑が続き、避難部隊はいっそう生活苦にあえぎ、マラリア患者や栄養失調などの病人はますます増加の一途をたどり、老人、子供、兵員の間に死亡者が続出した」と書かれている。さらにこう続く。

「八月に入り、食糧事情はいっそう深刻化するばかり。そのことで、軍の将校たちが日本刀をかざして睨みあうという同士討ちの醜い事件もおきた。部落民としてはこうなったら、日本が勝とうが米軍が勝とうが、どちらでもよいから、一日も早くこの戦争が終結するようにと朝夕念願していた。

そんな時である。米軍舟艇が島を周回し、『日本国天皇より降伏命令が出された。戦争はもう終わった。早く山から降りてきなさい』という旨の放送がマイクから幾度となくくりかえされた。また飛行機からも島全体を覆うような降伏ビラがばらまかれた。住民はこの山での生活に苦しみぬいていただけに、やっと解放される喜びに湧いた。八月十五日のことだった」

ところが日本軍は頑なだった。「日本国が負けるわけがない」と一蹴、ビラはデマだとして「ビラを信じるものは処罰する」と通達を出した。結局、野田戦隊長と米軍の大佐による和平会談が実現し、軍民が米軍の手に渡ったのは八月二三日。日本の敗戦から八日、沖縄本島で日本軍の組織的な戦闘が終わったとされる時期から二か月も経っていた。座間味島で投降し、米軍の捕虜になっていた梅澤裕さんも舟艇からの呼びかけに加わっている。野田戦隊長と梅澤さんは陸軍士官学校の同期生だ。

●──「玉砕」訓示のあった慶留間島

阿嘉島の港から車で約五分、阿嘉大橋を走り、対岸の慶留間島へと渡る。右手の岩肌に数か所、人工の穴がぽっかりと口をあけている。戦時中、「Ⓡ（マルレ）」と符丁で呼ばれた特攻艇を秘匿した壕の跡だ。慶留間島には海上挺進第二戦隊のうち、第一中隊がこの付近に駐屯していた。

一九九八年に橋がかかるまで、慶留間島と阿嘉島、至近に相対する二つの島は船で結ばれていた。野田義彦戦隊長も一九四五年二月八日、そうやってわざわざ対岸に渡ったのだろう。慶留間の集落は、特攻艇の秘匿壕があるアカムティのちょうど反対側。島に渡った野田戦隊長は、いまの座間味村立慶留間小中学校、当時の阿嘉国民学校慶留間分教場の校庭に住民全員を集めた。

大江・岩波裁判一審の判決文には「慶留間島では、四五年二月八日、野田が住民に対し『敵の上陸は必至。敵上陸の晩には全員玉砕あるのみ』と訓示し、同三月二六日、米軍上陸の際、『集団自決』が発生した」というくだりがある。野田戦隊長の訓示を直接聞いた慶留間島出身の與儀九英さん（沖縄市在住）の証言による。

一九四五年二月八日、その日は毎月八日の大詔奉戴日だった。八の字髭の野田戦隊長は、厳しい口調で住民に訓示した。九英さんは当時一六歳。戦隊長自らが島に来たことに加え、その内容に強いインパクトをうけ、一言一句を覚えているという。野田戦隊長が、戦隊本部のある阿嘉島からわざわざ慶留間まで足を運んだのは、後にも先にもこのときだけだった。軍の命令や指示は、座間味の村役場を通して字の区長に伝達されていた。

一か月半後、慶留間の人々は、訓示に導かれるように死へと向かっていった。集落の目の前は海。背後には山が迫っている。阿嘉島のさらに半分程度の小さな島の山中で、「集団自決」が起き、五三人が犠牲になった。当時の人口の三分の一にあたる。

▲…野田戦隊長の「玉砕訓示」を聞いた與儀九英さん（2008 年 3 月）

＊

一九四五年三月二六日朝、米軍は慶留間島の南側の外地島《ふかじ》に上陸した。二三日からはじまった空襲、そして艦砲射撃が一斉に鳴りやみ、住民がひと心地ついたときだった。最初に異変に気づいたのは、山のいただきの軍監視硝に動員されていた九英さんら中学生だった。

「アメリカーが上陸そんどー（しているぞ）」

九英さんらは近くにあった日本軍の通

信機器などを入れていた壕に駆け込んだが、そこには誰もいなかった。そのままアカムティの第一中隊の壕を目指し、歩き始めたところを米軍の機銃掃射が襲った。

その下方、住民たちの壕があったサーバルでは住民たちがパニック状態になっていた。「兵隊や玉砕そうるはじどー。ワッタ一自決さな（兵隊さんは玉砕しているはずだ。私たちもしなければ）」と。

当時一四歳の中村武次郎さんがサーバルの壕で見たのは「集団自決」の惨状だった。壕の入り口に女性が倒れて死んでいた。中をのぞきこむと、薄暗い壕のなかで、何人もが息絶えているようだった。

武次郎さんは母、二一歳の姉、清子さん、壕まで一緒に来たほかの住民たちと下のほうの別の壕に入った。一緒にいた中年の女性が、自分の母親の首をひもでしめ、続いて娘に手をかけた。それを見て、「お母さん、早く、早く。私から」と姉の清子さんが急かした。母は壕近くで拾った三メートルほどのひもを手にしていた。そのひもを清子さんの首に回した。清子さんを中心に三人が首にひもを巻いて強く引っ張った。

それからしばらくして、壕の外から呼びかける声がした。島の青年だった。「みな、下に降りているから」。外に出てみると、銃を持った三人の米兵が立っていた。山を降りると、死んだはずの住民たちが米軍の捕虜になっていた。

つまり、こういうことだ。サーバルでは米軍上陸直後に「集団自決」が起きた。しかしすぐに米軍が現場に出くわし、生き残った住民たちを保護した。武次郎さんたちがサーバルにたどり着いたのはその直後。壕内の遺体を見て、島の人たちは全員死亡し、残されたのは自分たちだけだと信じこみ、最悪の選択をしてしまったのだった。

「アメリカーは、男なら手足を縛って道に寝かせて戦車で轢き殺す、女は強姦して殺す。うちの姉さんはこれを信じていた。もうちょっと死ぬのを待っていたら……。壕の入り口にところに誰か一人でもいてくれたら……。もし山を降りるとき、姉さんの首のひもを外していたら……」

母は天寿を全うしたが、武次郎さんが知る限り、生涯、清子さんのことを口にしなかったという。

＊

中村八重子さん（当時二〇歳）は祖母や妹弟、叔父一家らをはじめ五〇人あまりの住民と山中のウンザガーラの壕で身を寄せ合っていた。そこに米軍の機銃掃射に追われた九英さんら男子中学生たちが駆け込んだ。米軍の上陸とサーバルの壕のことが伝えられた。

「私たちも死ななくては」「でもどうやって」「兵隊のところで弾をもらおう」――。

突然、八重子さんの叔母が、「お父さん、もう生きられないよ。叔父さんたちはサーバルで死んだというし、アメリカ兵に捕まったらお父さんは奴隷にさせられる。皆で死んだほうがいいよ」と悲愴な声で夫に訴えた。

「少し待て」と躊躇する叔父に、今度は六歳の三女がせきたてた。

「お父さん、早く死のうよ」

娘の加勢を得て叔母はさらにたたみかけた。

「子供でも死のうといっているのに。早く、早く」

ウンザガーラにいた住民たちは四散した。再び山中で行き会った人同士で、死に場所を求めてさまよった。

八重子さんは一四人の集団にいた。すぐ近くで米兵の声がした。拡声器によるものだったが、知る由もなかった。

八重子さんたちの行く手に、大人や子ども七人が首を吊っていた。夫婦と一男四女。少し前にはぐれた叔父一家だった。前年、南洋ポナペ島から戦火を避けて引き揚げてきたばかり。島に戻って授かった生後七か月の長男の小さな身体も、木にぶら下がっていた。

「でも、自分たちもすぐ逝くつもりだから、逆にうらやましい。早く死ねてよかったね——と、祝福するような気持ちでした」と八重子さんは振り返る。

八重子さんは防空頭巾のひもとタオルを裂き、周りに配った。そこは緩やかな傾斜地。「よーいドン」で滑り台を滑るように木の枝にぶら下がった。「待って！」。誰かのひもが切れたと思えば次は枝が折れ、「待った」がかかった。何度やっても死ねず、首の皮はむけ、腫れあがった。最後の手段で崖から身投げしようとしたが、海をのぞきこむと、米軍の艦船が島を取り囲んでいた。一人死にそこなったときの恐怖が実行を躊躇させた。

ふと見ると、空襲で焼け残ったヤマモモの木が熟した実をつけていた。小指の先ほどの小さな実に全員かじりついた。それが結果的に皆を「死」の執着から解き放った。一人が「この島で生き残っているのは私たちだけだ。助け合って島を守っていこう」と提案した。

当時の慶留間島は四〇世帯。死者が出なかったのは四世帯だけだった。

八重子さんはコザのゲート通りで長く洋裁店を営んでいる。仕事場の棚には、叔父一家七人の享年を記したメモが大切に保管してある。父親に「早く死のうよ」と促した三女はわずか六歳だった。
「軍国主義が、子供にも浸透していたんですね」とため息をつき、八重子さんはこう続けた。
「『集団自決』の背景には国策があったと思う。あったことはあったこと。歴史から消し去ることは許されない」

＊

与儀九英さんは、「真っ先に『自決』を実行したのは、大正初期に現役で陸軍工兵を務めあげた在郷軍人の一人だった。この人が妻や子どもたちの首を次々と絞めて手本を示し、続いて周りの人たちもなだれこんでいった。野田隊長の訓示を重く受け止めた在郷軍人が自決決行の先導となった」と振り返る。

米軍上陸を最初に目撃した九英さんら中学生は五人。機銃掃射に追われウンザガーラの壕に駆け込んだときには三人になっていた。九英さんらは首にひもを巻いて「自決」を試みたが、米軍に捕虜になった住民たちが呼びかけに来て、結果的に生きのびた。

捕虜になった九英さんらは山へ仲間を探しに行き、息絶えている二人を見つけた。前を歩いていた二人だった。最初は九英さんが先頭を歩いていた。しかし九英さんはパラオ帰りで山道に詳しくないため、途中で順番を代わってもらっていたのだった。

座間味村の村長も務めた九英さんは、かねて、「集団自決」について研究と発言を続けてきた。二〇〇五年三月二六日、島の「集団自決」からちょうど六〇年となるその日に自費出版した『集団自決と国家責任』は、軍命の存否を法的な論証を踏まえて検証し、国家の無責任体制へと論を進めた労作だ。

東京の国会図書館や防衛庁（当時）防衛研究所、大学の図書館などにも足を運び、丹念に資料にあたったという。「兵事主任」の項目もあり、「住民の側からみれば、役場・村長・兵事主任は『即天皇・即国家・即軍命』であった。ここに、大東亜戦争戦線各地において突発した『住民・非戦闘員』による『集団自決』事件の根源・本質が潜む」と分析している。

一九四四年八月三一日、着任間もない第三二軍トップの牛島満司令官は三二軍兵団長会で七項目の訓示をした。根こそぎ動員すべしという「五、現地自活ニ徹スヘシ」や沖縄県民を「スパイ視」した「七、防諜ニ厳ニ注意スヘシ」がよく知られているが、九英さんは「集団自決」との関連で特に「六、地方官民ヲシテ喜ンテ軍ノ作戦準備ニ寄与シ進テ郷土ヲ防衛スル如ク指導スヘシ」に着目している。

六項はさらにこう続く。「之カ為懇ニ地方官民ヲ指導シ軍ノ作戦準備ニ協力セシムルト共ニ敵ノ来攻ニ方リテハ軍ノ作戦ヲ阻碍セサルノミナラス進テ戦力増強ニ寄与シテ郷土ヲ防衛セシムル如ク指導スヘシ」

意訳すると「そのために地方官民を親身に指導し、軍の作戦準備に協力させるとともに、敵の攻撃があった時は、軍の作戦の邪魔にならないだけでなく、積極的に戦力増強に寄与して郷土防衛にあたるよう指導すべき」となる。

九英さんは「集団自決における『軍命』の存在根拠は六項が実証する」としたうえで「喜んで軍に協力し〝崇高な犠牲的精神〟を抱いて軍の作戦に寄与（殉ずる）するよう〝懇ろに〟地方の村長や住民を〝指導〟（実は強制）の用語（軍隊特有の）が三回も出て強調されている。『指導』とは、その内実は軍の武力を背景に強行する『強制』にほかならない」と結論づけている。村長・兵事主任への「玉砕」〝指導〟は「無責任体制」の象徴的現象であるという。

＊

慶良間諸島ではもう一か所、「集団自決」の起きた島がある。屋嘉比島だ。二家族が「集団自決」で亡くなっている。軍需産業の銅鉱山があり、一九四五年三月には一七歳から四五歳までの男性が防衛隊に召集され、海上挺進第一戦隊、第二戦隊の指揮下におかれた。島は座間味村に属し、直接あるいは座間味村の兵事主任を通じて日本軍の指揮命令を受ける立場にあった。

いまは無人島で、慶良間鹿の楽園となっているが、戦前から日本有数の銅山として知られ、学校や診療所、映画館などもある豊かな「ヤマ」の島だったという。採掘していたのはラサ工業株式会社慶良鉱業所で、戦況の悪化とともに日夜増産に追われた。しかし、一九四五年三月二三日から空襲や艦砲射撃に見舞われ、二六日未明、米軍が上陸する。自然壕に避難していた人たちは一四七人が七号坑、四〇〇人が一二号坑に避難した。坑内はパニック状態となり、晴れ着を持っている人は晴れ着姿になるなどして死の準備にとりかかった。

『座間味村史』に当時三八歳の宮里光禄さんの証言がある。当時慶良鉱業所の運輸係長だった光禄さんは七号坑へ避難した。住民たちはダイナマイトでの玉砕を選び、午後一〇時に時間を設定。全員の署名と拇印による玉砕者名簿が作られた。

「女子事務員の音頭で『さらば沖縄』を全員で合唱しながらもさわやかな歌声であった。刻々と玉砕時間が近づく中で、ふと一二号坑に避難している従業員とその家族のことが気になり『玉砕するにしても一二号坑の仲間と行動を共にしようではないか』という意見がでた。そのため一二号坑の福島所長と連絡をとるまで玉砕時間を延ばすことにした。そして私が連絡係として、一二号坑の福島所長の所まで行くことにした」そして光禄さんが一二号坑へと向かい始めたあと、七号坑から猛烈な爆音が二回したという。最初の爆音は米軍がダイナマイトを爆破させた音、二回目は一家族がダイナマイトを爆破させた音だったという。二家族あわせて九人が亡くなった。

五人が亡くなった阿嘉島の金城次郎さん一家は垣花武一さんの親せきだった。

「おじは兵役に行ったことがありました。妻や娘がいたので米軍に捕虜になったら大変だと思ったのか……」

●—ふたたび勝訴

二〇〇八年一〇月三一日、大阪高裁は、一審大阪地裁判決を支持し、原告側の控訴を棄却した。歴史を歪めようとする勢力の主張は再び退けられた。

三月二八日の大阪地裁判決は、「集団自決」に関して日本軍の関与を認め、戦隊長による関与についても「十分に推認できる」としたが、大阪高裁判決もこれを踏襲した。

焦点の戦隊長による直接命令について、一審判決は「伝達経路が判然とせず、(あったと認定するには)躊躇を禁じ得ない」としていた。これに対し大阪高裁は「最も狭い意味での直接的な隊長命令に限れば、その有無を断定することはできない」が、「日本軍の命令と評価する意見もありうる」などの表現で「直

▲…控訴審も勝訴。宮城晴美さんらも笑顔（2008 年 10 月 31 日）

接命令」の可能性に一歩踏み込んだ。「隊長命令説」が、援護法適用のために後から創作された、とする原告側の主張も、一審同様退けた。

原告側が控訴審の「目玉」とした「宮平秀幸証言」については「それまで自らが述べてきたこととも明らかに矛盾し、不自然な変遷があり、内容的にも多くの証拠と齟齬をきたしている」として「明らかな虚言」とはねつけた。

書証として提出されていた『諸君！』（二〇〇八年四月号）の世界日報鴨野守さんの記事や、二〇〇八年二月二三日産経新聞の記事、『ＷＩＬＬ』（二〇〇八年八月号）の藤岡信勝さん・鴨野さんによる記事についても「いずれも秀幸新証言を無批判に採用し高く評価するものであって証拠価値を持たない」とした。「藤岡意見書」も同様で、「秀幸新証言の矛盾や辻褄合わせ等について種々解説を加えて秀幸新証言の信ぴょう性を強調し、秀幸の驚異的な記憶力や標準人を遙かに超える映像的な記憶力についてもエピソードなどを紹介しているが、一方に偏するもので採用できない」と手厳しく批判している。

梅澤さんの主張そのものも明確に否定した。米軍上陸直前の三月二五日夜、当時の村助役ら五人が軍の本部壕を訪ねた場面。宮城初枝さんの手記では、梅澤さんが「今夜のところはお帰り下さい」と言ったとされるが、梅澤さんは「自決するでない」と言った、にもかかわらず助役が自決命令を出したという趣旨の主張をしてきた。大阪高裁は、もともと玉砕方針はあったとしたうえで、「玉砕方針を否定することなく（五人を）ただ帰したと認めるほかない」とした。一審同様「梅澤の供述等は、初枝の記憶を越える部分については信用し難い」と判断した。

なかでも控訴審判決では表現の自由をめぐり、「新しい資料の出現によって、真実性が揺らいだとしても、ただちにそれだけで書籍の出版継続を違法と解するべきではない」という初めての判断が示された。「隊長命令」説は「戦後まもないころから学会の通説といえる状況にあった」と認定し、真実と信じるに足る相当な理由があると認めたうえで「新しい資料で真実性が揺らいだとしても、出版の継続が違法ということにはならない」とした。

判決後、支援三団体が開いた勝利報告集会で秋山幹男弁護士は「ほっとした。この事件は難しい事件。一審の裁判官が本当にしっかり読みこんで一生懸命踏み込んだ判断をしてくれたが、二審はどうなるのか、不安だった。きょうの判決は一審を上回るもの。夢のようだ」と喜んだ。

近藤卓史弁護士も「原判決以上のきちっとした評価を出した。著作物発行時に真実と信ずべき相当性があるものとして出版されたものが、その後、どういう具合に、違法になりうるのかという問題の枠組みを作った点で、画期的なものだった」と評価した。

大江健三郎さんは朗報をドイツのベルリンで聞いたという。現地で発表されたコメントを、秋山淳弁護士が代読して紹介した。

「ベルリン自由大学での講義のためにベルリンに滞在しており、判決を直接聞くことができませんでした。いま、私たちの主張が認められたことを喜びます。

私が三八年前にこの『沖縄ノート』を書いたのは、日本の近代化の歴史において、沖縄の人々が荷わされた多様な犠牲を認識し、その責任をあきらかに自覚するために、でした。沖縄戦で渡嘉敷島・座間味島で七百人の島民が、軍の関与によって（私はそれを、次つぎに示された新しい証言をつうじて限りなく強制に近い関与と考えています）集団死をとげたことは、沖縄の人々の犠牲の典型です。それを本土の私らはよく記憶しているか、それを自分をふくめ同時代の日本人に問いかける仕方で、私はこの本を書きました。

私のこの裁判に向けての基本態度は、いまも読み続けられている『沖縄ノート』を守る、という一作家のねがいです。原告側は、裁判の政治的目的を明言しています。それは『国に殉ずる死』『美しい尊厳死』と、この悲惨な犠牲を言いくるめ、ナショナルな気運を復興させることです。

私はそれと戦うことを、もう残り少ない人生の時、また作家としての仕事の、中心におく所存です」

＊

岩波書店の岡本厚さんも勝訴の喜びを語った。

「言論の自由、出版の自由、歴史研究の自由という面から非常に大きな意味を持つ判決だ。藤岡意見書は歴史の妄想のようなもので、この裁判を仕掛けてきた側の歴史観がいかに貧弱で、いかに真実というものに対して不誠実なものであるかということを示した。

歴史修正主義が狙ったのは沖縄の人たちの戦争観『命どう宝』をひっくり返すこと。あのせい惨な犠牲を『美しい死』だと言いくるめて、再び戦争に動員して行くような発想そのものだと思う。この裁判を仕掛けてきた人たちは沖縄の人たちをウソつき呼ばわりし、隊長がいつの間にか被害者の位置に座っている。こんなひどい倒錯はない」

この日初めて傍聴した沖縄歴史教育者協議会委員長の平良宗潤《そうじゅん》さんは「ユクシムニーヤ　ジョウマディン　トゥラン」（うその話は家の門までも通用しない）という沖縄のことわざを紹介、「裁判官はこのとおりに判断した。藤岡意見書はまさしく黒子が黒衣を脱いで役者に代わってしゃべりはじめたというか、猿回しが猿に代わって踊り始めたということです。裁判は教科書検定と一体となった旧軍の名誉回復、改憲と戦争へつながる歴史偽造の企みを打ち砕いた。彼らの野望を未然に防ぎ、これから続くであろう攻撃に対して一定の歯止めができたのではないか」と期待をこめた。

集会の最後に、宮城晴美さんが迎えられた。晴美さんは「きょうの判決に危機感を持ってのぞんだ。おじ宮平秀幸の証言が認められれば、座間味の人たちが長年にわたって証言してきた記録の信憑性そのものが問われ、第三者の介入によって、自分たちの都合の良いように史実のすり替えが許されてしまう。勝訴は私にとって非常に重い意味を持つものだった」と笑顔を見せ、そのうえで、「母の遺したものの著者として」の思いを語った。二〇〇七年一二月、晴美さんは「沖縄・座間味島『集団自決』の新しい事実」というサブタイトルで『母の遺したもの』の新版を出版していた。

「母にとって、戦時中の梅澤隊長は天皇のような存在だったが、戦後は一緒に死線を超えた『隊長』と『部下』という思いが強く残っていた。そのことが、梅澤さんに振り回される結果になったんだろうと思う。母は米軍上陸後、日本軍と行動し、斥候のようなこともしているので、気持ちの上では兵士に近かった。『女であることがもどかしかった。男だったら自分だって一緒に戦えたと思った』とよく話していた」

晴美さんは「集団自決」を体験した祖父母のことに触れ、「祖父母の戦後を見ていると、結局は身近な人間同士が互いに罵り合って傷つけあって、戦隊長はじめ、日本軍の責任は不問に付される。それが戦後の座間味の歴史だったんじゃないかと思う」と話し、「皆さんもぜひ島に行ってほしい。ずっと心にも体にも傷を負いながらここまで生きてきた島の人たちの声をぜひ聞いてほしい。彼女たちが言わんとしていることがなんなのか、体験したのはどんなことか、直接聞くということは継承していくうえで大きな意味を持つ。肉親の『死』を語る人たちに、虚言や誇張はない。それこそが史実だ」と訴えた。

一方、原告側の会見には一審同様、梅澤さん、赤松さんとも、姿を見せなかったという。その後、原告側は上告した。

8 ●天皇の軍隊

▼…慰霊の日の「魂魄の塔」（2006 年 6 月 23 日）

●──なぜ援護法が争点に

訴訟では戦傷病者戦没者遺族等援護法（援護法）も大きな争点になった。

「隊長命令説」は、援護法の適用を受けたいがための方便だったというのが原告側の一貫した主張だ。言いかえれば、島の人たちが遺族年金目当てに命令説をねつ造した、ということになる。これに対し大阪高裁判決は、大阪地裁に続いて「隊長命令説は、援護法適用のための創作ではない」と退けている。

援護法をめぐる立証でも、原告側は二審の「宮平秀幸証言」と同じく、決定的とされる「新証人」を用意してきた。元琉球政府職員だとする照屋昇雄さんだ。援護法適用のため、渡嘉敷島の赤松元戦隊長に依頼して「自決命令」を出したことにしてもらい、命令書を作ってもらったのだという。

宮平さんが「発掘」されたときと同様、「照屋証言」も一部メディアが連動するかたちで喧伝した。産経新聞は二〇〇六年八月二七日付朝刊で《「軍命令は創作」初証言》という〝スクープ〟記事でこう伝えている。

「戦後の琉球政府で軍人・軍属や遺族の援護業務に携わった照屋昇雄さん（82）＝那覇市＝が、産経新聞の取材に応じ『遺族たちに戦傷病者戦没者遺族等援護法を適用するため、軍による命令ということにし、自分たちで書類を作った。当時、軍命令とする住民は1人もいなかった』と証言した。渡嘉敷島の集団自決は、現在も多くの歴史教科書で『強制』とされているが、信憑（しんぴょう）性が薄いとする説が有力。琉球政府の当局者が実名で証言するのは初めてで、軍命令説が覆る決定的な材料になりそうだ」

大阪地裁判決はしかし、照屋さんの「陳述書」を「信用できない」と退けた。照屋さん自身が渡嘉敷島で一〇〇人以上から聞いたとされる時期、照屋さんは社会局援護課にいなかったなど、経歴に疑問があることや、赤松元戦隊長が作ったとする書類（「命令書」）について被告弁護団が厚生労働省に開示要求したところ、「保有していない」と開示されなかったことなどが理由だった。にもかかわらず、原告側は再び二審で同じ「照屋陳述書」を提出、再び却下された。原告側は、宮平秀幸さんだけでなく、照屋さんも証人として申請することはなかった。なお大阪高裁は、「（照屋さんに）関連する報道、雑誌論考等も含めて到底採用できない」と判決文に付け加えている。

＊

原告側の主張とは逆に、座間味島や渡嘉敷島の「集団自決」は当初から適用の対象になっていたようだ。

軍人軍属やその遺族を対象にした援護法は一九五二年に生まれ、翌年、占領下の沖縄にも適用が拡大された。住民を巻き込み唯一の地上戦になった特殊性から、軍属に準ずる扱いで、「戦闘参加者」も援護法の対象になり、一九五七年、戦闘参加者の対象は二〇に分類された。そのひとつが「集団自決」だった。

一方、政府の出先機関、沖縄南方連絡事務所で援護業務にあたった馬淵新治さんは、一九五五年、慶良間の「集団自決」が軍の作戦遂行を理由に強要されたケースだとして、戦闘協力者に該当すると指摘。また「強く当時の部隊長に対する反感が秘められている」とも述べている。

「集団自決」が戦闘参加者に該当するかに際し「隊長の命令によるものか否かは、重要な考慮要素とされたものの、要件ではなく、隊長の命令がなくても戦闘参加者に該当すると認定されたものもあった」という。もともと慶良間諸島は沖縄戦の最初の米軍上陸地である。当初から戦闘状況が分かっており、住民を『準軍属』として処遇することがはっきりしていた。このため通常の半分、平均三か月で申請が受理されたという。

＊

座間味村の宮村幸延さんの「念書」問題にも援護法が絡んでいたが、大阪高裁判決は、幸延さんの〝潔白〟の証明に、より力を入れた。

梅澤さんについては、「意識的に作成経緯を隠しているものと解さざるを得ず、文書作成の経緯に関する陳述書やこれにそった本人尋問の結果は到底採用できない」とばっさり切り捨てた。その一方で幸延さんがなぜ念書を書いたか、「最初の日は控訴人梅澤の文書への押印依頼を断ってはいたものの、控訴人梅澤やその戦友たちと酒を酌み交わすうちに控訴人梅澤の立場に一層同情するようになり」「控訴人梅澤が家族に見せて納得させるだけのものであることを前提に、アルコールの影響も考えられる状況のもとに控訴人梅澤の求めに応じて交付されたものにすぎないと考えるのが相当である」などと推し量った。

「念書」とは直接関係ないが、幸延さんの人となりが伺えるエピソードがある。福岡県にある防空第四連隊第二中隊時代の思い出をつづった次のような自筆の文章だ。

「軍隊では態度が悪かったり、上官に逆らったりすると、すぐビンタが飛んでくる。一瞬、ぐらついたりするほど痛い。人の痛みというのは、自分が殴られて初めてわかるものである。

少年兵の教育係を担当した私は、少年兵を一度も殴らなかった。一九四三（昭和十八）年ごろから兵役で入隊した朝鮮人がいたが、私はどんなことがあっても彼らを殴ったりしなかった。彼らの中には『どうして殴らないんですか』と聞いてくる者もいたが、私には殴る理由なんかなかったのである。後で聞いた話だが、彼らは『いい班に配属された』と言って喜んでいたという。考えてみればウチナーンチュ（沖縄県民）も本土（日本）の人たちから差別され、貧しい生活を強いられた歴史がある。同じ人間として、差別される側の気持ちが私の心の奥底にあって、手を出すことを拒んだのかもしれない」

●——援護法への批判

一方で、援護法は、それ自体に問題がある法律だ。まず軍との雇用関係を適用の前提としていること。そのため、たとえば民間の空襲犠牲者は対象外になる。東京大空襲や大阪大空襲の遺族らが国家賠償訴訟を起こしているが、国は受忍論で対抗している。戦争だから仕方がなかった。民間人は我慢しろ、という論理だ。次に、「日本国籍」を有するものを対象にしていること。一方的に「日本人」にされ、敗戦に伴い「日本国籍」を奪われた朝鮮人や台湾人の軍人軍属は切り捨てられた。さらに「援護」という発想そのもの。戦争被害者を「補償」するのではなく戦闘に参加、協力した者を「援護」してやるというシステムだ。その行きつく先は顕彰、靖国神社への合祀である。

なお、沖縄県援護課はホームページで戦闘参加者についてこう説明している。

「軍の命令により敵との銃撃戦に参加したり、弾薬・食糧・患者等の輸送、陣地構築、炊事、水汲み・救護等の雑役などに従事したり、四散した部隊に協力した（壕の提供、道案内等）方々がアメリカ軍の攻撃を受けて死亡したり、障害の状態になった場合に、戦闘参加者（準軍属）として援護法が適用されます。なお、年少者（6歳未満）であっても、保護者が戦闘参加者である場合は、保護者とともに行動することがいわば運命共同体的な関係となることから、戦闘参加者に成り得るとされています」

結局は、壕から追い出された場合は、日本軍の作戦・戦闘に協力して「壕を提供」した、食糧を強奪されても「食糧提供」と申請しなければならなかった。「集団自決」も、戦闘員の煩累を絶つため、崇高な犠牲的精神により自らの生命を絶ったという、積極的戦闘協力のための「殉国死」と位置づけられた。

沖縄戦体験者の聞き取りを続けてきた沖縄国際大学の石原昌家教授は、「いかに日本軍に積極的戦闘協力をしたかが、『援護法』適格者として認定される分岐点になった。すべてが、沖縄戦の真実を歪曲して『靖国思想』に適したものに仕立てあげられなければならなかった」と指摘する。

＊

本来ならばこの「援護法」の歪みこそ問われねばならなかったものを、原告側は、それにかこつけ、島の人たちが金ほしさに善良な元隊長を陥れでもしたようなデマまで流布して、貶めてきた。梅澤さんは島の全権を握っていた最高指揮官だった身だ。慶留間島での戦隊長玉砕訓示を証言した與儀九英さんは、自費出版した『集団自決と国家責任』で、当時の天皇の軍隊の「無責任体制」を鋭く批判しているが、その軍人精神を梅澤さんはいまも体現しているかのようだ。

もちろん、沖縄でそれだけの人が亡くなったのだ。大黒柱を失った家族にとって、遺族年金が生活の助けになったのは当然のことである。一方で、家族を失った苦しみが消えるはずはない。遺族年金ほしさというデマは、何重にも島の人々を傷つけ、傷口に塩を塗り込むようなものだ。

座間味島のある遺族は、「家族は、生きているほうがいいに決まっていますよ」と絞り出すように話し、涙ぐむ。

●──「天皇教」と「命どぅ宝」

大本営は一九四五年一月に決定した「帝国陸軍作戦計画大綱」で、沖縄を皇土（本土）防衛のための前線と規定した。沖縄は国体護持のための捨石と位置づけられた。沖縄戦は天皇制を守るための戦争で、日本軍は、住民のための軍隊でなく、あくまでも天皇の軍隊、皇軍だった。大江・岩波裁判にも関わってきた沖縄戦研究者の安仁屋政昭さんは「親が幼子を殺し、子が年老いた親を殺し、兄が弟妹を殺し、夫が妻を殺すといった親族殺しあいは、天皇の軍隊と住民が混在した戦場で起きている。皇軍の圧倒的な力による強制と誘導がなければ起きることがらではない」と話す。そして、「住民を守らないという視点からも、皇軍による住民虐殺と同質同根だ」と説明する。

「集団自決」と「住民虐殺」は、軍が直接手を下すかどうかの違いがあるだけで本質は変わらない。虐殺された住民は全県で一〇〇〇人を下らないといわれる。

例えば県立第二高女の学徒看護隊「白梅隊」の元隊員、中山きくさんによると、野戦病院の壕（東風平《こちんだ》の分院）に黒砂糖を売りにきた地元の男性二人が、方言を話したため、スパイだとして捕らえられ虐殺された。しかも何度も何度も刺され、殺されていったという。中国戦線で、新兵に度胸をつけさせるために中国人をなぶり殺した「刺突訓練」のように、である。

また、久米島では、島を支配していた海軍の通信隊「鹿山《かやま》隊」が行商の朝鮮人谷川昇さん一家七人を含む住民二〇人をスパイ容疑で虐殺した。

私が二〇〇六年二月に初めて久米島に行った時は、子どもを含む九人が虐殺された現場が、ようやく集落外の人たちにも知られるようになったばかりだった。サトウキビ畑の一角。あまりにむごく、理不尽な虐殺で、地元の人たちの傷は深く、六〇年以上語れずにいたのだった。

島のほぼ中央。サトウキビ畑の中に、存在感のある大ぶりの石碑が建っている。そこには「天皇の軍隊に虐殺された久米島住民久米島在朝鮮人　痛恨之碑」と刻まれている。

なお、原告側は、座間味島でも渡嘉敷島でもあった「住民虐殺」については、触れるのを避けている。

＊

一方、沖縄では、天皇のために死ぬのをいとわない臣民を育てるための教育が徹底されてきた。明治政府は明治維新にともない、一八七二年、「琉球国」を廃して「琉球藩」とした。一八七九年には武力で首里城明け渡しを命じ、「沖縄県」に移行させた。琉球王国は滅び、徹底的な「同化政策」と「皇民化教育」が推し進められていく。白梅女子学徒だった中山きくさんは一九二九年生まれだ。日本軍の勝利を疑わず、「死ぬことは全然怖くなかった」という。「本当に教育というのは恐ろしい。だからこそ真実を伝えることが大切なのだ」と話す。

渡嘉敷島で「集団自決」を体験した金城重明さんも同じ一九二九年生まれ。「軍官民共生共死の一体化」という言葉は我が身のものとなり、北山《にしやま》への山道をのぼりながら、「友軍と運命をともにする死の連帯感が身体に充満していた」という。「北山」が「玉砕場」と転じたのち、悠然と生き残っている日本軍と出くわし日本軍への信頼は地に落ちても、根っこにある「皇国少年」としての意識は簡単には消えなかったという。

狭く、閉ざされた島はより、純粋培養がされやすい。特に座間味村は戦前から皇民化教育に熱心だった。一九四五年の正月、座間味国民学校六年生の書き初めの題は、「神州不滅」だったという。

「集団自決」を免れたが、軍とともに山中での「持久戦」を余儀なくされた阿嘉島。海上挺進第二戦隊の野田義彦戦隊長は四五年六月二二日の段階で、事実上の投降を容認する方針を打ち出した。しかし、一部の住民は日本兵の投降も相次ぐなかで、最後まで山に残った。

当時一五歳の垣花武一さんもその一人だった。自分に徹底抗戦を選ばせたものは「教育」だと分析する。「山に残った人たちは、教育を受けている人たちが多かった。教育を受けた人ほど皇民化教育が浸透していた。父の世代は特にそうでした」

父の武永さんは当時防衛隊員で、野田戦隊長に「失敬」を働いたとして一〇日間も絶食と壕掘りの「刑」を受けたが、それでも山を降りようといわなかった。

「少年義勇隊」に組み込まれた武一さんは、急造式の銃を使っての射撃訓練もした。「憧れの兵隊さんになれてとてもうれしかった」という。一九四五年三月二三日に空襲が始まると危険な弾薬運びも命じられ、米軍が上陸すると、義勇隊も含めて斬り込み隊が編成された。「一人、十殺」という合言葉も教えられ、手榴弾二個が渡された。

結局、少年たちの斬り込みは中止になった。しかし、阿嘉島の少年義勇隊は全員が「玉砕」したとされ、大本営発表として報じられ、戦意高揚の道具として使われていくことにもなる。

＊

軍とともに山で暮らした五か月間は、武一さんにとって、日本軍へのあこがれが次々に打ち砕かれていく過程でもあったという。

最初に芽生えた不信は、放置された日本兵の遺体を目撃したことだった。米軍上陸からしばらく経って、食糧調達の任務で集落に降りると、斬込隊の遺体が十数体、転がっていた。腐臭を放ち、野性化した豚が食い荒らしていた。その凄惨なありさまもさることながら、修身の教科書で教えられていた「戦死した戦友をいの一番に担いでいく」戦友愛とのギャップに衝撃をうけた。

その後も、薄汚れ、やせ衰えていく日本兵の姿に、尊敬の念はしぼんでいった。

ただ、幼いころからの「皇民化教育」は、骨の髄まで染みこんでいた。捕虜になった武一さんら住民は隣の慶留間島に収容され、慶留間島、渡嘉敷島、そして座間味島で、住民たちの「集団自決」があったことを知った。

「妬ましいような気持ちになりました。一方の自分は捕虜になってこんなにみじめなことになっている、と。日本兵に対する忠誠心は一瞬にして地に落ちましたが、『天皇教の信者』としての呪縛は、なかなか解けなかったんです」

「天皇教」は琉球の文化を徹底的に蝕んだ。武一さんは沖縄を代表する楽器・三線を弾くことができないという。習う時期を逸した。自分たちの文化を否定せざるを得ない、時代の暗黙の強制がそうさせた。

＊

二〇〇七年九月二九日の県民大会、渡嘉敷島の体験者を代表して思いを語った吉川嘉勝さんは「集団自決」問題への関心が高まるなかで、請われて島内の戦跡をガイドする機会も増えた。思いだすのも辛い体験だが、「集団自決跡地」の碑が立つ北山の「玉砕場」で証言をする。そして、「軍の命令、強制がなければ『集団自決』は起きていません」と説明する。

それ以前は断定は避け、戦跡をガイドする際に配布する資料でも「軍命をめぐり議論がある」と玉虫色の表現にしていた。しかし、教科書検定問題が起きて変わった。

県民大会でも「そこに配備された日本軍の命令、誘導、強制、指示などの関与がなければ絶対起こっていません」という強い表現で訴えた。

大勢の前に立つことに躊躇いがなかったわけではなかった。しかし杞憂だった。

その後開かれた中学校の同窓会では、同級生に温かくねぎらわれた。はじめて「集団自決」のことも話題になった。みな同じ体験をしていながら、互いに触れずにきたという。「うちの父が倒れた後を見たという同級生も出てきました。初めて聞く話がいろいろありました」。島のお年寄りからも感謝の言葉をかけられ、新しい事実を知ることも増えた。

一方、インターネットでは中傷もされた。

「六歳の子どもに何がわかるか、というわけですよ。吉川嘉勝とキーワードを入れて検索すると二〇〇〇件くらいでてきて、そのうちの大半がその手の内容でした」

定年を迎え、退職金をはたいて島に家を建て、那覇と行き来するようになった。村の教育委員長になり、北山の「玉砕場」、マルレの秘匿壕跡などの村文化財指定にもとりくんだ。そうこうしているうちに起きたのが教科書検定問題だった。

「でも振り返ると、自分はずっとこの問題を考え続けてきたんですよ」と嘉勝さんは分厚いスクラップ帳を見せてくれた。黄ばんで印刷も薄れた切り抜き。膨大な量だった。古くは「北山」が米軍のミサイル基地に接収された一九六二年の記事。一九七〇年からは一気に記事の量が増える。《赤松元海軍大尉が来島　空港に怒りの声》《自決命令くださなかった　だが責任は私に　赤松氏が記者会見》――。

那覇市に住む体験者の池原利江子さんも、七〇年代から長い期間にわたって、関連する新聞記事を丁寧にスクラップしていた。厚いノートの表紙には「沖縄戦当時の渡嘉敷島の自決悲報切取」とタイトルが書かれている。小嶺正雄さんの家ではぼろぼろになった雑誌『潮』の一九七一年一一月号を見せてもらった。赤松元戦隊長の手記「私記　私は自決を命令していない」が載った沖縄戦特集号である。雑誌は原型をとどめておらず、あちこちセロテープで補修がしてあった。繰り返し読んだだけでなく、島の人たちの手から手に回ってきたことは想像に難くなかった。

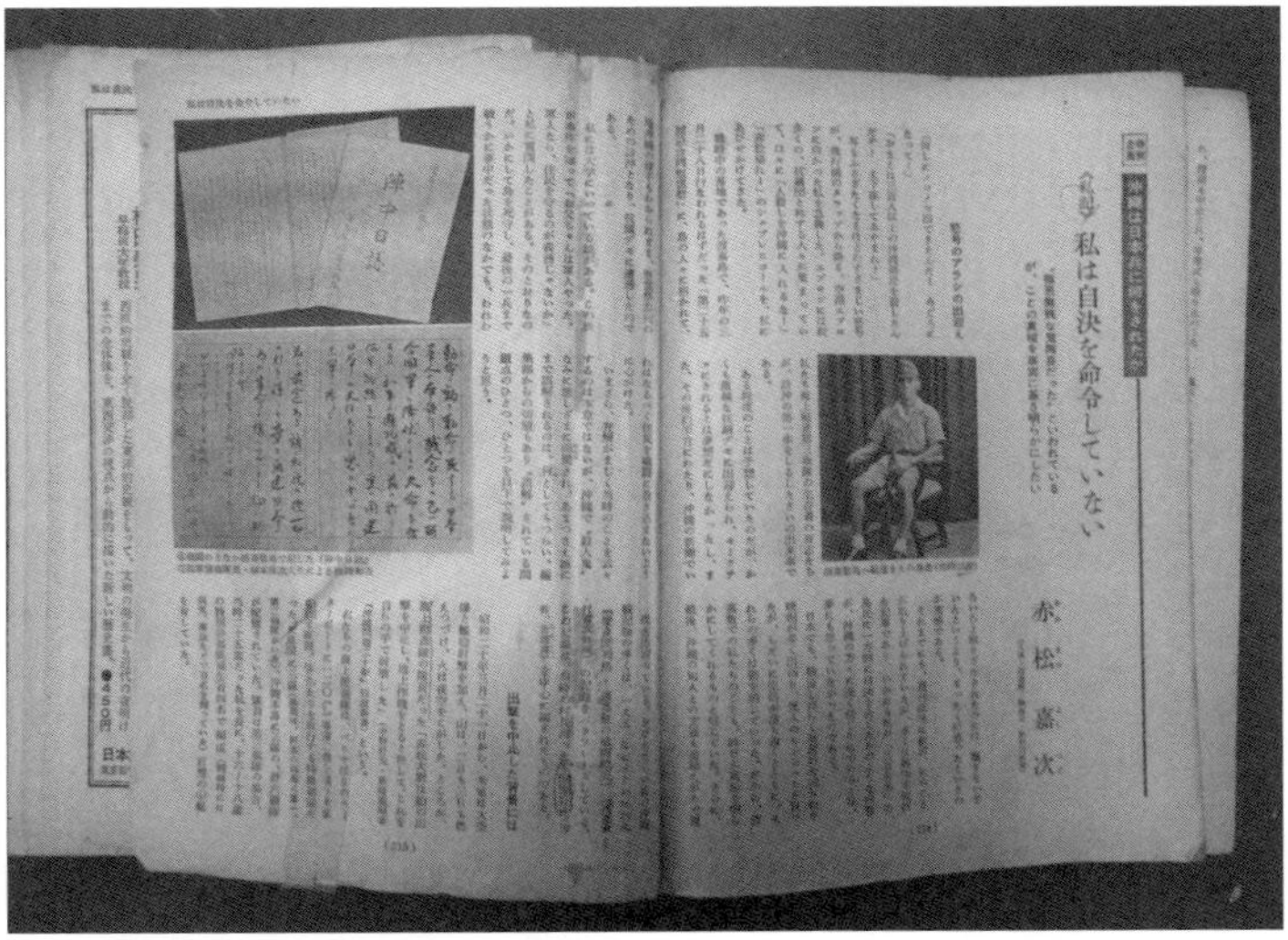

▲…小嶺さん所有の『潮』赤松手記

赤松元戦隊長が戦後初めてメディアに登場したのは一九六八年の『週刊新潮』だった。それから一九七〇年の来島をめぐる一連の事態が起き、『潮』の手記があり、一九七三年の曽野綾子さんの『ある神話の背景』と続く。復帰前後の時代から今日まで、当事者の痛みを無視した「軍命」をめぐる論議が連綿と続いてきている。

＊

嘉勝さんは同時に、「玉砕場」で聞いた母の言葉をずっと拠りどころにしてきたという。

「勇助、うぬ手榴弾やしてぃれー。やさ、にんじんや生ちかりーるうぇーかー、生ちちゅしやさー」

県民大会では母ウシさんがウチナーグチで言った通りを再現した。そのとき嘉勝さんは、感極まったかのように一拍を置いた。そこを、地鳴りのような拍手が追いかけた。その拍手の中で「勇助、その手榴弾は捨てなさい。そうだ、人間は生きられるまで、生きるものだ」と訳文を続けた。「命どぅ宝」を体現した母の言葉だった。

「教育もきちんと受けなかった母がなぜ、あのような行動をとれたのか。皇民化教育の影響を受けなかったことが逆に幸いしたのではないか」と嘉勝さん。ウシさんは島の神行事をつかさどる神人《かみんちゅ》だったという。

座間味島にも母の言葉に救われたという人がいた。吉田春子さんは当時二〇歳。軍の炊事係に徴用されていた。忠魂碑へは行かず、宮里育江さんらとともに負傷兵の救護などをしながら、山中を彷徨した。一度は、命令に従わなかったからと咎められ、激高した日本兵に斬り殺されそうにもなったが、生きて山を降りることができた。

「忠魂碑へ」という伝令は人づてに聞いていたという。だが、行かなかった。その前に、母に言われた「最後まで生き伸びなさい」という言葉が胸にあったからだという。春子さんの母もまた、神人だった。

なお、嘉勝さんは県民大会の後、四歳上の姉にこう指摘されたという。「あなた、一番大切なこと忘れてるよ。あのときお母さん、最後に言ったでしょ？　『命どぅ宝やっさ』って」。一言一句覚えていたつもりが、子どもにはまだ難しい格言めいた響きなので記憶からこぼれたのか。だが、まさに母の神髄に触れるような、六二年目にして知るうれしい事実だった。

●――思い引き継ぐ

大江・岩波裁判の二審判決から一か月余り。二〇〇八年一二月五日、那覇市天久の琉球新報ホールで、山城功さんは祝福の輪に囲まれていた。沖縄が輩出した著名な音楽家・宮良長包の名を冠した「宮良長包音楽賞」を受賞した。特別賞を受賞した石垣島白保出身のミュージシャン、新良幸人さんとともにのぞんだ授賞式と祝賀会に、座間味島からも親せきや友人たちが大勢駆けつけていた。

功さんが作曲や編曲を手掛けた曲も次々と紹介された。特に「マブイの島々――沖縄・ニューカレドニア友好の歌」は、生まれ育ったニューカレドニアへの思いをこめた曲でこの日が初のお披露目。作曲、編曲と、裏方に徹してきた音楽家人生にスポットが当たったハレの日だった。

「自分は賞とは無縁と思っていたので、びっくりしました。でも、後に続く人たちの励みになればと思います」

照れながらも、功さんは晴れがましそうだった。音楽家人生の出発点は警察の音楽隊だったという。その後、米軍基地内を回るジャズバンドに所属し、作曲・編曲のいろはを独学で習得した。テレビ番組の音楽も長く手掛けた。

その原点が、座間味国民学校の校舎から放課後、聞こえてきたオルガンの音色だった。弾いていたのは、内間敏子先生。功さんがそれまで習った先生はたどたどしく片指で鍵盤を追っていた。のちにベートーベンの「月光」だと知るが、耳にしたこともないメロディーの豊かさに衝撃を受け、毎日のように音楽室の窓の下で耳を傾けるようになった。プロを志した功さんが初めて自分で手に入れた楽器は小型のオルガンだったという。

内間先生は県立第二高女出身。二年後輩にあたる中山きくさんによると、第二高女は音楽教育に力を入れ、生徒は音符を読めるのが普通だったという。当時では珍しくオルガンの台数もあった。

しかし、功さんの「恩師」内間先生も、「下の壕」といわれる壕で、校長先生たちと一緒に「集団自決」した。まだ一九歳だった。

＊

功さんの晴れ舞台には、妻の美枝子さんも着物姿で寄り添っていた。美枝子さんはこの間、以前は表紙を見るのさえ辛かった「集団自決」に関する出版物などもできうる限り読んできたという。

二〇〇八年春、私は沖縄滞在中、地元紙で與儀九英さんの講演があるという記事を見て、会場に出かけたことがある。休憩時間、あいさつに行くと、同じく席をたって九英さんのところに駆けつけてきた女性がいた。美枝子さんだった。「座間味の宮里盛秀の娘です」と名乗ると、それだけで美枝子さんの目からは涙がじわーっとあふれた。

やはり集会案内を読んできたのだという。参加者の多くは前売り券で入っていて、私たちは数少ない当日参加者だった。「知りたい」という美枝子さんの並々ならぬ思いを垣間見た気がした。その後、秋に会ったときは、最近見たというテレビドキュメンタリーが話題になった。盛秀さんがつとめていた兵事主任がテーマの番組だった。

兵事主任は徴兵業務を一手に引き受けていた。召集令状、戦死公報も届けねばならない役回りだ。同時に、住民に軍命を伝える立場だった。当時の地方の「官」が軍と住民とのはざまで何を担わされたか、今後も検証されていくべきテーマだが、美枝子さんは「いろいろ勉強してきちんと受け止めたい」という。

美枝子さんは、父や家族の死を無駄にしないよう、自分は生かされたと思うようになった。

*

「鳥の目と虫の目の両方でみることが大事」というのは沖縄戦研究者の安仁屋政昭さんの持論だ。軍事法制システムなども含めた沖縄戦の全体像を鳥の目というならば、虫の目を地でいっているのが、毎年一冊ずつ座間味島の人の聞き書きを冊子にしてきた宮城恒彦さんや、元座間味村職員の宮里芳和さんだろう。

芳和さんの妻の父親は米軍に撃たれ大けがを負いながら二キロも這って生き延びた。その間、カツオ船の同僚だった男性が妻子に手をかけ、死にきれずに苦しむ家族を、火を放った家に投げ込む場面を目の当たりにしている。

定年を迎えた芳和さんは、平和ガイドなども続けながら日々、島の人たちの聞きとりを続けている。本部壕やその周辺の壕群などの確認作業も体験者らとともに続ける。二〇〇九年の春には米軍上陸前夜に日本軍が埋めたという通信機のバッテリーも見つかった。自宅横のプレハブの事務所は資料の山だ。元日本兵を訪ねて県外へもでかけて行く。「聞けば聞くほど、新しい事実が次々に出てくる。調べれば調べるほどわからなくなる。いつかは一冊にまとめたい」と芳和さんは言う。

例えばある元日本兵（故人）が遺した記録には、米軍上陸前夜、本部壕に、二〇人あまりの住民が艦砲を避けてやってくるシーンがある。子連れの集団で、助役宮里盛秀さんや宮城初枝さんらとは明らかに違う。いったいどの家族だったのか。上陸前、軍と役場幹部らが住民の「玉砕」について会議をしていたと証言した元将校（故人）もいるという。教科書検定問題をきっかけに体験者のあらたな証言も出てきており、あの日の「空白」を埋める作業は、この島でも続いている。

＊

その芳和さんから、梅澤さんが米軍上陸前夜、本部壕にいなかったという趣旨の発言をしていることを聞いた。教えられたホームページによれば、「関西防衛を支える会」の機関紙『國の支え』三二号で梅澤さんがインタビューに答え、上陸前夜のことをこう語っていた。

「結局敵が上陸する前の晩に僕たちはもうボロボロに壊れた海岸の近くの家におって、いよいよ明日来るぞ、と戦闘準備をしていた。

そこへ村の助役、それから校長先生、役場の係員二人の四人がきて、それに村に女子青年団というのがあったのよ。女子青年団長が来て、五人がきて『御挨拶に参りました』と云うからね、何やと思うわね。戦闘準備してワァワァやっているから。

そうしたら、その助役が言うには『いよいよ戦闘が始まりそうです。お別れに参りました』という。そこで『戦闘するのは俺たちだ』と。『あんたたちは後ろにおって避難してくれたらいい』といった。

彼らは『私たちはもうすでに前々から話がついておって敵がいよいよ上陸してくるんだったら婦女子幼

児が足手まといにならないよう自決をするように指示をうけております。いよいよお別れします』というからびっくりした。夢にも思わなかった」

日付は平成一九年（二〇〇七年）一〇月一日だが、インタビューは四月に行われたという。梅澤さんは、もう一人の原告、赤松秀一さんに提訴を呼び掛けたという山本明さんと一緒にインタビューに応じている。もちろん一審の本人尋問はこれからというときだ。もし本部壕でなく海沿いの家にいたとなると梅澤さんの陳述書は根本からひっくり返る。その後の「秀幸証言」「藤岡意見書」はいったい何だったのか、ということにもなる。

●教科書問題はどこへ

大江・岩波裁判の原告側の上告に際し、大江健三郎さんは弁護団を通じて「この訴訟が、高校教科書から『軍の強制』が削除されるきっかけとなった。最高裁判決が元に戻す力となることを信じる」とコメントした。

文科省はしかし、梅澤陳述書が二度も否定されながら、検定意見を頑として撤回しようとしない。

二審判決から三週間余りが過ぎた二〇〇八年一一月二〇日、大江・岩波側の支援三団体が文部科学省に「検定意見の撤回と訂正意見勧告を求める要請書」を提出し、交渉に臨んだ。「判決により、検定意見の不当性が一層明らかになった」として、あらためて検定意見撤回を求め、教科書会社から訂正申請があった場合は受け入れることなどを求めた。

しかし、文科省側は高裁判決については「私人間の争いについて口を挟む立場にない」と一蹴、訂正申請についても「仮定の問題には答えられない」と明言を避けた。

一審判決のときもそうだった。同年三月二八日の大阪地裁判決を受け四月一六日、九・二九県民大会実行委員会は文科省への要請行動に臨んだ。実行委員会が、検定意見の根拠は失われたとして「撤回」を改めて求めたにもかかわらず、対応した池坊保子副大臣(当時)は拒否した。理由は「係争中だから」だった。

係争中の裁判を根拠に検定意見を付けておきながら、「係争中」「私人間の争い」を主張するのは都合がよすぎる。しかも裁判は、教科書書き換えを視野に起こされたものだ。

大阪高裁は判決でこうも言っている。

「集団自決」のような歴史的事実の認定については本来、歴史研究の課題であり、「司法にこれを求め、仮にも『有権的』な判断を期待するとすれば、いささか、場違いなことであるといわざるをえない」。

被告岩波書店の岡本厚さんも「沖縄戦の史実は裁判の中で決められるものではない」と指摘しているが、裁判所も、「史実をめぐる論争に司法判断を求めること自体、いかがなものか」と言っているに等しい。

＊

この間、超党派の九・二九実行委員会に対する「揺さぶり」も続いていた。二〇〇七年一二月、「軍関与」復活という文科省による訂正申請の結果が公表されたあと、実行委員会の内部でも評価はわかれた。しかしあくまで大会決議どおり検定意見撤回を求めていくことで一致、年明け一月に政府への要請行動をすることを決めた。ところが要請行動の直前、沖縄県県選出・出身の自民党国会議員でつくる「五ノ日の会」が協力はしない、という立場を打ち出す。

逆風にさらされた続けた実行委員会にとって、一審判決は、久しぶりの追い風になるはずだった。しかし、国・文科省の認識は、訂正申請で問題は決着済みとでもいうようなもので、思いとはかけはなれていた。

二〇〇八年一二月二五日、文部科学大臣の諮問機関・教科用図書検定調査審議会が検定手続きの「改定案」を盛り込んだ報告書を決定、塩屋立文部科学大臣に提出した。「集団自決」記述を巡る検定経過の不透明さを指摘されたことから、手続きの透明化などの見直しをするよう同年二月、当時の渡海文科大臣が「改善策」を要請していた。しかし蓋をあけてみれば、教科書執筆者に対する情報管理はよりいっそう厳しくなり、「外部からの圧力がなく静謐な環境で自由に議論することが重要」などの理由で審議も結局非公開。「透明性の確保」という掛け声とは全く逆の内容になった。

さらに二〇〇九年二月二六日に提示された最終案には、文科省の意向で「申請図書や訂正申請などの情報が流出した場合、審議を一時停止する」などの規定が盛り込まれた。二〇〇七年秋、教科書執筆者の坂本昇さんや石山久男さんが、「集団自決」記述の訂正申請の内容を事前に会見で明らかにしたが、そうした動きをけん制するかのようだった。「包囲網」はさらに狭められていく。

二〇〇九年一月二九日、坂本さんや石山さんら教科書執筆者らでつくる社会科教科書懇談会のメンバーが会見にのぞんだ。二〇〇九年度から使用される高校日本史教科書で、「日本軍の強制」という記述を復活させるため、教科書会社と再訂正を申請するか協議してきたが、断念した、という内容だった。教科書会社側が消極的で折り合わず、印刷が始まるリミットを迎えてしまったという。

再訂正を検討していたのは実教出版の「高校日本史B」と東京書籍の「高校日本史A」。二〇〇七年一二月、訂正申請で「軍の関与」が復活したが、さらに実態にあわせた「強制」の表現を復活させようと教科書会社側へ提案し、協議を続けていた。

実教出版の「高校日本史B」は「強制的な状況のもとで、住民は、集団自害と殺しあいに追い込まれた」を「住民は自害や肉親どうしの殺しあいなどによる集団死を強制された」へ。東京書籍「高校日本史A」は「日本軍によって『集団自決』においこまれたり、スパイ容疑で虐殺された一般住民もあった」という記述を「日本軍によって『集団自決』を強いられたり、スパイ容疑で虐殺された一般住民もあった」へと、訂正申請するつもりだったという。

教科書会社側は、「訂正申請で一定程度記述が回復している」などの理由をあげたという。石山さんは「文科省が各社に働き掛けたのではないか」、坂本さんは「文科省とのトラブルを避けたいという意志を強く感じた」と無念をにじませた。

教科書会社がうんといわなければ執筆者は訂正申請はできない。しかも、教科書会社は文科省に命運を握られている関係だ。

＊

出版労連大阪地協事務局長の若瀬幸雄さんによると、教科用図書検定調査審議が検定手続きの見直し作業をすすめる作業部会のなかで、「執筆者へも守秘義務を課す」という密室検定の促進を求めたのが「教科書協会」だったという。教科書協会とは社団法人で、教科書会社の団体だ。協会のホームページでは「検定教科書の質的向上と教科書発行事業の合理化に関する調査研究を行い、教科書出版倫理の実践を促進し、もって学校教育の充実発展に寄与し、あわせて出版文化の向上を期する」とうたっている。しかし、出版労連が二〇〇八年六月二〇日に出した、今回の教科書協会の対応を批判した抗議声明は、協会の実際の顔をはっきり見抜いている。

「作業部会は、昨年の沖縄戦記述改変問題に端を発して設置されたものである。渡海文部科学大臣としても『透明化』を検討せざるをえなくなり、今夏をめどに改善策を出そうとしているものである。そうした場において、教科書発行の当事者の団体である教科書協会が、現状よりも後退した、より不透明な制度改定を望むことは異常である。教科書協会の発言と要望書は、本音では『透明化』を望んでいない文部科学省が、自らは主張するわけにはいかないことを教科書発行の当事者である教科書協会に代弁させたと疑われても仕方がない」「教科書協会は、過去数度にわたって文部省（当時）との癒着関係が発覚し、出版労連をはじめとして社会的糾弾を浴びてきた団体である。にもかかわらず、今に至るも教科書協会は同省との癒着と従属を断ち切ることなく、現在も17名の理事のうち3名が元文部（科学）省初等中等局長である」

●──「つくる会」教科書合格

二〇〇九年四月、藤岡信勝さんが会長をつとめる「新しい歴史教科書をつくる会」主導の自由社「中学歴史」が、二〇〇八年度の教科書検定に合格したことがわかった。「つくる会」はこれまで扶桑社から教科書を出してきたが、「つくる会」が分裂したため、出版社を変えて教科書を製作したという。内容は扶桑社版とほぼ同じ。扶桑社も発行を続けるため、内容が同じ二冊の教科書が存在するという前代未聞の状況が生まれることになる。

自由社の教科書は「集団自決」に触れてもいない。「集団自決」が起きた慶良間諸島への米軍上陸にも触れておらず、まるで沖縄戦は四月一日の沖縄本島上陸ではじまったかのような記述になっているという。

一方で、二〇〇九年二月三日には、「沖縄条項」は検定基準に記載しないという方針が閣議決定されている。沖縄戦の記述に配慮を求める近隣諸国条項のような「沖縄条項」は、九・二九県民大会の関係者や教科書執筆者らが一貫して求めていたものだった。

沖縄戦の事実が歪められた教科書検定結果が明らかになって二年、沖縄戦の真実を教科書にという願いを受け止めるどころか、事態は逆に進み、ついにここまで来てしまっていたのだ。

＊

二〇〇九年三月二八日、六四年めの慰霊の日を迎えた渡嘉敷島。私は大阪の「支援連絡会」の現地ツアーの参加者と一緒に、北山の「玉砕場」で、吉川嘉勝さんの証言に耳を傾けていた。私はその背後の谷間ばかりが現場だと思っていたが、嘉勝さんは、「集団自決跡地」の碑がある、この平場で家族と円陣を組んだということだった。

小雨が降りしきる中、嘉勝さんは、六四年前と同じ場所で、母ウシさんが輪の中で小さな自分を抱っこしたり、覆いかぶさったりする様子をも再現しながら体験を話し終えた。そのあと、ふいに、こう強い口調で付け加えた。

「隊長が、自分の名誉が傷つけられてるとか、いろいろ戦後苦しんできたといっている。でも、私たちの苦しみからしたら、そんなもの、蚊ほどでもない」

金城重明さんが二〇〇七年九月の大江・岩波裁判の出張法廷後の集会で、奇しくも同じ趣旨のことを言っていたのを思い出した。「私は六二年間苦しんできた。隊長は苦しんできたのか」と。歴史を書き換えようとする人たちと当事者との意識の隔たりはあまりに大きい。

嘉勝さんの話は、教科書問題が発覚する直前、同じ場所で、同じ大阪のメンバーと共に聞いた。もちろん衝撃的な話だったが、二度目の参加者からは、今回の嘉勝さんの「熱さ」「切実さ」が印象的だったという声があった。私もそう思った。「伝えねば」という強い意志を感じた。

この日は東京から、教科書執筆者の坂本昇さんも飛び入りで参加していた。沖縄は何度も訪ねているが、実は初めての渡嘉敷島だという。嘉勝さんの証言を、坂本さんは身じろぎもせずに聞いていた。

二か月前、高い壁に阻まれて、再度の訂正申請を断念していた。沖縄の人たちの願う検定意見撤回はもちろん、「軍強制」の記述も実現していない。

「玉砕場」から降りてきた坂本さんは、「僕は唯物論者なんですが……」と前置きしながら、「きょう、あそこに立って、『気』のようなものを感じました。しっかり取り組んでいきます」と、かみしめるように話した。

●――「超党派」の思い

仲里利信さんを那覇に隣接する南風原町の自宅を訪ねたのは二〇〇九年三月下旬だった。ときどき頭上を轟音が駆け抜ける。嘉手納や普天間を行き来する米軍機だ。ちゃぶ台の一角には沖縄タイムスと琉球新報の最近の切り抜きが何十枚も層をなしていた。教科書検定問題や沖縄戦に絡む記事である。

仲里さんは二〇〇八年六月に議員を勇退、同時に九・二九県民大会の実行委員長職も辞した。県会議長として実行委員長になったからだ。

仲里さんは実行委員長として六回、東京に要請行動に行った。大臣が対応したのは県民大会の直後、二〇〇七年一〇月の一回だけだった。問題の教科書協会にも二度行った。その二〇〇七年一〇月と二〇〇八年四月の大江・岩波裁判の大阪地裁判決のあと。二度目は「軍強制」の記述を復活させるよう再訂正の申請を要請したが、対応した協会の専務は「非常に厳しい」と口にした。背後に圧力があると察することはできたが、まさか、その後、教科書協会自身が審議会の密室化を推進する立場を打ち出すとは思いもよらなかったという。

実行委員会は当初開催を呼び掛けた六団体で粘り強く会合を持ち、「九・二九県民大会決議を実現する会」の名称で検定意見撤回の道を模索し続けている。二〇〇九年に入ってからは定期的に学習会を開くことも決め、四月下旬、まず「すすめる会」の高嶋伸欣さんを講師に招いた。六団体の一つ「青春を語る会」代表の中山きくさんは「これで引いたら、沖縄の思いはこの程度かと思われてしまう」と話す。

実行委員会は後任の委員長がまだ決まっていない。仲里さんも行く末に気をもんでいる。「まだ道半ば。沖縄は絶対に分裂してはいけない」と話す。

一一万人を集めた超党派の県民大会、二度の検定意見白紙撤回を求める県議会決議。どちらも、仲里さんの存在なくしてありえなかった。県議会は、仲里さんが初めて自らの戦争体験を公にしたことで、ひとつにまとまった。八歳だった仲里さんの心身に沖縄戦の記憶は刻みこまれ、反戦は自身を貫く太い幹になっている。

一九四五年二月、住んでいた南風原町の兼城《かなぐすく》集落の人たちに北部の宜野座への疎開命令がでた。当時の兼城は六〇世帯。家は日本軍の宿舎となり、食べ物は供出させられた。宜野座では民家に身を寄せた。しかし四月に入ると空からは機銃掃射、海からは艦砲射撃と、米軍の攻撃が激しさを増し、ガマ（自然壕）に逃れた。

「大きいガマで二〇〇人くらい入っていました。ひもじくて、三歳の妹と同い年のいとこが競うように泣いて、何日かして突然、銃剣を持った日本兵三人が入ってきました。母に（毒入りの）握り飯を渡して、『しょっちゅう泣いていると敵の標的になる。これを食べさせて殺せ』と。母と伯母たちが相談し、二人を殺すわけにはいかない、家族は死ぬときは一緒だと、壕を出ようかということになったんです」

ガマを後にすると、こんどはグラマンの追撃に逃げまどった。女性や子供だけだったからか、撃たれなかったが、生きた心地はしなかった。ようやく石の墓の入り口をこじあけて入ると天井に大きなムカデ。ハブと同程度の毒があると聞かされ、動くこともできなかった。その後、一歳の弟を背負い、母と二人で山中に家族壕を掘り進めた。一〇日くらいしてようやく壕のかたちになった。下に残した家族を迎えに行こうとすると、数百メートル先に兵隊がたむろしている。

「のぶ、と母は私を呼んでいたんですが、『のぶ、あれ見てごらん。脚はんしてるか』と」

彼らは、日本兵ならばつけているはずの脚はんをしていなかった。そのまま山の中に逃げた。何も食べずに何日も山中をさまよい、家族を探した。金武まで歩き、ようやくはぐれた家族と再会できたが、母の母乳の出が悪くなるに従い、弟の武ちゃんは衰弱し、一歳の誕生日に亡くなった。不思議なことに息絶えたのは一年前、この世に生を受けた時刻だったという。

部屋には、戦友たちとくつろぐ父・利吉さんの写真もあった。利吉さんも沖縄戦で亡くなった。近衛兵もつとめた父は「大変な軍国主義教育を受けていた」。沖縄戦では通信隊の軍曹だった。父の配慮で、疎開するときも、一家は軍用車両で宜野座まで行った。

どこでどう亡くなったのかずっとわからなかったが、一九八八年になって偶然、最期を知る人が見つかった。父は具志頭《ぐしちゃん》のガマで自決を遂げていた。戦後四三年、家族とおばらと、藪をかき分け山道を訪ねていくと、長女が突然「父さん、蝶ちょが追ってきてるよ」と言った。白い蝶だった。亡くなった人は蝶になって現世に蘇るという、沖縄の言い伝えをほうふつとさせる情景だった。

自分たちは「被害者の立場」。しかし、父は日本兵といういわば「加害者の立場」だった。それが体験を語ることをためらわせる一因でもあったという。二〇〇八年六月二三日の慰霊の日、平和記念式典での式辞は、翌二四日で任期を迎える仲里さんにとって議長としての最後の仕事になった。この日、「平和の礎」に刻銘された父の名に、初めて花を供え、手をあわせてきたという。

二〇〇七年の一一月三〇日、「新しい歴史教科書をつくる会」が県庁で会見した。会長は自由主義史観研究会代表の藤岡信勝さん。県民大会から二か月あまり、沖縄県外でも「沖縄の一一万人の怒り」が認知されてきた頃のことだ。同時期、実行委員会の事務局や仲里さんの自宅には「一一万」という数を過小評価したい人たちからいやがらせめいた電話が相次いでいたという。

藤岡さんは、会見で何の根拠もなく、仲里さんの証言を「作り話だと思う」と話した。「八歳の子が何を覚えているか」というわけである。

「子どもが何がわかるかと言われると心外ですよ」と仲里さんは語気を強めた。

「普通の半分くらいのスコップでナスビやネギ、トマト、キュウリとか野菜をつくって、毎朝リュックサック背負って那覇まで売りに行っていました。それから学校に行ったんです。八歳のときですよ」

仲里さんは「悔しいね……」とポツリつぶやき、「まだ道半ばですよ」と自ら言い聞かせるように話した。

県民大会のことを尋ねた。仲里さんは、いまも思い出すと胸が熱くなるという。

「老若男女が静かに聞いてるさーね。私はあのとき、挨拶の中で投げかけてみたんです。沖縄の痛みというか、沖縄ばかり、なんでいつまでも戦争のことにしても基地のことにしても重荷ばかり。国は人口の一パーセントなんてどうでもいい、そんな気持ちがあるんじゃないかと思って。そういうむなしい思いが一度に吹き出して。

本当にみんな、思いがあってきた。物見遊山の人はいなかった。みんなが帰った後、チリ一つ落ちてないんですよ。持ち帰ってくださいとも一言も言っていないのに」

大会の後には、地元の人たちから戦争の話をきくことが増えた。最近も、近くの商店のおばあちゃんが、日本兵からもしものときはと、手榴弾をもらっていたことを教えてくれた。

県会議員は前回当選した際、今期限りで引退と決めていたという。「板挟みにあって辞めたのか。あるいは圧力があったのか」という失礼な質問に、仲里さんは穏やかにそう答えたあと、「そんなことでは辞めないよ」と付け加え、チラリ反骨精神をのぞかせた。

おわりに

渡嘉敷島の北村登美さんの張りのある歌声が、時々耳もとに蘇る。

「男の腕を頼るなよ　女の腕を頼るなよ　男女のわかちなく　老いも若きもそれぞれに　己のわざを励みなば　黄金はいつか積もるなり」

歌はこのあと八番まであって、勤労の喜びとともに、大漁旗を翻したカツオ船や、掘りつくせないほど実った唐芋等々、漁や海の幸と山の幸に恵まれた島の豊かな暮らしが小唄調で描かれている。戦前、青年団が歌ったそうで、題名は通称「男の腕」。いま島で歌えるのは九八歳の登美さんだけだという。

作者は、長く校長職に就いた後も島に残り、村長も務めた真喜屋實意《まきやじつい》さんだ。それほど魅力ある島だったのだろう。「男の腕」は、渡嘉敷への賛歌というにふさわしい。日本軍が駐留するまで確かにあった平和な暮らし。その實意さんも妻とともに「集団自決」で亡くなった。二人のお孫さんは、本文中にも出てくる南風原高校教諭の宮城千恵さんだ。二〇〇五年八月、渡嘉敷島の北山の谷間に降りて花束を手向けたあと、涙を堪えるように自作の追悼歌を歌った姿が脳裏に焼き付いている。

登美さんは、私が歌詞をメモし始めると、同じ個所を繰り返し歌ってくれた。そして「平和にならんと大変だと思ってる」と柔和な笑顔を引き締めた。登美さんは二人の娘さんを亡くした。一日たりとも二人を思わない日はないという。

私が体験者に取材するようになったのは、大阪地裁での審理が始まったのと同じ二〇〇五年一〇月、かつて在籍していた黒田ジャーナルの先輩らと「新聞うずみ火」という月刊のミニコミを創刊したのがきっかけだった。歴史修正主義者が皇軍の名誉回復を画策するなら、逆に「軍隊は住民を守らない」ということを少しずつでも書き続けていこうと「狙われた沖縄戦」と題して連載をはじめた。いまも続いている。本書は書き下ろしだが、住民の皆さんの体験の多くは、この「うずみ火」の連載がベースになっている。ただ、四年前に連載を始めたといっても、「集団自決」の体験者を訪ねるようになったのは教科書検定問題が起きてからだった。六・九県民大会のあと、急きょ山城美枝子さんの家に行くことになった時などは、すすり泣く美枝子さんを前に、ほとんど何も聞けなかった。

美枝子さんもその一人だが、教科書検定問題が契機になって口を開いたり、それまで語っていなかった部分まで明らかにした人たちは少なくない。しかし、私が話を伺った方の大多数が、「いまも語れないことがある」ともおっしゃっていた。凄惨な記憶はいまもその人たちを苛んでいる。想像を超えているというか、その苦痛を想像すること自体が傲慢ではないかと思えてくる。

それだけに、戦後六〇年を「時効」だとでもいうように、体験者が現に存在しているにもかかわらず、「歴史」書き換えを目論んだ「記憶の暗殺者」たちになおさら強い怒りを覚える。

一審二審と大江・岩波裁判は勝利したが、教科書検定問題では「記憶の暗殺者」たちに「実」をとられた格好だ。この裁判に当初から注目し、毎回のように傍聴に来られた作家の目取真俊さんは「ウソも百回つけば真実になる」と警鐘を鳴らしていたが、実際、大阪高裁に「虚言」とまで断じられた「新証言」がその後も、新たな著作やネットで増幅されているのに驚く。

その新証言をした宮平秀幸さんに話を聞いたことがある。今年のゴールデンウィークに島内散策中、ひょんなことからそのような状況になった。概ね陳述書にある内容を約二時間聞いた。とても話が好きな方だという印象を受けた。

いずれにしても、裁判はいつか決着する。しかし島の日常はこれからも、「集団自決」とともに刻まれていく。小さく濃密な地域社会で、この間に壊れた人間関係は修復されるだろうか。それがかなわなかったらそれも「沖縄独特の同調圧力」だとして、原告側の人たちは、島の人たちのせいにするのだろうか。

ここで大江岩波沖縄戦裁判支援連絡会（支援連絡会）についても若干ふれておきたい。代表世話人は久米島出身の太田隆徳弁護士と日本基督教団大阪教区の岩高澄牧師、事務局長を大阪歴史教育者協議会の小牧薫委員長が務めている。そのほか私を含め世話人が一五人いる。会としては、東京と沖縄の支援団体とともに地裁段階から公正な審理を求める署名集めに取り組んでいるが、支援運動といっても、大江・岩波裁判の場合、国家賠償訴訟の当事者支援などとは根本的に性格を異にしている。

本文中にも書いたとおり二〇〇五年一〇月の大阪地裁第一回口頭弁論は、支援態勢でいうなら原告側の不戦勝だった。数少ない非原告側傍聴人の一人だった旧知の服部良一さん(現・山内徳信参議院議員公設秘書)に「支援をどうにかせなアカン」と言われたときは、「傍聴に来ただけですが……」と喉まで出かかりながらも、この現状を見たら頷くしかなかった。連絡先は便宜上、私が関係する「新聞うずみ火」の事務所に置いた。ニューズレター（会報）も作ることになった。これまで裁判は取材するものだった私が、このようなかたちで関わるようになったこと自体、初期の大江・岩波裁判が、いかに関西で「無名」の存在だったかを示していると思う。

読みが浅いといえばそれまでだが、私にとって、この裁判が教科書検定問題に発展したのは驚天動地のことだった。沖縄密約事件で国に陥れられた元毎日新聞記者の西山太吉さんが以前講演で話していた「国は嘘をつく」という言葉が生々しく思いだされた。だから、そんなペテンに対する抗議のうねりの到達点になった九・二九県民大会は、何度も鳥肌が立つような思いをした。特に高校生の二人が訴えた「分厚い教科書の中のたった一文、たった一言かもしれません。しかし、その中には失われた多くの尊い命があるのです」という言葉は心に響いた。

支援連絡会で講師に招いた沖縄タイムス編集委員の謝花直美さんは大会の空前の規模を称し「基地の問題なども含め、沖縄が置かれている状況に若い人も気がついたのではないか」という趣旨のことを話していた。沖縄戦では四人に一人が犠牲になった。誰かが、沖縄県民全員が遺族なのだと言ったが、まさにそうなのだろう。戦争の記憶がＤＮＡに組み込まれているというか、そこには保守も革新もないことを実感した。それだけに、その期に及んでもほとんど沖縄の叫びを顧みない本土との落差に改めて愕然とするばかりだった。

今年三月二六日、座間味島で慰霊の日を迎えたその日、慶留間島では「子鳩の塔」で慰霊祭が開かれていたという。参列した海上挺進第二戦隊の元特幹兵が後から教えてくれた。「子鳩の塔」は慶留間島の「集団自決」で亡くなった子らを含め、戦没した子どもたちを慰霊するモニュメント。野田義彦戦隊長は生前、自分が「玉砕訓示」をしたことを悔い、戦時中分宿した阿嘉島の家に、毎年の慰霊祭に匿名で浄財を託していたという。

野田戦隊長は、戦後初めて島を訪れた際、自らの虐待行為などを詫びている。戦隊の人たちと島の人たちとの関係が、座間味島や渡嘉敷島とは様相が異なるのは、阿嘉島に「集団自決」がなかったということだけが理由ではないはずだ。もし、野田さんが存命だったら、自分に投降を呼びかけた梅澤さんらの大江・岩波裁判に、どのような関わり方をしただろうか。

私は座間味の体験者の中で、「梅澤さんが謝ったら、許します」という人を複数知っている。それも梅澤さんたちの言動で、かなりの実害を被っている人たちだ。にもかかわらず、「梅澤さんも戦争の被害者だから」とまでいう。確かに、無責任体系の中に、まだ二十代の梅澤さんもいた。本文中にも紹介したように、かつては当時のトップとして自らの責任も認めていたこともあった。その思いがもう片鱗も残されていないとしたら、梅澤さんにとっても不幸なことだと思う。

最後に、体験を話してくれた方々、沖縄平和ネットワークの鈴木龍治さん、そして、この本を世に出してくれた社会評論社の新孝一さん、ありがとうございました。

〔参考文献〕

座間味村史編集委員会編『座間味村史　下巻　戦争体験記・資料編』座間味村、一九八九年
渡嘉敷村史編集委員会編『渡嘉敷村史　通史編』渡嘉敷村、一九九〇年
座間味村教育委員会『戦世を語りつぐ　座間味村平和活動ガイドブック』座間味村教育委員会、二〇〇七年
謝花直美『証言　沖縄「集団自決」』岩波新書、二〇〇八年
宮城晴美『母の遺したもの』高文研、二〇〇〇年
宮城晴美『母の遺したもの　新版』高文研、二〇〇八年
宮城恒彦『潮だまりの魚たち』クリエイティブ21、二〇〇四年
與儀九英『集団自決と国家責任』二〇〇五年
宮村幸延『宮村盛永自叙伝　島とともに』二〇〇五年
安仁屋政昭『裁かれた沖縄戦』晩聲社、一九八九年
屋嘉比収編『友軍とガマ　沖縄戦の記憶』社会評論社、二〇〇八年

【写真】

稲次寛＝一九七ページ

小牧薫＝二二一ページ

栗原佳子＝上記以外の本文すべて

カバー表（渡嘉敷島のカティガルガーラにある小嶺正雄さんの民間壕。当時日本兵にもらったというサイダーのビンや茶わんなどが残っている。）

カバー裏（座間味島阿佐ユヒナ海岸にあるトゥールーガマ。米軍上陸後、一五〇人あまりの住民が息をひそめていた。）

栗原佳子（くりはら・けいこ）

1963 年群馬県生まれ。ジャーナリスト。関西大学非常勤講師。

上毛新聞社、黒田ジャーナルを経てフリー。

大阪を拠点にミニコミ「新聞うずみ火」を発行。

大江岩波沖縄戦裁判支援連絡会世話人。

著書 :『みんなの命輝くために』（共著、解放出版社）、『震災と人間』（共著、三五館）など。

狙われた「集団自決」——大江・岩波裁判と住民の証言

2009 年 6 月 23 日　初版第 1 刷発行

著　者＊栗原佳子

発行人＊松田健二

発行所＊株式会社社会評論社

東京都文京区本郷 2-3-10

tel.03-3814-3861/fax.03-3818-2808

http://www.shahyo.com/

印刷・製本＊技秀堂

Printed in Japan

【シリーズ】沖縄・問いを立てる［全6巻］★各巻1800円+税

「日本であって日本でない」沖縄は、研究対象の宝庫ではあるはずだが、数多い沖縄研究は、はたして沖縄の歴史的社会的実像に迫り、将来的展望を切り拓く手がかりを与え得る内実を備えているだろうか。若手論者五名によって編まれるこのシリーズは、こうした問いに正面切って応えようとする試みではないかと思う。

新崎盛暉

第1巻●沖縄に向き合う――まなざしと方法　屋嘉比収・近藤健一郎・新城郁夫・藤澤健一・鳥山淳編
座談会・沖縄の現実と沖縄研究の現在をめぐって／沖縄研究ブックレビューほか

第2巻●方言札――ことばと身体　近藤健一郎編
沖縄における「方言札」＝近藤健一郎　「南嶋詩人」、そして「国語」＝村上呂里　近代沖縄における公開音楽会の確立と音楽観＝三島わかな　翻訳的身体と境界の憂鬱＝仲里効　沖縄教職員会史再考のために＝戸邉秀明　沖縄移民の中の「日本人性」＝伊佐由貴

第3巻●攪乱する島――ジェンダー的視点　新城郁夫編
「集団自決」をめぐる証言の領域と行為遂行＝阿部小涼　沖縄と東アジア社会をジェンダーの視点で読む＝坂元ひろ子　戦後沖縄と強姦罪＝森川恭剛　沈黙へのまなざし＝村上陽子　一九九五―二〇〇四の地層＝佐藤泉　母を身籠もる息子＝新城郁夫

第4巻●友軍とガマ――沖縄戦の記憶　屋嘉比収編
戦後世代が沖縄戦の当事者となる試み＝屋嘉比収　座間味島の「集団自決」＝宮城晴美　「ひめゆり」をめぐる語りのはじまり＝仲田晃子　ハンセン病患者の沖縄戦＝吉川由紀　日本軍の防諜対策とその帰結としての住民スパイ視＝地主園亮

第5巻●イモとハダシ――占領と現在　鳥山淳編
現代沖縄における「占領」をめぐって＝若林千代　琉球大学とアメリカニズム＝田仲康博　占領と現実主義＝鳥山淳　「復帰」後の開発問題＝安里英子　集団就職と「その後」＝土井智義

第6巻●反復帰と反国家――「お国は？」　新城郁夫編
〈無国籍〉地帯、奄美諸島＝前利潔　国家に抵抗した沖縄の教員運動＝藤澤健一　五〇年代沖縄における文学と抵抗の「裾野」＝納富香織　語りえない記憶を求めて＝我部聖　「反復帰・反国家」の思想を読みなおす＝徳田匡